# शिव के. कुमार

अंग्रेज़ी के मूर्धन्य रचनाकार व चिन्तक शिव के. कुमार का जन्म 16 अगस्त, 1921 को लाहौर में हुआ। उन्होंने लाहौर और इंग्लैंड में शिक्षा प्राप्त की। कैम्ब्रिज विश्वविद्यालय से उन्हें पी-एच.डी. की डिग्री मिली। उस्मानिया विश्वविद्यालय में अंग्रेज़ी के प्रोफ़ेसर रहे। यूनिवर्सिटी ऑफ़ हैदराबाद के वाइस चांसलर रहे। अमेरिका, इंग्लैंड और यूरोप में वर्षों अंग्रेज़ी का अध्यापन किया। कविता, उपन्यास, नाटक और अनुवाद की 30 से अधिक और रचनात्मक योगदान पर तीन आलोचनात्मक पुस्तकें प्रकाशित। बी.बी.सी. प्रसारण सेवा से अनेक रचनाएँ प्रसारित।

1978 में वे रॉयल सोसायटी ऑफ लिटरेचर, लन्दन के फ़ेलो चयनित हुए। उन्हें साहित्य अकादेमी पुरस्कार से पुरस्कृत किया गया। 2001 में उन्हें पद्मभूषण से अलंकृत किया गया।

1 मार्च, 2017 को हैदराबाद में उनका देहावसान हुआ।

# बुद्ध : निर्वाण की राह पर

शिव के. कुमार

हिन्दी रूपान्तर

प्रभात के. सिंह

राजकमल पेपरबैक्स

*मूल कृति : Rough Passage to the Bodhi Tree का हिन्दी रूपान्तर*

राजकमल पेपरबैक्स में
**पहला संस्करण** : 2016
**तीसरा संस्करण** : 2025



**राजकमल पेपरबैक्स :** उत्कृष्ट साहित्य के जनसुलभ संस्करण

राजकमल प्रकाशन प्रा.लि.
1-बी, नेताजी सुभाष मार्ग, दरियागंज
नई दिल्ली-110 002
द्वारा प्रकाशित

**शाखाएँ :** अशोक राजपथ, साइंस कॉलेज के सामने, पटना-800 006
पहली मंजिल, दरबारी बिल्डिंग, महात्मा गांधी मार्ग, प्रयागराज-211 001
1, अनमोल सोराबजी सन्तुक लेन, धोबी तलाव, मरीन लाइंस, मुम्बई-400 002
वेबसाइट : www.rajkamalprakashan.com
ई-मेल : info@rajkamalprakashan.com

बी.के. ऑफसेट
नवीन शाहदरा, दिल्ली-110 032
द्वारा मुद्रित

**मूल्य : ₹**299

BUDDH : NIRVAN KI RAAH PER
by Shiv K. Kumar
Hindi Rupantar by Prabhat K. Singh

ISBN : 978-81-267-2831-2

मेरी धर्मपत्नी प्रभा के लिए

दुःखों से मुक्ति सम्भव है
अनासक्ति द्वारा।

...

मतांधता या कर्मकांड नहीं, केवल सत्कर्म ही
निर्वाण प्राप्ति का मार्ग है।

...

मेरे बाद केवल मेरे उपदेश ही
मेरे उत्तराधिकारी होंगे।

**—भगवान बुद्ध**

# एक

महाराज शुद्धोदन को बड़ा ही सुखद आश्चर्य हुआ जब उनके पुत्र राजकुमार सिद्धार्थ ने राजकुमारी यशोधरा का हाथ जीतने के लिए खुली प्रतियोगिता में सम्मिलित होने की इच्छा व्यक्त की। राजपुरोहित असित की महाराज को सलाह थी कि बेटे को विवाह-बन्धन में बाँध देना ही उनकी पारलौकिकता को नियन्त्रित करने का एकमात्र उपाय है। महाराज यह देखकर चिन्तित रहते थे कि राजकुमार सिद्धार्थ की राज-काज में रुचि नहीं थी और वह घंटों ध्यानस्थ रहा करते थे। यद्यपि उन्होंने सामरिक कला की कुछ शिक्षा ली थी किन्तु उनका मन प्रार्थना एवं ध्यान में बसा था। शायद इसीलिए कुछ लोग उन्हें 'विचारमग्न पंडुक' कहते थे।

चूँकि महाराज जानते थे कि किसी भी सामरिक प्रतियोगिता में उनके पुत्र का प्रदर्शन कमजोर होगा इसलिए उन्होंने उनका विवाह कन्या-पक्ष के साथ विचार-विमर्श करके ही तय करने का सोचा। किन्तु यशोधरा के पिता, महाराज सुप्रबुद्ध, शाक्य परम्परा के अनुसार खुली प्रतिस्पर्धा द्वारा ही यह निर्णय करना चाहते थे कि उनकी पुत्री का हाथ कौन जीतेगा।

"परन्तु," शुद्धोदन ने पूछा, "जब आपकी पुत्री पहले से ही सिद्धार्थ से प्रेम करती हैं तो सामरिक कौशल के जन-प्रदर्शन की क्या आवश्यकता है?"

"क्षमा करें, मैं शाक्य परम्परा की अवहेलना नहीं कर सकता।" सुप्रबुद्ध ने उत्तर दिया।

जब खुली प्रतियोगिता की खबर फैली, जो किसी स्वयंवर के भव्य आयोजन जैसी थी, तो राज्य की सबसे सुन्दर कन्या के लिए सिद्धार्थ के अतिरिक्त तीन प्रतिभागी मैदान में उतरे। चिन्ता और उत्सुकता का भाव लिये वे साँस रोके प्रथम दौर की प्रतीक्षा करने लगे।

तभी पृथ्वी पर उतरी किसी देवी की तरह राजकुमारी यशोधरा का आगमन हुआ। नन्दिनी गाय के दूध जैसा धवल रंग और तारों-सी चमकतीं आँखें। गरिमामयी कदमों से चलती हुई वह नारी-दीर्घा की ओर बढ़ गईं।

प्रतियोगियों में देवदत्त भी थे जो अपने चचेरे भाई सिद्धार्थ से मिली अवमानना भूले नहीं थे। एक दिन प्रातःकाल जब वे दोनों हंसों के उड़ते समूह को देख रहे थे तो देवदत्त ने अपने बाण से एक हंस को बुरी तरह जख्मी कर दिया। एक-एक साँस के लिए तड़पते, खून से लथपथ उस हंस को सिद्धार्थ ने दौड़कर अपनी गोद में उठा लिया और अपनी राजसी पोशाक फाड़कर उसका रक्त पोंछा। फिर उसे जल पिलाया और उसके पंख सहलाते रहे। पक्षी को लगा जैसे पुनर्जन्म मिल गया हो। जब देवदत्त ने उस पर अपना शिकार कहकर अधिकार जताया तो सिद्धार्थ ने उसे सौंपने से इनकार कर दिया। जब विवाद कण्व ऋषि तक पहुँचा तो उन्होंने सिद्धार्थ के पक्ष में अपना निर्णय दिया।

"हे देवदत्त," ऋषि ने कहा, "आप इसके हन्ता हो जबकि सिद्धार्थ इसके प्राणरक्षक। इसलिए इस पर आपका कोई अधिकार नहीं बनता।"

इसी कारण देवदत्त ने प्रतियोगिता को अपने अपमान का बदला लेने का एक अवसर माना।

अन्य दो प्रतिभागियों, नन्द और अर्जुन ने भी कपिलवस्तु के राजकुमार सिद्धार्थ को परास्त करने की ठान ली थी। उन्हें उम्मीद थी कि निरन्तर चिन्तामग्न रहने वाले सिद्धार्थ स्वयं इस प्रतियोगिता से अलग हो जाएँगे। परन्तु अपने हिनहिनाते दूधिया सफेद घोड़े, कनक पर सवार सिद्धार्थ को रंगभूमि में प्रवेश करते देखकर सभी आश्चर्यचकित रह गए। जब यशोधरा ने राजकुमार की झलक देखी तो उनका मुखमंडल खिल उठा। उनके मन में एक प्रश्न उठा कि यदि किसी अन्य विवाहार्थी ने प्रतियोगिता जीत ली तब क्या होगा। 'वह आत्मदाह कर लेंगी' ऐसा उन्होंने सोच लिया। जब घोड़ा उनकी दीर्घा के सामने से गुजर रहा था तो सिद्धार्थ की दृष्टि उन पर गई और वह मुस्कुराए मानो आश्वस्त कर रहे हों कि वह दिन उन्हीं के नाम होगा।

पहला सामरिक प्रदर्शन तलवारबाजी का था। प्रतियोगियों को एक ही वार से एक विशाल आम्रवृक्ष के तने को काटना था। अपनी तलवार भांजते हुए देवदत्त ऐसे लपके जैसे उसकी तीक्ष्ण धार के सामने कुछ भी टिकने वाला नहीं

था, ग्रेनाइट की चट्टान भी नहीं। पर ज्योंही उन्होंने वृक्ष के तने पर प्रहार किया, तलवार टुकड़े-टुकड़े हो गई। स्वयं अवमानित वह अपने स्थान पर लौट गए।

तत्पश्चात् अर्जुन का प्रवेश हुआ। जिनका शक्तिशाली खड्ग अपराजेय दिखता था। पर तने में घुसते ही वह भी टुकड़े-टुकड़े हो गया। सिर झुकाए अर्जुन भी अपने स्थान पर लौट गए।

नन्द की भी ऐसी ही दशा हुई यद्यपि उनकी तलवार वृक्ष के तने में आधे से अधिक धँस गई थी।

अब सभी की निगाह सिद्धार्थ पर टिकी थी जो मध्याह्न सूर्य की रोशनी में चमकती अपनी रत्नजड़ित तलवार लिये बढ़ रहे थे। उन्होंने पहले अपनी आँखें मूँद लीं, मानो कोई मंत्र बुदबुदा रहे हों, और फिर अपनी तलवार की मूठ को चूमा। फिर उन्होंने वृक्ष के तने पर प्रहार कर दिया। तलवार इतनी तेजी से तने को काटती हुई निकल गई कि कुछ क्षणों के लिए वृक्ष ज्यों का त्यों खड़ा रह गया। अचानक वह विशाल तना एक ओर झुकने लगा और धराशायी हो गया। भीड़ अचम्भित रह गई और तभी जोरदार जयघोष से वातावरण गूँज उठा।

जब तीरंदाजी की प्रतियोगिता शुरू होने लगी तो अर्जुन ने नन्द के कानों में फुसफुसाकर कहा, "बस अब और कुछ सिद्धार्थ नहीं कर सकते। कदाचित् उनकी तलवार किसी खास धार वाली थी। वह तो उस धातु का कमाल था, उनकी शक्ति का नहीं।" फिर रुककर बोले, "अब मैं दिखाता हूँ कि मेरे धनुष की टंकार कैसी है। तीक्ष्ण दृष्टि वाला मेरा तीर किसी भी लक्ष्य को वेध सकता है चाहे वह किसी उल्कापिंड की तरह गतिमान ही क्यों न हो।"

इस बार लक्ष्य एक छोटा-सा सीप था जिसे पन्द्रह गज की दूरी पर एक चट्टान पर रखा गया था। उसकी सतह बहुरंगी थी जिसके मध्य में एक काला बिन्दु था। प्रत्येक प्रतिभागी को उसी बिन्दु को वेधना था, न कि सीप की बाहरी सतह को।

अर्जुन एक विख्यात निशानेबाज थे और अनेक प्रतियोगिताओं में विजयी हो चुके थे। अपना धनुष उठाए वह आगे बढ़े। उनके इस अस्त्र ने उन्हें कभी धोखा नहीं दिया था। स्वयं को स्थिर करते हुए उन्होंने उस काले बिन्दु पर ध्यान केन्द्रित किया और तीर छोड़ दिया। पर वह सीप के ऊपरी हिस्से को

छूता हुआ निकल गया। वह प्रतियोगिता से बाहर हो गए। उनके बाद नन्द की बारी आई। परन्तु उनका भी निशाना चूक गया क्योंकि तीर उस चट्टान पर जा लगा जिस पर सीप रखा गया था। पराजित होकर वह भी अपने स्थान पर लौट आए।

अब सिद्धार्थ आगे बढ़े, हाथ में माणिकजड़ित धनुष लिये हुए। एक हाथ से अपने तरकस से तीर निकालकर उन्होंने अपने दूसरे हाथ में पकड़े धनुष पर चढ़ा दिया। फिर आँखें बन्द कर कुछ क्षणों के लिए एकाग्र स्थिर हो गए।

"ये हैं ध्यानी पंडुक," अर्जुन ने नन्द से व्यंग्यात्मक परिहास किया, "तीरंदाजी कोई ध्यानस्थ होना नहीं है।"

"सच कहा आपने।" नन्द ने हामी भरी। अचानक भीड़ की करतल ध्वनि फूट पड़ी। सिद्धार्थ के तीर ने सीप पर काले बिन्दु को वेध दिया था।

"शाबास।" भीड़ से आवाज आई।

"सटीक लक्ष्य-भेदन।" किसी अन्य ने कहा।

यशोधरा ताली बजाने लगीं। उनका मुखमंडल प्रसन्नता से खिल उठा। मंचासीन महाराज शुद्धोदन अपनी खुशी छिपा नहीं पाए। महाराज सुप्रबुद्ध की तरफ मुड़कर उन्होंने कहा, "जब यहाँ तक सफल हो चुके हैं तो मुझे विश्वास है कि यह अन्तिम दौर में भी विजयी होंगे।"

"मुझे भी यही उम्मीद है," सुप्रबुद्ध ने सहमति जताई, "पर युद्ध का निर्णय तो आखिरी दाँव से ही होता है।"

आखिरी प्रतियोगिता, जो घुड़सवारी की थी, सबसे कठिन निकली।

अपने-अपने घोड़ों पर सवारी करने के बजाय सभी प्रतियोगियों को एक बेलगाम वहशी घोड़े की सवारी करनी थी। इसलिए जब एक उद्दंड अश्व को रंगभूमि में लाया गया तो सभी सिद्धार्थ के लिए चिन्तित हो गए।

वह एक आबनूसी रंग का घोड़ा था—क्रोध से फड़फड़ाते नथुने, धरती में धँसे खुर और भीड़ पर आँखें तरेरते हुए मानो उसकी सवारी का दुस्साहस करने वाले को चुनौती दे रहा हो। चूँकि ऐसे जंगली जानवर की सवारी करना मौत को आमंत्रण देने जैसा था इसलिए महाराज शुद्धोदन भयभीत हो गए। उन्होंने अपने एक सलाहकार से सिद्धार्थ को बुलाने के लिए कहा।

जब राजकुमार मंच पर पहुँचे तो महाराज ने उनके कानों में फुसफुसाकर कहा, "नहीं पुत्र, तुम अपना जीवन संकट में नहीं डाल सकते। यह घोड़ा तो

यम की तरह लगता है—किसी भी स्पर्श करने वाले को खत्म कर देने के लिए तत्पर।'' इतना कहकर वह ठहर गए, ''यह विवाह न भी हो तो परवाह नहीं।''

''किन्तु मैं यह सब करने के लिए प्रतिबद्ध हूँ,'' सिद्धार्थ ने प्रतिकार किया, ''अब हाथ खड़े कर देना अपमानजनक होगा। आप बस मेरे लिए प्रार्थना करें, पिताश्री।'' इतना कहकर सिद्धार्थ अपने स्थान पर लौट गए।

मन ही मन भयभीत नन्द अपना भाग्य आजमाने उस खतरनाक जानवर की ओर बढ़े। पर ज्योंही उसके निकट पहुँचे घोड़े ने हिनहिनाते हुए दोनों पैरों से उन पर प्रहार कर दिया। नन्द दर्द से कराहते हुए दूर जा गिरे और रक्तस्राव होने लगा। यों तो भीड़ ''हे भगवान'' कहकर चीख पड़ी पर किसी की हिम्मत नहीं हुई कि उन्हें सुरक्षित उठाकर ले जाए।

अर्जुन यह सब देखकर सिहर गए थे। परन्तु चूँकि उन्होंने प्रतिभागी बनना स्वीकार किया था इसलिए उस जानवर पर अपना नियन्त्रण आजमाने के लिए उठे। सतर्कतापूर्वक घोड़े को चारों ओर से देखते हुए उन्होंने उस पर सवार होने की अनुकूलता को परखने का निर्णय किया। उन्होंने सोचा कि पार्श्वभाग से अचानक ही सवार हो जाना ठीक रहेगा। किन्तु घोड़े ने उन्हें रंगभूमि में प्रवेश करते हुए देख लिया था। क्रोध से नथुने फुलाए गोल घूमते हुए उसने उन पर प्रहार कर दिया। अर्जुन घबराकर भाग खड़े हुए।

अब देवदत्त की बारी थी। नन्द के अनुभव से सीख लेते हुए उन्होंने रंगभूमि में तब प्रवेश किया जब घोड़े का ध्यान किसी अन्य दिशा में था। इससे पहले कि वह मुड़ता देवदत्त उछलकर उसकी पीठ पर चढ़ बैठे। गर्व से भरे उन्होंने भीड़ की तरफ अपना दाहिना हाथ हिलाया। किन्तु अभी वह ठीक से बैठे भी नहीं थे कि घोड़ा ऊपर-नीचे कूदने लगा। झटका इतना तीव्र और असंयत करने वाला था कि देवदत्त को लगा कि वह किसी भी क्षण उछाल दिए जाएँगे। अचानक घोड़ा अपने पिछले पैरों पर खड़ा हो गया और देवदत्त ने स्वयं को धरती पर छटपटाते पाया। प्रतियोगिता उनके हाथ से निकल चुकी थी।

अब सबकी आँखें सिद्धार्थ की तरफ मुड़ीं। वह उठ खड़े हुए थे—दृढ़ और संयत। पर इससे पहले कि वह आगे बढ़ते महाराज शुद्धोदन मंच से उठकर बोल पड़े, ''नहीं सिद्धार्थ, रुक जाओ—मेरे खातिर।''

"चिन्ता न करें, पिताश्री," सिद्धार्थ ने कहा, "मैं आपका सिर झुकने नहीं दूँगा।...बस मेरे लिए प्रार्थना करें।"

निराश महाराज अपने आसन पर आँखें बन्द कर सर पकड़कर बैठ गए।

महिला-दीर्घा में बैठी यशोधरा भयभीत दिखीं—चेहरा सफेद, हाथ काँपते हुए और धड़कन तेज। एक सन्नाटा सा पसर गया था चारों ओर—न कोई हलचल, न स्वर।

सिद्धार्थ धीरे-धीरे रंगभूमि में प्रवेश करते दिखे। उनकी आँखों में कोई दिव्य-ज्योति चमक रही थी। इससे पहले कि घोड़ा हिनहिनाता या अपने खुर से मिट्टी कोड़ता, सिद्धार्थ का दाहिना हाथ उसके अयाल पर पहुँच चुका था। उनकी उँगलियाँ बड़े स्नेह से उसके गर्दन और पुट्ठे को सहलाने लगीं। फिर दो जोड़ी आँखें एक-दूसरे से मिलीं मानो किसी अद्भुत भाषा में वार्तालाप कर रही हों। जब वह दूसरी तरफ बढ़े तो घोड़ा भी मुड़ा, यह सुनिश्चित करने के लिए कि वह अब भी वहीं पर थे। ऐसा लगा जैसे सिद्धार्थ के करुणामय प्रेम से वह पशु अभिभूत हो चुका हो।

सिद्धार्थ आहिस्ता से घोड़े पर सवार हो गए और उसका सर चूम लिया। अब वह वृत्ताकार चक्कर लगाते हुए घुड़सवारी करने लगे—महिला-दीर्घा, जहाँ यशोधरा विराजमान थीं, के सामने से होते हुए महाराज शुद्धोदन के मंच तक। महाराज आन्नदविभोर हो गए। जब सिद्धार्थ ने मंच के सामने घोड़े को रोका तब जाकर कहीं महाराज शुद्धोदन को लगा कि वह कोई स्वप्न नहीं देख रहे थे बल्कि यथार्थ उनके सम्मुख था। फिर महाराज सुप्रबुद्ध खड़े होकर विजयी प्रतिभागी की ओर आशीर्वाद की मुद्रा में हाथ हिलाते दिखे।

जब सिद्धार्थ घोड़े से उतरे तो वातावरण जयघोष से गूँज उठा। यशोधरा ने तेजी से आगे बढ़कर सिद्धार्थ के गले में मोगरे की माला डाल दी और उनके चरण-स्पर्श के लिए झुकीं।

"मैं आपकी हुई, हे सिद्धार्थ!" कहते हुए उनकी आँखों से आह्लाद के आँसू झड़ने लगे।

# दो

अब जबकि सिद्धार्थ ने खुली प्रतियोगिता में अपनी वधू को जीत लिया था, दोनों ही पक्षों में गतिविधियाँ तेज हो गईं। यशोधरा के माता-पिता ने सिद्धार्थ के लिए हीरे, माणिक और जरीदार पोशाक खरीदे तो महाराज शुद्धोदन ने नव-दम्पती को एक स्वतंत्र महल भेंट किया। फिर दोनों पक्षों के पुरोहितों ने सम्यक् विचारोपरान्त विवाह की शुभ-तिथि का चयन किया।

समारोह के एक सप्ताह पूर्व से ही कपिलवस्तु में गीत, नृत्य और प्रीतिभोज का आयोजन शुरू हो गया। कन्या की सहेलियाँ माँ-बाप से बेटी के बिछुड़न के दर्दभरे गीत गाने लगीं और यशोधरा सिद्धार्थ के साथ अपने जीवन की परिकल्पना में डूब गईं। वह उनके प्रदर्शन को याद करने लगीं—उनका उस वहशी घोड़े पर पराक्रमयुक्त नियन्त्रण करना, उनका अद्भुत धनुर्कौशल और उनकी तलवारबाजी। पर इन सबसे अधिक वह अपनी विवाह-रात्रि को लेकर उत्साहित थीं। क्या वह उन्हें सुहाग-शय्या पर भी उसी तरह अभिभूत कर देंगे जैसे उन्होंने धोड़े को वश में कर लिया था? फिर उन्होंने स्वयं को कपिलवस्तु के राजकुमार की धर्मपत्नी के रूप में देखा जिनके संकेत मात्र के लिए अनेक सेविकाएँ प्रतीक्षारत थीं।

पर उनके सपने नियति से टकराकर चूर-चूर हो गए जब उन्होंने विवाह के बस एक दिन पहले सुना कि पड़ोसी राज्य गगन के राजा बल्लमाया ने कपिलवस्तु पर अचानक आक्रमण कर दिया है। दुश्मन ने घरों में आग लगा दी और सीमा पर के धान के खेतों को तहस-नहस कर दिया और अनेक शाक्य सैनिकों का वध कर दिया। सूचना मिली कि यह सब देवदत्त के इशारे पर किया गया था जो दुश्मन सेनापति के निकट मित्र थे। स्पष्ट था कि वह खुली प्रतियोगिता में हुई अपनी पराजय और अवमानना का बदला लेना चाहते थे।

यद्यपि कपिलवस्तु के लिए यह आक्रमण अप्रत्याशित था किन्तु महाराज शुद्धोदन ने चुनौती का सामना करने के लिए अपनी सेना को क्रियाशील करने में तनिक भी समय नहीं गँवाया। उन्होंने स्वयं अपनी सेना का नेतृत्व सँभाला और सैनिकों की एक विशिष्ट टुकड़ी को सीमा पर से दुश्मनों को खदेड़ने के लिए भेजा।

महाराज ने सिद्धार्थ को रणभूमि से दूर रहने के लिए कहा। किन्तु राजकुमार ने युद्ध में सम्मिलित होने का निर्णय किया क्योंकि बल्लमाया के आक्रमण का कारण तो वही थे। उन्हें देवदत्त का सामना युद्धभूमि में करना पसन्द था जब तक कि वह छद्म-युद्ध संचालित न करने लगे।

जब सिद्धार्थ के सारथी छन्न ने रथ लाकर रणभूमि में खड़ा कर दिया तो महाराज की भृकुटि पुत्र पर तन गई।

"क्यों यहाँ अपना जीवन खतरे में डालने आए हो, पुत्र?"

"जैसे किसी वृक्ष के नीचे ध्यानस्थ होने का एक समय होता है उसी प्रकार श्रेष्ठ उद्देश्य के लिए जूझने का भी एक समय होता है। मैं जानता हूँ कि असली दुश्मन बल्लमाया नहीं बल्कि देवदत्त हैं।"

तब महाराज ने अति दक्ष सैनिकों की एक टुकड़ी को राजकुमार के साथ लगा दिया।

आश्चर्यजनक रूप से सिद्धार्थ ने काफी देर तक अपने धनुष-बाण का प्रयोग नहीं किया। वह बस अपने रथ में खड़े रहे, ध्वजदंड से टिके हुए, दोनों ओर मृत्यु का तांडव देखते हुए। उन्होंने छन्न से पूछा, "इन निःसहाय जानवरों, घोड़े-हाथियों को युद्ध में झोंकने का क्या औचित्य?"

सारथी ने मुस्कुराते हुए उत्तर दिया, "आप यह कनक से क्यों नहीं पूछते? कदाचित यह प्रश्न वह आपसे या मुझसे ज्यादा समझता है।"

सिद्धार्थ कनक की तरफ मुड़े। उसके अयाल पर हाथ फेरते हुए उनकी उँगलियाँ उसके बदन पर रेंगती रहीं। उसकी आँखों में गहरे झाँकते हुए बोले, "हाँ, प्रिय मित्र, तुम्हारी क्या राय है?"

घोड़ा एक विनम्र हिनहिनाहट के साथ सिद्धार्थ का हाथ चाटने लगा।

"मुझे लगता है," सिद्धार्थ ने छन्न से कहा, "यह कह रहा है, मैं सब जानता हूँ पर व्यक्त नहीं करूँगा।" अर्थात् पशुओं को भी स्पष्ट उच्चारित करना पसन्द नहीं। वह भी केवल मौन व संकेत से ही बात करते हैं।

थोड़ा रुककर वह फिर बोले, "हे छन्न, यहाँ तो वेदना का एक अलग ही रूप दिख रहा है, उससे भी वीभत्स जो कुछ महीने पूर्व हमने बाजार में देखा था—यहाँ तो सैनिक और जानवर दोनों रक्त-कुंडों में पड़े हैं।"

अचानक एक घुड़सवार सिद्धार्थ के रथ के बाईं ओर आया।

"हे राजकुमार! आपके लिए एक सन्देश है।" उसने कहा।

"क्या सन्देश है, और किसका?"

"राजकुमारी यशोधरा का। वह चाहती हैं कि आप अपना ध्यान रखें...वह आपके लिए प्रार्थनारत हैं।"

राजकुमार द्रवित हो गए। उन्होंने कहा, "उनसे कहिए कि उनकी प्रार्थना का कवच होते हुए मेरा अनिष्ट भला कैसे हो सकता है?"

जब अपने रथ में खड़े सिद्धार्थ युद्धावलोकन कर रहे थे तभी एक बाण उनकी बाईं कनपटी के पास से निकला। उन्होंने झट से झुककर अपना बचाव किया। पर यह देखकर कि वह कितना असुरक्षित थे छन्न ने मुड़कर कहा, "हे राजकुमार! आप क्यों अपना जीवन संकट में डाल रहे हैं? क्या आपको इस बात का भान नहीं है कि आप रणभूमि में हैं, किसी वृक्ष के नीचे ध्यानस्थ नहीं?"

"मैं जानता हूँ, छन्न...मैं सतर्क रहूँगा। किन्तु ध्यान तो कहीं भी किसी भी समय सम्भव है—दुश्मन से लड़ते हुए, घुड़सवारी करते हुए, वार्तालाप या भोजन करते हुए...।"

"किन्तु कृपा कर यहाँ ऐसा न करें क्योंकि चारों ओर तीव्र बाण चल रहे हैं।"

सिद्धार्थ मुस्कुराए। "पर यह बताएँ, छन्न, क्या आप स्वयं भयभीत नहीं हैं, रणभूमि में मेरा रथ हाँकते हुए, शस्त्रविहीन?"

"नहीं," छन्न ने उत्तर दिया, "क्योंकि मुझे लगता है कि मैं भगवान कृष्ण हूँ, अर्जुन का सारथी।"

तभी सीमा पार से सूचना मिली कि शाक्य सैनिकों द्वारा दबोच लिए गए दुश्मनों ने पीछे हटना शुरू कर दिया है। महाराज शुद्धोदन ने देखा कि उनके सेनापति अपने रथ में राजा बल्लमाया को लिये आ रहे हैं। बल्लमाया पीले पड़ चुके निःसहाय दिख रहे थे।

"क्या मैं इसी क्षण इनका सर कलम करने का आदेश दे सकता हूँ?" सेनापति ने पूछा।

"यह काम मुझे स्वयं करने दें।" महाराज शुद्धोदन ने अपनी म्यान से तलवार निकालते हुए कहा।

"नहीं पिताश्री!" पीछे के रथ से आवाज आई, "अधमरे को क्या मारना? इसे तो तलवार से कहीं ज्यादा प्रबल हथियार से मारना चाहिए—दया और क्षमा से।"

"तो ध्यानी पंडुक फिर से आध्यात्मिक होने लगे," महाराज ने विस्मय से कहा, "आपको अन्दाजा भी है कि हमने कितने सैनिक और जानवर इस युद्ध में गँवाए हैं?"

"मैंने सब देखा, पिताश्री," सिद्धार्थ ने कहा, "परन्तु दुश्मन को प्रतिशोध से दंडित नहीं किया जा सकता...मैं इनकी ओर से आग्रह करता हूँ।"

इससे पहले कि महाराज शुद्धोदन कुछ और कहते बल्लमाया आगे बढ़कर राजकुमार का चरण-स्पर्श करने के लिए झुके।

"नहीं, राजा बल्लमाया, एक राजा को दूसरे राजा के सामने नतमस्तक नहीं होना चाहिए, और किसी राजकुमार के सामने तो कदापि नहीं।" सिद्धार्थ ने कहा।

अभिभूत बल्लमाया ने सिद्धार्थ से कहा, "यही देवत्व है।" वह रुककर बोले, "पर मैं बताना चाहता हूँ कि इस आक्रमण के पीछे मेरा कोई हाथ नहीं था।"

"फिर किसने आपको उकसाया?" सिद्धार्थ ने पूछा।

"देवदत्त ने।" तपाक से उत्तर मिला।

"मुझे तो तरस आता है। उनकी दुर्योजना सफल नहीं हुई," सिद्धार्थ ने कहा, "तथापि उन्हें मेरी शुभकामना दे दीजिएगा। कुछ भी हो, वह हमारे चचेरे भाई हैं।"

"मैंने आप जैसा दूसरा नहीं देखा।" बल्लमाया ने कहा। फिर महाराज शुद्धोदन की ओर मुड़कर बोले, "मैं सदा आपके पुत्र का बन्दी रहूँगा—उनके हृदय की विशालता के पाश में बँधा हुआ। आज मैं वचन देता हूँ कि हर जगह, हर समय आपकी सेवा के लिए तत्पर रहूँगा।"

"इन्हें मुक्त कर दो," महाराज ने घोषणा की, "क्योंकि यही मेरे पुत्र की इच्छा है।"

पिता और पुत्र दोनों के समक्ष नतमस्तक राजा बल्लमाया यह कहते हुए चले गए कि "ईश्वर आप दोनों को आशीष दें।"

उधर महाराज सुप्रबुद्ध के महल में पिता और पुत्री के बीच तर्क-वितर्क चल रहा था।

"मुझे यह कहते हुए दुःख होता है कि आपने महाराज शुद्धोदन की सहायता के लिए अपनी सेना नहीं भेजी।" यशोधरा ने कहा।

"ये राज-काज की बातें हैं," पिता ने प्रतिकार करते हुए कहा, "इसमें आपको हस्तक्षेप नहीं करना चाहिए। मैं बल्लमाया के विरुद्ध नहीं लड़ना चाहता था क्योंकि उसने मेरा कोई अहित नहीं किया है।"

"परन्तु क्या उन्होंने आपके दामाद के राज्य पर आक्रमण नहीं किया?"

"अत्यधिक तरफदारी न करें," सुप्रबुद्ध ने डाँटते हुए कहा, "आप अभी तक उनसे ब्याही नहीं गई हैं।"

"प्रेम विधि-विधानों पर आश्रित नहीं होता, पिताश्री," यशोधरा ने कहा, "यह एक ऐसा सम्बन्ध है जो पुरोहितों द्वारा दिए गए बन्धन से परे होता है।" फिर थोड़ा रुककर बोलीं, "यह विवाह सम्पन्न न भी हो तब भी मैं उन्हें अपने पति के रूप में ही देखूँगी।"

इन शब्दों ने महाराज सुप्रबुद्ध को स्तब्ध कर दिया। उन्होंने तुरन्त कहा, "मैं शर्मिन्दा हूँ। मैं तत्काल अपने सैनिकों को कपिलवस्तु की रक्षा के लिए महाराज शुद्धोदन की सेना के साथ हो जाने का आदेश दूँगा।"

"अब अत्यन्त विलम्ब हो चुका है, पिताश्री," यशोधरा ने कहा, "मुझे अभी-अभी सन्देश प्राप्त हुआ है कि राजा बल्लमाया ने आत्मसमर्पण कर दिया है। उनका सिरच्छेदन होने ही वाला था किन्तु राजकुमार सिद्धार्थ ने अपने पिता से आग्रह करके उन्हें क्षमादान दिलाया।"

"तब आप भी मुझे क्षमा क्यों नहीं कर देतीं?" सुप्रबुद्ध ने पूछा।

"हाँ पिताश्री," उन्होंने उत्तर दिया, "वह तो बस पिता-पुत्री के बीच का नोंक-झोंक था।" फिर रुककर बोलीं, "मेरा पितृ-प्रेम तो यथावत है।"

"उतना ही जितना कि आप सिद्धार्थ को प्रेम करती हैं?" महाराज ने मुस्कुराते हुए पूछा।

"वह तो मेरा संसार हैं और आप मेरे जनक। मैं आपका आदर करती हूँ।"

जब युद्ध का गुबार शान्त हुआ तो दोनों पक्षों के पुरोहितों ने पुनः विचार-विमर्श कर विवाह के लिए एक शुभ-तिथि का चयन किया। कपिलवस्तु में उत्सव का माहौल फिर से बनने लगा।

राजकुमार सिद्धार्थ को लग रहा था जैसे वह एक ज्वार से उतरकर दूसरे पर सवार हो रहे हों—रणभूमि से विवाहस्थल की तरफ। उधर यशोधरा अपने सपनों में खोई थीं।

# तीन

राजकुमार सिद्धार्थ के लिए वह एक थकान-भरा दिन था। वह भविष्य के बारे में विचारमग्न थे, जबकि यशोधरा हर क्षण आनन्द की अनुभूति कर रही थीं। उनका विवाह एक राजकुमार से होने जा रहा था—युवा, आकर्षक और उदारचेता जो उनके सम्मुख थे—कंधों तक झूलते घुँघराले बाल, आँखें चमक से भरीं और बदन संगमरमर-सा तराशा हुआ। 'पर वह तनावग्रस्त क्यों दिख रहे हैं?' वह सोचने लगीं।

उस वर्ष कपिलवस्तु में शरदऋतु का आगमन कुछ पहले हो गया। आश्विन के प्रथम सप्ताह से ही कुहरा छाने लगा—सूर्योदय को आच्छादित और दोपहर तक सवारियों का आवागमन बाधित करता हुआ। किन्तु कड़ाके की ठंड के बावजूद राजमहल के द्वार पर राज-परिवार से भोजन और वस्त्र प्राप्त करने वालों की भारी भीड़ इकट्ठी हो गई थी।

विवाह की रस्में प्रभातबेला से ही दरबार-कक्ष में प्रारम्भ हो गईं। केन्द्र में स्थित हवनकुंड के चारों ओर छह पुरोहित आसन पर बैठे थे—खुले बदन, जनेऊ धारण किए हुए और वैदिक श्लोकों का उच्चारण करते हुए। हवनकुंड के एक तरफ महाराज शुद्धोदन और दूसरी तरफ सिद्धार्थ एवं यशोधरा विराजमान थे। पवित्र अग्नि से निकली सुगन्ध से सारा कक्ष सुवासित हो रहा था।

कुछ देर तक मंत्रोच्चार के पश्चात् मुख्य पुरोहित ने सिद्धार्थ को एक बड़े चम्मच में कपूर का टुकड़ा जलाकर हवनकुंड में रखी आम की लकड़ी पर गिराने को कहा। अग्नि की लपटें उठने लगीं, किसी सपेरे की टोकरी से निकले सर्पों की लपलपाती जिह्वा की तरह। पुरोहितों द्वारा 'स्वाहा' उच्चारण के साथ-साथ वर-वधू दोनों चम्मच भर-भर कर घी एवं हवन-सामग्री अर्पित करने लगे।

फिर वह क्षण आया जब सिद्धार्थ और यशोधरा को अग्नि के चारों ओर सात फेरे लेने थे। सिद्धार्थ के पीछे-पीछे चलती हुई यशोधरा किसी पृथ्वीवासी को ब्याहने इन्द्रलोक से उतरी अप्सरा-सी लग रही थीं।

यों तो उन्होंने विभिन्न प्रकार के रत्नजड़ित आभूषण पहन रखे थे किन्तु उनके हृदयस्थल से सटा वह पन्ने का हार विशिष्ट था क्योंकि वह उन्हें सिद्धार्थ ने तब भेंट किया था जब वे पहली बार मिले थे। उनकी आँखों में एक स्वप्न चमक रहा था—जीवन-साथी संग हर्षोन्माद की प्रथम रात्रि का स्वप्न।

विवाह-संस्कार दोपहरबाद तक चलता रहा। सांध्यकाल मुख्य पुरोहित ने वर-वधू को एक-दूसरे का हाथ पकड़कर उनके साथ-साथ ग्यारह बार गायत्री मंत्र पढ़ने के लिए कहा। तत्पश्चात् उन दोनों को प्रेम, शान्ति और सौभाग्य की शुभकामनाओं के साथ पति-पत्नी घोषित कर दिया गया।

तत्क्षण पूरा कक्ष आह्लादित हो उठा। हर कोई पीले रंग में रँगे चावल और गुलाब की पंखुड़ियों की वर्षा करता हुआ नवविवाहित जोड़े को आशीर्वाद देने लगा।

समारोह की समाप्ति पर मुख्य पुरोहित नव-दम्पती को कक्ष के बाहर खड़े रथ तक ले गए। घोड़े कनक की बागडोर सँभाले सारथी छन्न ने कहा, "मेरी शुभकामना स्वीकार करें, हे राजकुमार!" फिर उन दोनों को निहारते हुए उनके मुँह से निकला, "कपिलवस्तु के सबसे सुन्दर दम्पती।"

"धन्यवाद, छन्न।" सिद्धार्थ ने कहा। फिर यशोधरा की ओर मुड़कर बोले, "यह छन्न हैं, केवल मेरे सारथी नहीं बल्कि मेरे मित्र और विश्वासपात्र भी।"

यह सुनकर छन्न का चेहरा खिल उठा

"यह तो इनके हृदय की विशालता है," छन्न ने यशोधरा से कहा, "पता है, यह मुझे कभी-कभी अपना संजय कहते हैं, जबकि यह 'महाभारत' के धृतराष्ट्र की तरह नेत्रहीन नहीं हैं। इन्होंने बहुत कुछ देखा है और सब कुछ समझा है...।"

दोनों के बीच के विशिष्ट बन्धन को महसूस करते हुए यशोधरा ने अपने बाएँ हाथ की माणिक की अँगूठी उतारकर छन्न को देते हुए कहा, "आपके लिए एक तुच्छ भेंट।"

यशोधरा के सद्भाव से अभिभूत छन्न ने कहा, "यह तो अमूल्य है।"

"स्नेह में बँधे हृदय से मूल्यवान कुछ भी नहीं," उन्होंने कहा, "अब से हम तीन होंगे, दो नहीं...अपने पति से मैं आपके विषय में और भी जानना चाहूँगी।"

तब छन्न ने रथ को उस विशिष्ट महल की ओर हाँक दिया जो महाराज ने अपने पुत्र एवं पुत्रवधू को भेंटस्वरूप दिया था।

यह एक अत्यन्त ही सुसज्जित महल था—मखमली कालीन बिछी थी और खिड़कियों पर स्वर्ण-धागों से बुने पर्दे लटक रहे थे। पर सबसे सुन्दर था नवविवाहित जोड़े का शयनकक्ष जिसके बीचोबीच बिछा था रेशमी कढ़ाईदार छतरी लगा शीशम का पलंग जिस पर गद्दे बिछे थे और जरदारी के काम वाले दो तकिए लगे थे—एक ऐसी स्वर्गिक सुहाग-शय्या जो केवल किसी देवता और उनकी अर्धांगिनी के लिए बनी हो।

सुखद उत्तेजना से भरी यशोधरा प्रतीक्षा में थीं, पर सिद्धार्थ विचारों में खोए थे। उनके मुखमंडल पर एक पारलौकिक छवि विराजमान थी—आँखें नभ में दूर किसी तारे में उलझीं। यशोधरा ने यह सब गौर किया किन्तु उन्हें विश्वास था कि सिद्धार्थ शीघ्र ही उनकी ओर प्रवृत्त होंगे, अपनी चाहत से पूरी तरह आवेशित।

उन्होंने अपनी वैवाहिक पोशाक एवं अपने पन्ना वाले हार के अतिरिक्त अन्य सभी आभूषण उतार दिए थे। रात की ठंडक का पूर्वानुमान करते हुए महाराज शुद्धोदन ने कक्ष के एक कोने में लकड़ी का कुन्दा जलवा रखा था।

पलंग पर आराम से चादर में लिपटी यशोधरा को सिद्धार्थ के साथ की प्रतीक्षा थी—इसी क्षण की कल्पना तो वह अनुष्ठानों के बीच लगातार करती रही थीं। बाहर प्रांगण में संगीतज्ञ अपने वाद्य-यंत्र बजा रहे थे। सारा वातावरण प्रकाश-पुंजों की रंगरेलियों से देदीप्यमान था—किसी शाही जोड़े के प्रेम-रसास्वादन के लिए एक उपयुक्त पृष्ठपट।

किन्तु सिद्धार्थ आश्चर्यजनक रूप से मीलों दूर थे—किसी अन्य लोक में खोए हुए। वह कक्ष में चहलकदमी कर रहे थे—पलंग और खिड़की के बीच पिंजड़े में कैद बाघ की तरह।

"क्या बात है स्वामी?" यशोधरा की आवाज आई, "आप इतने गुम-सुम

से क्यों हैं? अभी तक एक शब्द भी नहीं बोले—और यहाँ मैं बिस्तर पर आपकी प्रतीक्षा कर रही हूँ।''

"हाँ बस...।'' वह बुदबुदाए। पर उनकी एकाग्रता यथावत् बनी रही।

"आज हमारी सुहागरात है, स्वामी।'' उनकी आवाज में एक विनम्र निवेदन था। "मैं यहाँ हूँ, चादर में लिपटी। गले में पन्ने का हार मेरी छाती पर निर्मम वजन-सा पड़ा है। मैं सर्द एवं एकाकी महसूस कर रही हूँ। कुन्दे की आग भी...।'' उनकी आवाज क्षीण हो गई।

उन्होंने सिद्धार्थ को खिड़की के पास एक क्षण के लिए रुकते देखा। वह बाहर की ओर देख रहे थे। अधीरतावश वह बिस्तर पर उठकर बैठ गईं—रेशमी तकिए पर टिकी। फिर थोड़े चिड़चिड़ेपन के साथ बोलीं, "आप बाहर क्या देख रहे हैं?''

वह एक क्षण के लिए पीछे मुड़े और बुदबुदाए, "मैं बस सोच रहा था कि...।''

उन्होंने हस्तक्षेप करते हुए कहा, "यह क्षण सोचने का नहीं है...आप मेरा तात्पर्य समझ रहे हैं न?'' थोड़ा रुककर फिर बोलीं, "जो भी हो, बाहर बस रोशनी की छटा है और संगीत की गूँज।''

"मुझे पता है,'' उन्होंने उत्तर दिया, "परन्तु मैं सोच रहा था कि उस प्रकाश के परे क्या है। कदाचित अन्धकार। अज्ञात की धुँधली वादियाँ, कोई मानचित्र-विहीन परिक्षेत्र।'' फिर सीधे यशोधरा पर दृष्टि केन्द्रित कर उन्होंने पूछा, "क्या आपने कभी मोमबत्ती की लौ के मध्य स्थित गहरे शून्य को देखा है? ठीक उस शून्य के केन्द्र में स्थित होती है शान्ति, सारे आलोड़न के बीच। क्यों होता है अन्धकार का हृदयस्थल इतना शान्त; उसकी आत्मा स्थिर और निश्चिन्त क्यों होती है?''

"पता नहीं आप क्या कह रहे हैं?'' यशोधरा ने कहा, "ठीक है, पर मेरे हृदयस्थल की शून्यता का क्या? मेरे एकाकीपन की दबी आवाज का? आप अन्धकार की आत्मा की बात कर रहे हैं, उसकी शान्ति की, परन्तु शरीर? उसका क्या? यह ऊष्मायुक्त आवरण न हो तो आत्मा कहाँ निवास करेगी? काश मैं संगीतज्ञों को रोक पाती! उनके शोर ने इस कक्ष की शान्ति को नष्ट कर दिया है।''

"मैं मानता हूँ, शोर हमेशा आक्रामक होता है। किन्तु जरा उसके बाद की शान्ति की सोचिए, जैसे चमक-दमक के बाद का अन्धकार। क्या जीवन

विरोधाभासों के इर्द-गिर्द नहीं घूमता? चक्र की परिधि के केन्द्र में ही धुरी का अचल बिन्दु स्थित होता है...।''

"देखिए, प्रिय सिद्धार्थ," वह फट पड़ीं, "मुझे इन बातों का ज्ञान है। पर मेरा तो उठकर आपको बिस्तर में खींच लेने का मन कर रहा है। आप क्यों भूल रहे हैं कि यह हमारी सुहागरात है?"

"मैं अपना अपराध स्वीकार करता हूँ, प्रियतमे!" उन्होंने कहा, "पर मुझे लगता है कि सुहागरात को भी हमें एक-दूसरे के प्रति स्पष्टवादी होना चाहिए। मैंने सदा खुलेपन एवं सरलता को महत्त्व दिया है। उदाहरण के लिए जब छन्न हमें विवाहोपरान्त रथ में ले जा रहे थे उस समय भी मैं वह सब स्मरण करने से स्वयं को रोक नहीं पाया जो कुछ दिन पूर्व मैंने कपिलवस्तु के बाजार से गुजरते हुए देखा था...हे यशो! तब मेरा पहली बार बीमारी, बुढ़ापा और मृत्यु से सामना हुआ था। वे भयानक चित्र मुझे आज भी परेशान कर देते हैं—वह भूखा व्यक्ति भोजन के लिए पात्र आगे बढ़ाता हुआ...।"

"पर शरीर की भूख? चुम्बनामृत की एक बूँद के लिए प्यासे होंठ?" वह ठहरकर बोलीं, "काश उस दिन उसी बाजार से गुजरते हुए बारात को भी आपने देखा होता—दुल्हन के मुखमंडल को जो पालकी से झाँक रही थी, मानो संसार को बता रही हो कि वह तो विवाह के आनन्दपथ पर है। याद रखिए, आनन्द की अनुभूति के लिए जीवन के सारे दुःखों को भूलने का भी एक क्षण होता है। जब कोई...मैं कहना चाहती हूँ कि जिस समय आप उन दुःखद चित्रों को याद कर रहे थे उस समय मेरे मन में कुछ सुखद यादें भरी थीं—एक सुन्दर युवा राजकुमार का बिगड़ैल घोड़े को नियन्त्रित करना, वह..." उन्होंने रुकते हुए पूछा, "आपने उस अश्व को कैसे वश में किया, स्वामी?"

"वो मैं समझ गया था कि उस उन्मत्त जीव को सहानुभूति और करुणा की आवश्यकता थी," सिद्धार्थ ने उत्तर दिया, "इसलिए मैंने बस उसके समीप जाकर उसकी आँखों में आँखें डालकर देखा, उसके भूरे अयाल को सहलाया, उसके नथुनों को, और उसका मस्तक चूम लिया। फिर क्या था, बिना किसी विरोध के उसने मुझे सवारी करने दिया।"

यशोधरा ने बात पकड़ ली और मुस्कुराते हुए बोली, "मैं भी प्रतीक्षा कर रही हूँ, ऐसे ही किसी स्पर्श की, लगाम कसे जाने की, क्योंकि हर दुल्हन

सुहागरात को कदाचित अपना शमन चाहती है, तन की भूख मिटाना चाहती है, अपनी प्यास बुझाना चाहती है...।''

''मैं पराजित हुआ, प्रियतमे,'' सिद्धार्थ ने कहा, ''अब कोई वार्तलाप नहीं होगा...मैं आपके आलिंगन में होऊँगा।''

फिर वह किसी निद्राचारी की भाँति पलंग की ओर बढ़ गए।

# चार

बिस्तर पर सिद्धार्थ यशोधरा के बाहुपाश में थे—लगभग निश्चल। यशोधरा पर कामुकता हावी थी—आँखों में कामोत्तेजना की लपटें, बाल किसी लम्बी—टाप भरती घोड़ी के अयाल से बिखरे—एक ऐसी महिला सब कुछ जिसके नियन्त्रण में हो। पूरी बेताबी से उन्होंने सिद्धार्थ को चूमा—ललाट, आँखों, होंठों, सीने, जाँघों और टाँगों पर मानो किसी देवता का किसी अनुष्ठान के लिए अभिषेक कर रही हों।

"अब हमें इस पन्ना वाले हार को भी उतार देना चाहिए," उन्होंने सिद्धार्थ के कानों में फूलती साँसों के साथ कहा, "क्योंकि यह अवरोधक है।" उनकी आवाज कंठ में फँसी-सी थी, "है न प्रेमालाप किसी अज्ञात क्षेत्र में प्रवेश करने जैसा?"

जहाँ यशोधरा बादलों पर उड़ रही थीं, चाँद-तारों के भी पार, वहीं सिद्धार्थ को लग रहा था मानो यह सब उनके कर्तव्यपालन हेतु नियति का आह्वान है।

"आप भी गतिमान क्यों नहीं होते?" यशोधरा ने पूछा, "मैं आपसे अगाध प्रेम करती हूँ, सिद्धार्थ, आपकी कल्पना से कहीं ज्यादा। मुझे लगता है मेरा जन्म ही इस क्षण के लिए हुआ है।"

यशोधरा के प्रति करुणा से भरे सिद्धार्थ ने उन्हें अपनी बाँहों में भींच लिया।

"मैं भी आपसे उतना ही प्रेम करता हूँ, यशो।" वह बुदबुदाए।

"इस क्षण," वह विनम्र और विषादपूर्ण स्वर में बोलीं, "मैं किसी भूखी भिखारन की तरह महसूस कर रही हूँ...क्या आप इस भिक्षापात्र में कुछ डालेंगे नहीं?"

"आप क्या चाहती हैं, प्रियतमे?" उन्होंने स्नेहपूर्ण कोमलता से पूछा।

"एक पुत्र।" उन्होंने कहा, मानो किसी देवता से वरदान माँग रही हों।

"तथास्तु।" सिद्धार्थ ने मुस्कुराते हुए कहा।

"पर मैं चाहूँगी कि वह एक तेजस्वी युवक के रूप में विकसित हो—उन्मुक्त, आपकी तरह मुट्ठी भींचे नहीं," उन्होंने चिढ़ाते हुए कहा, "आशा है, आप मेरी इस बात को अन्यथा नहीं लेंगे। अब तो आप मेरे साथ हैं। मैं आपकी आभारी हूँ।"

"परन्तु," उन्होंने अवसादपूर्ण स्वर में कहा, "वह तो मेरा भी अंश होगा। फिर मैं यह कैसे आश्वस्त कर सकता हूँ कि वह मेरी तरह विचारमग्न पंडुक नहीं होगा?" मुस्कुराते हुए उन्होंने यशोधरा के होंठों को प्यार से चूम लिया।

"अब चाहे वह विचारमग्न पंडुक हो या बेलगाम घोड़ा, मैं उसे आपके उपहार स्वरूप लूँगी। पर मैं यह भी जानती हूँ कि वह मेरे सिद्धार्थ जैसा ही आकर्षक होगा। और आपकी अनुपस्थिति में वह मेरे पास होगा, छन्न के साथ रथ पर सवार।"

अर्धरात्रि हो चुकी थी। अब चूँकि कहीं कोई रोशनी नहीं जल रही थी और संगीतज्ञों के वाद्ययंत्र मौन हो चुके थे, चारों ओर अंधकार पसर गया था और नीरवता छा गई थी। केवल चाँद की किरणों का एक पुंज शयनकक्ष की सतह पर पसरा था, कुन्दे की बुझती आग के समानान्तर।

पति के साथ लेटी यशोधरा गहरी नींद में डूब गईं। ज्वार शान्त हो चुका था। वह उस उपासक की तरह लग रही थीं जिसे मंत्रोच्चार करते हुए मन्दिर की घंटी बजाते-बजाते थककर झपकी आ गई हो।

परन्तु सिद्धार्थ जाग्रत थे—आँखें छत पर टिकीं जहाँ उन्होंने एक कीड़े को छजली की ओर रेंगते देखा। क्या कीड़े रात्रि में भी नहीं सोते, वह सोचने लगे। और फिर मछलियाँ भी तो दिन-रात जल में तैरती ही रहती हैं—आँखें खोले हुए। मछली को तो मस्तिष्क भी होता है, इसलिए वह हर क्षण कुछ-न-कुछ सोचती रहती होगी। उन्हें राजपुरोहित असित की बात याद आई कि मछली ही ईश्वर की प्रथम रचना है।

यशोधरा की तरफ मुड़े तो देखा कि वह प्रगाढ़ निद्रा में थीं। उनके कपोल पर आँसू की चन्द बूँदें टिकी थीं। वह सोचने लगे, क्या ये प्रेम की पूर्णता के आँसू हैं या फिर किसी अन्तः नैराश्य के?

उस रात उनकी नींद उड़ गई। यह सोचकर कि यशोधरा सुबह से पहले नहीं जगेंगी, वह धीरे से उठकर बाहर मैदान में चहलकदमी करने निकल पड़े। प्रभात बेला में वह प्रायः टहला करते थे। पाँव तले की ओस की बूँदों से उन्हें

पृथ्वी के साथ निकटता का एहसास होता था। वह प्रायः सृष्टि के रहस्य के बारे में सोचते थे। जानवरों और पक्षियों की वाणी विकसित क्यों नहीं हुई जबकि मनुष्य विचार-विमर्श और तर्क-वितर्क कर सकता है? क्या सन्तानोत्पत्ति ही विवाह का अभिप्राय है? क्या प्रेमालाप में वासना शामिल नहीं हो जाती?

जब प्रातःकाल की नारंगी छटा धीरे-धीरे किरमिजी होने लगी तो उन्हें अचानक छन्न के पास जाने का विचार आया, यद्यपि वह आश्वस्त नहीं थे कि छन्न जग गए होंगे।

उनकी कुटिया पर पहुँचकर, जो राजमहल के पूर्वी द्वार के समीप था, उन्होंने दरवाजा खटखटाया। छन्न की पत्नी ने दरवाजा खोला। आश्चर्यचकित वह दौड़कर अपने पति को बताने गईं कि स्वयं राजकुमार सिद्धार्थ द्वार पर खड़े हैं।

"हे राजकुमार, आप इस समय?" छन्न ने हकलाते हुए और अपने निद्रालु नेत्रों को मलते हुए पूछा।

"मुझे खेद है कि मैंने आपकी नींद में सबेरे-सबेरे खलल पहुँचाया," सिद्धार्थ ने कहा, "किन्तु मेरा चित्त अशान्त है...।"

"आपसे मिलना तो हमेशा मेरा सौभाग्य है, स्वामी—कभी भी, कहीं भी। मैं जगने वाला ही था," छन्न ने कहा, "कृपया अन्दर पधारें...हर सुबह मैं अपनी नन्ही बेटी के पाँव की मालिश करता हूँ। वह अपनी माँ को करने ही नहीं देती।" फिर उन्होंने बताया कि सरोज अपंग है।

सिद्धार्थ ने बच्ची की सूजन भरी टेढ़ी टाँगों को देखते हुए कहा, "आपने मुझे पहले कभी नहीं बताया।"

"हे राजकुमार! आपने तो पहले ही ढेर सारे दुःख देख रखे हैं।" फिर बैठने के लिए खाट की तरफ दिखाते हुए उन्होंने कहा, "पर यह तो आपकी सुहागरात थी न?"

"हाँ छन्न...पर मुझे एक बात ने यहाँ पर आने के लिए बाध्य कर दिया। मैं रात-भर सो नहीं पाया। लगातार चिन्तामग्न रहा।"

"आपको चिन्तामुक्त होने का प्रयास करना चाहिए। मुझे तो डर है कि कहीं चिन्ता से आपका सर्वनाश न हो जाए।"

"मेरा सर्वनाश, या मेरा मोक्ष?" सिद्धार्थ ने चुटकी ली। एक क्षण के लिए शान्ति छा गई।

"अच्छा ठीक है, बताएँ, बात क्या है?" छन्न ने पूछा, "क्या मैं आपकी कोई मदद कर सकता हूँ।"

"मैं बताता हूँ कि मुझे क्या उद्वेलित कर रही है...आपके सिवा किसी और से मैं कह भी नहीं सकता।" फिर सीधे-सीधे उन्होंने पूछा, "छन्न, क्या मुझे विवाह करना चाहिए था?"

"विवाह तो अति पवित्र सम्बन्ध है, अन्यथा यह सृष्टि कैसे चलेगी? यहाँ तक कि भगवान कृष्ण भी विवाहित थे। वास्तव में उनके जीवन में तो दो नारियाँ थीं—उनकी पत्नी रुक्मणी और प्रेयसी राधा। भगवान शिव की भी तो पार्वती थीं। मेरा विश्वास है कि ऋषि विश्वामित्र ने भी मेनका से अवश्य विवाह किया होता...।"

सिद्धार्थ मुस्कुराए। उनकी दृष्टि छन्न के चेहरे पर टिकी थी।

"मैं आपके ज्ञान से प्रभावित हुआ। मुझे तो आप असित से अधिक ज्ञानी लगते हैं, या फिर मेरे पिताश्री के अन्य किसी भी सलाहकार से अधिक।"

इस प्रशंसोक्ति से अभिभूत छन्न ने कहा, "यह सब तो मेरी दादी की देन है जो मुझे कहानियाँ सुनाया करती थीं।"

"तथापि, आपके उदाहरण मेरे मामले में ज्यादा प्रासंगिक नहीं लगते। कृष्ण और शिव तो देवता थे, और विश्वामित्र एक ऋषि, जबकि मैं ठहरा एक नश्वर प्राणी...।"

"नश्वर? हे राजकुमार," छन्न ने मुस्कुराते हुए कहा, "क्या आपको राजपुरोहित असित की भविष्यवाणी ज्ञात नहीं जो उन्होंने आपके विषय में की थी—कि आप एक दिन राजाओं के राजा बनेंगे?"

"मुझे लगता है यह उनकी कल्पना थी। भविष्य का पूर्वानुमान भला कौन कर सकता है? वह तो रहस्य का एक ऐसा घना क्षेत्र है जिसमें कोई प्रवेश नहीं कर सकता...बताएँ, छन्न, दुःख-दर्द की व्युत्पत्ति कहाँ से होती है?"

इस अप्रत्याशित प्रश्न ने छन्न को निरुत्तर कर दिया।

"यह मेरी समझ के परे है, हे राजकुमार,...आपको आदरणीय असित से परामर्श करना चाहिए।"

"ठीक है, मैं उन्हें भी परखता हूँ...।"

सिद्धार्थ उठ खड़े हुए। "मुझे अपने शयनकक्ष में वापस लौट जाना चाहिए क्योंकि हो सकता है यशोधरा मुझे ढूँढ़ रही होंगी...वैसे मैं आपसे बात करके राहत महसूस कर रहा हूँ।"

जब वह अपने महल की ओर लौट रहे थे तो सूरज क्षितिज से ऊपर उदित हो चुका था—रात्रि-विश्राम के बाद सुनहरे नेत्र के उन्मीलन जैसा। वह सोचने लगे कि क्या इस अग्नि-पिंड की हृदयस्थली में भी एक काला शून्य है?

शयनकक्ष के द्वार पर ही यशोधरा खड़ी थीं—अत्यन्त चिन्तित-सी।

"इतना सबेरे आप कहाँ चले गए थे?" उन्होंने पूछा।

"हाँ, मुझे आपको बता देना चाहिए था कि मैं हमेशा प्रातःकाल सूर्योदय का अवलोकन करने जाता हूँ, इसलिए नहीं कि मैं सूर्योपासक हूँ।"

कुछ विस्मित-सी यशोधरा ने पूछा, "पर सूर्योदय का दृश्य तो आप उस झरोखे से भी देख सकते थे, जो आपके लिए बाहरी दुनिया को देखने का द्वार हो सकता था?"

"नहीं, सलाखों के पीछे से देखने में सूर्य एक बन्दी की तरह दिखेंगे," उन्होंने प्रत्युत्तर दिया, "खुले मैदान से ही उनके प्रभामंडल का पूर्ण अवलोकन सम्भव है।"

"मैं आपकी बराबरी नहीं कर सकती, प्रियतम," यशोधरा ने प्रेम भरे नेत्रों से देखते हुए कहा, "थोड़ा मुझे भी तर्क करना सिखा दीजिए।"

"इसके लिए तो आपको उस झरोखे पर काफी समय बिताना पड़ेगा," उन्होंने मुस्कुराते हुए कहा, "किन्तु अकेले, क्योंकि इसमें दो व्यक्तियों की गुंजाइश ही नहीं है। आत्मज्ञान का मार्ग बिल्कुल सीधा है।"

"आप फिर दार्शनिक होने लगे। इस कारण मुझे आप पर और भी प्यार आता है।" फिर उनके समीप आकर यशोधरा ने कहा, "आप मुझे चूमेंगे नहीं?"

गर्मजोशी से बाँहों में भरते हुए सिद्धार्थ ने उनके होंठ चूम लिए। पर इसमें भावावेश से ज्यादा करुणा और सहानुभूति थी।

"धन्यवाद, प्रियतम।" खिली मुस्कान के साथ यशोधरा ने कहा।

# पाँच

छन्न के परामर्श पर सिद्धार्थ ने असित से ज्ञान प्राप्त करने का निश्चय किया। जब वह उनके आवास की ओर जा रहे थे तो उन्हें पता चला कि असित उनके पिताश्री के बुलावे पर राजदरबार में किसी न्यायिक मामले में अपना सहयोग देने गए हैं। इसलिए सिद्धार्थ दरबार की ओर चल पड़े, इस उम्मीद के साथ कि वहाँ पुरोहितराज से मुलाकात होगी।

वहाँ उन्होंने देखा कि कक्ष पूरी तरह भरा हुआ था। चूँकि वह सादी पोशाक में थे इसलिए एक कोने में जाकर बैठ गए। किसी ने उन पर गौर नहीं किया। मंच पर महाराज विराजमान थे। उनके आजू-बाजू राजपुरोहित असित और अन्य सलाहकार बैठे थे और सामने एक प्रार्थी खड़ा था जो बेहद परेशान दिख रहा था। दूसरी तरफ एक सुन्दर युवती थी जिसके पीछे एक व्यक्ति खड़ा था। जब प्रमुख सलाहकार ने प्रार्थी से मामला प्रस्तुत करने को कहा तो महाराज के सामने सर झुकाकर उसने कहना शुरू किया।

"हे महाराज! मैं पूरी तरह तबाह हो चुका एक अभागा व्यक्ति हूँ।" फिर दूसरी तरफ खड़ी युवती को इंगित करते हुए उसने कहा, "यह मेरी पत्नी है जिसने मेरे साथ विश्वासघात किया है। इसने विवाह के पवित्र बन्धन को तोड़ा है।" फिर उसके पीछे खड़े व्यक्ति की ओर इशारा करते हुए कहा, "यही है मेरी गृहस्थी तबाह करने वाला, इसका प्रेमी। ये दोनों राक्षस हैं। इन्हें कड़ी से कड़ी सजा मिलनी चाहिए।"

मंच से एक आवाज आई। असित ने कहा, "दंड का सुझाव देना तुम्हारा काम नहीं है। वह केवल महाराज शुद्धोदन का विशेषाधिकार है। तुम केवल अपने तथ्य प्रस्तुत कर सकते हो।"

असित के रुखे हस्तक्षेप से थोड़ा विचलित उस प्रार्थी ने फिर कहना शुरू किया, "क्षमा चाहता हूँ, मैं भावावेश में बह गया था।" गला साफ करते हुए

वह बोला, "मैं एक किसान हूँ और प्रतिदिन, बारिश हो या धूप, गर्मी हो या सर्दी, सुबह से शाम तक अपने धान के खेत की जुताई के सिलसिले में घर से बाहर रहता हूँ। एक दिन भारी वर्षा के कारण मुझे अपना काम बीच में ही रोक देना पड़ा और मैं जल्दी घर वापस आ गया। प्रवेश करते ही मुझे शयनकक्ष से कुछ आवाजें सुनाई पड़ीं। मैंने पिछवाड़े की खिड़की से झाँका।"

इतना कहते-कहते किसान रो पड़ा। बाएँ हाथ की हथेली के पार्श्वभाग से आँसू पोंछते हुए बोला, "वहाँ मेरे बिस्तर पर मेरी पत्नी थी और यह व्यक्ति—दोनों नग्न, प्रेमालाप में लीन। अगर मेरे हाथ में चाकू होता तो खिड़की से अन्दर कूदकर दोनों की हत्या कर देता। मैं आजीवन इसके प्रति वफादार रहा हूँ। फिर इसने मेरे साथ विश्वासघात क्यों किया? वो रही वासना की पुतली।" फिर उस व्यभिचारी पर आँखें तरेरते हुए उसने कहा, "यह भी एक विवाहित व्यक्ति है। पता नहीं इसकी पत्नी को इसकी असलियत का ज्ञान है कि नहीं!"

उसने ज्योंही अपनी बात समाप्त की, सामने से कोई चीखा, "शर्म-शर्म।" पीछे से किसी ने कहा, "इसे नंगा करके कोड़े लगाने चाहिए।" तभी सिद्धार्थ ने एक व्यक्ति को उसके बगल वाले के कान में फुसफुसाते हुए सुना—"इसे निर्वस्त्र देखना कितना मजेदार होगा—इसके लिए सजा और हम सब के लिए एक उत्तेजक दृश्य, है न?"

तो यह काम भावना है जो मानवों को उत्तेजित करती है, सिद्धार्थ ने सोचा।

तभी प्रमुख सलाहकार ने उस औरत से अपना पक्ष रखने के लिए कहा, "यों तो प्रथमदृष्ट्या यह एक उन्मुक्त व्यभिचार का मामला प्रतीत होता है पर क्या तुम अपने बचाव में कुछ कहना चाहोगी?"

"नहीं महाशय," उस औरत ने दुःखी स्वर में उत्तर दिया, "मैं अपराधी नहीं हूँ। मैं एक निर्दोष औरत हूँ जिसका पति की अनुपस्थिति में बलात्कार हुआ था।"

उपस्थित जनसमूह को जैसे काठ मार गया, और उस आरोपी प्रेमी का चेहरा उतर गया, मानो उसके पैरों तले से जमीन खिसक गई हो। परन्तु साथ ही उसकी आँखों में अंगारे भी जल रहे थे। उसने अपना दाहिना हाथ ऊपर उठाया, जैसे कुछ कहने की अनुमति माँग रहा हो। किन्तु प्रमुख सलाहकार ने कहा, "रुको। अपनी बारी की प्रतीक्षा करो।"

फिर उस औरत को अपनी बात जारी रखने का आदेश मिला।

"मैं हमेशा एक जिम्मेदार पत्नी रही हूँ, पति से प्रेम करने वाली, उनमें श्रद्धा रखने वाली। और रोज शाम को मैं उनकी प्रतीक्षा करती हूँ, भोजन की थाली और गर्म दूध का गिलास लिये। उस शाम मैंने कपड़े धोने का काम समाप्त ही किया था कि यह व्यक्ति मेरे घर में घुस आया। मुझे बिस्तर पर धकेलकर इसने मेरे साथ बलात्कार किया। हे महाराज, क्या कोई नारी किसी बलात्कारी से स्वयं को बचा सकती है?"

एक क्षण के लिए सिद्धार्थ भौंचक रह गए। क्या वास्तव में यह निर्दोष है, वह सोचने लगे। कक्ष में कई आँखें बलात्कार के आरोपी को गुस्से से देख रही थीं। भीड़ के बीच से आवाज आई, "इसे तो सरे-बाजार कोड़े लगाए जाने चाहिए।"

उधर वह किसान बिल्कुल अवाक था। उसने अपनी पत्नी पर गलत आरोप लगा दिए थे जबकि असली अपराधी पत्नी के पीछे खड़ा व्यक्ति था।

"मुझे और कुछ नहीं कहना महाराज," उस औरत ने कहा, "मैं निष्कलंक हूँ, इसके बावजूद कि इस व्यक्ति ने मेरा बलात्कार किया। मैं कमल की तरह पवित्र हूँ क्योंकि मेरी आत्मा पवित्र है।" इतना कहते हुए उसकी आवाज लड़खड़ा गई। वह अपने आँसू पोंछ रही थी।

सभा में सन्नाटा पसर गया। सिद्धार्थ दुविधा में पड़ गए। वह उत्सुकता से अपने पिताश्री के निर्णय की प्रतीक्षा करने लगे।

अब सभी उस बलात्कारी का पक्ष जानने को उत्सुक थे। उसका चेहरा स्याह पड़ चुका था और हाथ काँप रहे थे। जब उसे बोलने के लिए कहा गया तो उसका कंठ अवरुद्ध हो गया।

"हे महाराज, यह औरत एक शैतान है। मेरी समझ में नहीं आ रहा कि मैं क्या कहूँ। मुझे शब्द नहीं मिल रहे हैं।" फिर ऊपर हाथ उठाते हुए उसने कहा, "यदि इस धरती पर मुझे न्याय नहीं मिलता है तो ईश्वर मुझे सारे आरोपों से अवश्य मुक्त कर देंगे। मुझे क्षमा करेंगे।" उस औरत की तरफ मुड़कर उसने कहा, "इसका चेहरा भले सुन्दर हो पर आत्मा, जिसे यह कमल की तरह पवित्र बता रही है, कौए की तरह काली है।" एक क्षण के लिए वह रुक गया, जैसे समझ नहीं पा रहा हो कि क्या कहे। फिर बोला, "हे कृपालु महाराज, यह एक बहकाने वाली औरत है। वास्तव में मैं इसके जाल में फँसने

का दोषी हूँ। ऋषि विश्वामित्र भी प्रलोभन से बच नहीं पाए थे। मैं बताना चाहता हूँ कि ऐसा एक बार नहीं बल्कि अनेकों बार हुआ। मैं इसका पड़ोसी हूँ इसलिए इसकी पहुँच सहज थी। मेरी पत्नी एक दर्जी के यहाँ सिलाई का काम करती है, सप्ताह में तीन दिन। चूँकि हम दोनों का घर एक कम ऊँचाई वाली दीवार से बँटा हुआ है इसलिए यह औरत आसानी से मेरी पत्नी को काम पर जाते देख सकती थी। और बस कुछ ही देर बाद यह दीवार लाँघकर मुझे मेरे शयनकक्ष में ले जाती थी। उस दोपहर भारी वर्षा के कारण मेरी पत्नी को दर्जी की दुकान पर रुक जाना पड़ा था। इसलिए उसके किसी भी क्षण आ जाने के भय से इसने मुझे अपने घर में बुला लिया—और वही क्षण था जब हम दोनों रतिक्रिया में लीन रँगे हाथों पकड़े गए थे। अपनी कमजोरी के कारण मैं हमेशा इसके प्रलोभन में फँसता रहा। मुझे समझना चाहिए था कि यदि पकड़े गए तो इस निर्दोष किसान को असहनीय पीड़ा होगी। पर इससे पहले कि मैं अपनी बात समाप्त करूँ मैं तो चकित हूँ इस औरत की वाक्पटुता पर जिसने मुझे बलात्कारी कहकर स्वयं को बचाने की कोशिश की है। मेरा हृदय इसके पति के लिए खून के आँसू रोता है।'' इतना कहकर वह रुक गया। फिर उस किसान की ओर करुणापूर्ण नेत्रों से देखते हुए बोला, ''हाँ! मैं अपना अपराध स्वीकार करता हूँ और कोई भी दंड भोगने के लिए तैयार हूँ।''

यह सब सुनकर लोगों को बड़ा धक्का लगा। ''बेचारा।'' कोई भीड़ से बोला।

अब मंच पर विचार-विमर्श होने लगा था—महाराज असित और राजकीय सलाहकारों के बीच। एक नीरवता छा गई थी। सिद्धार्थ भी उत्सुकता से निर्णय की प्रतीक्षा कर रहे थे।

तभी महाराज की ओर से निर्णय सुनाने के लिए असित खड़े हुए : ''किसान की पत्नी को तीन वर्ष का एकान्त कारावास और सिलाई का काम करने वाली महिला के पति को, जो आरोपी है, पन्द्रह दिनों की जेल...।''

इस सबसे क्या लाभ, सिद्धार्थ सोचने लगे। वह किसान के एकाकीपन और घर चलाने में होने वाली दिक्कतों का अनुमान लगा रहे थे। जहाँ तक सिलाई का काम करने वाली महिला का प्रश्न था तो उसका सम्बन्ध-विच्छेद होना तय था। क्योंकि महिला को तो पति के विश्वासघात की जानकारी हो ही जाएगी। मानव जीवन भी एक उलझे हुए जाल की तरह है। सम्बन्धों का यह

वीभत्स रूप सिद्धार्थ के लिए पीड़ादायक था। चूँकि उस दिन का अनुभव आँखें खोल देने वाला था इसलिए उन्होंने आगे भी दरबार की और अन्य कार्यवाहियों को सुनने का निर्णय किया।

एक पखवाड़े के बाद दो भाइयों के बीच का एक जमीन सम्बन्धी विवाद सामने आया। दोनों अपने पिता की सम्पत्ति में अधिक अंश का दावा कर रहे थे। उनके तर्क-वितर्क से स्पष्ट जान पड़ता था कि उनके बीच घोर दुश्मनी थी—एक-दूसरे को तबाह कर देने के लिए तत्पर। एक अन्य मामला एक घरेलू नौकर का था जिसने अपनी बूढ़ी मालकिन की गला दबाकर हत्या कर दी थी और सारे गहने लेकर भाग गया था।

अब सिद्धार्थ के लिए असित से ज्ञानार्जन की आवश्यकता नहीं रह गई थी क्योंकि वह जान चुके थे कि सभी दुःखों के मूल में मनुष्य की इच्छा, वासना या लोभ ही है। क्या कभी कोई चिड़िया किसी दूसरे का घोंसला हड़पती है? पक्षीगण मानवों की तरह जमाखोर हैं क्या? क्या वे अनाजभरी बोरियाँ अन्यत्र छिपाकर रखते हैं? क्या उनका कोई स्थायी घोंसला होता है, या क्या वे अपनी रातें एक ही वृक्ष पर गुजारती हैं? और क्या किसी जानवर या पक्षी का अन्तिम संस्कार होता है?

राजदरबार के उनके अनुभवों ने उन्हें और भी गहरे चिन्तन में डुबो दिया। वह घंटों किसी वृक्ष के नीचे बैठे मानव-व्यवहार पर सोचते रहते। जब कभी यशोधरा उन्हें विचारमग्न और महल में चहलकदमी करते देखतीं तो दुःखी हो जातीं। उन्हें अवसाद से कैसे उबारा जाए यही सोचती रहतीं। तभी एक दिन उन्हें अपने गर्भ में स्पन्दन महसूस हुआ। उस रात जब वे दोनों बिस्तर पर लेटे थे तो उन्होंने सिद्धार्थ की तरफ मुड़कर फुसफुसाकर कहा, "प्रियतम, क्या आप कोई सुखद समाचार सुनने के लिए तैयार हैं?"

"क्या, यशो?" उन्होंने उत्सुकता से पूछा।

"मुझे लगता है कुछ विकसित हो रहा है...मैं माँ बनने वाली हूँ।"

"यह तो वास्तव में बड़ा ही सुखद समाचार है।" उन्होंने उत्तर दिया, यद्यपि हृदय की गहराई में उन्हें लगा जैसे उनके जीवन-चक्र में एक और दाँत फँस गया हो, सांसारिक बन्धन में जकड़ने वाली एक और गाँठ पड़ गई हो।

"अब मेरा अकेलापन दूर हो जाएगा।" यशोधरा ने कहा।

सिद्धार्थ मुस्कुराए।

"जब वह बड़ा होगा तो मैं उस खिड़की को जड़वा दूँगी," वह बोली, "प्रकाश के परे स्याह क्षेत्रों में झाँकना मना। सर्वत्र केवल प्रकाश होगा, दिन-रात।"

सिद्धार्थ का चेहरा चमक उठा। उन्होंने सोचा कि एक होने वाली माँ के प्रति उन्हें अपनी सहानुभूति व्यक्त करनी चाहिए। इसलिए स्नेहपूर्ण नेत्रों से देखते हुए उन्होंने कहा, "मुझे प्रसन्नता है कि अब आपकी सारी रिक्तता को भरने वाला कोई होगा।"

जब यशोधरा ने बालक को जन्म दिया तो कपिलवस्तु में सर्वत्र उल्लास भर गया। महाराज शुद्धोदन ने घोषणा की कि एक महीने तक राजदरबार में सुनवाइयों की सारी कार्यवाही स्थगित रहेगी क्योंकि लोग केवल दुःखद अनुभव ही लेकर आते हैं।"

राजकीय पाकशाला गरीबों के लिए खोल गई और कोई भी ब्राह्मण बिना दान-दक्षिणा प्राप्त किए नहीं लौटा।

बालक के नामकरण में असित ने प्रमुख राजपुरोहित की भूमिका निभाई। वृहत् पूजा के उपरान्त नाम घोषित करने का समय आया तो उन्होंने कहा, "चूँकि नाम 'र' अक्षर से प्रारम्भ होना चाहिए इसलिए इन्हें राहुल कहकर पुकारा जाए।"

वायुमंडल जयकार से गूँज उठा।

अगले दिन जब असित से बालक के भविष्य के बारे में बताने को कहा गया तो उनकी भृकुटि पर बल पड़ गए।

"क्या बात है?" महाराज ने पूछा।

हाथ में जन्मकुंडली लिये बालक के मुखमंडल को गौर से देखते हुए उन्होंने कहा, "यह बालक भी अपने पिता के पदचिह्नों पर ही चलेगा। मैंने अभी-अभी इसके ललाट पर एक अर्धचन्द्राकार चिह्न देखा है, बाईं तरफ बाल के नीचे। यह बताता है कि यह भी अपने पिता की तरह आध्यात्मिक प्रवृत्ति का होगा, यद्यपि राजकुमार सिद्धार्थ की तरह इसके तन पर वे बत्तीस शुभ चिह्न नहीं हैं। इसलिए यह अपने पिता के स्तर तक नहीं पहुँच पाएगा। इस प्रकार से महाराज ने अपने पुत्र और पौत्र दोनों ही खो दिए हैं क्योंकि दोनों अध्यात्म को समर्पित हैं।"

अन्दर से विचलित महाराज ने असित की ओर क्रोध से देखा। "यह दूसरी बार है जब आपने अशुभ भविष्यवाणी कर मुझे तोड़ दिया है। अट्ठारह वर्ष

पूर्व आपने दो भविष्यवाणियाँ की थीं—पहला कि सिद्धार्थ अपने जन्म के सात दिनों बाद ही अपनी माता को खो देंगे और दूसरा कि वह संसार से विरक्त हो जाएँगे। दुर्भाग्यवश आपकी पहली बात सच निकली और मैंने अपनी धर्मपत्नी महामाया को खो दिया। किन्तु ईश्वर की कृपा थी कि एक धात्री मिल गईं, राजकुमारी महाप्रजापति, जिन्होंने अपना दूध पिलाकर शिशु का पोषण किया। उन्होंने सगी माँ की तरह बच्चे की देखभाल की और अपने बड़े बेटे, समीर की तरह ही प्यार किया। उन्हें राजप्रांगण में एक आवास देकर मुझे प्रसन्नता हुई थी। पर दुर्भाग्यवश सिद्धार्थ की दस वर्ष की आयु में ही उन्हें कपिलवस्तु छोड़कर जाना पड़ा था। तदोपरान्त उनका पालन-पोषण राज-सेविकाओं के हाथों हुआ। तो ऐसे में उन्हें मातृप्रेम से विरत कैसे माना जाए?''

एक गहरी साँस भरकर उन्होंने फिर कहा, ''जहाँ तक आपकी दूसरी भविष्यवाणी का प्रश्न है कि संसार का परित्याग कर देंगे तो आप देख ही रहे हैं कि आज वह एक सुखद वैवाहिक जीवन व्यतीत कर रहे हैं—और एक पुत्र के पिता भी बन चुके हैं।'' होंठों पर एक उपहास लिये उन्होंने असित से पूछा, ''क्या मेरे सिद्धार्थ संसार से विरक्त हो चुके हैं?''

''परन्तु, हे महाराज, यही अन्त नहीं है,'' असित ने प्रतिकार किया, ''भविष्य एक प्रकाशहीन सुरंग की तरह है—अनेकों घुमावदार मोड़वाला। हो सकता है अगले कुछ दिनों में स्पष्ट हो कि पासा किस करवट बैठेगा।''

''ओह, आपका यह अहंकार,'' महाराज ने बात काटते हुए कहा, ''आप राजपुरोहितगण तो जैसे भगवान बन जाते हैं—अपनी सर्वज्ञता पर आँख सेंकते हुए।''

''हे महाराज,'' असित ने उत्तर दिया, ''मैं हमेशा वही कहता हूँ जो जन्मकुंडली में दिखता है, चाहे सिद्धार्थ की हो या आपके पौत्र की।''

''हो सकता है, इस बार आपकी भविष्यवाणी ढह जाए—ताश के पत्तों वाले घर की तरह।''

''मेरी भी यही कामना है,'' असित ने कहा, ''क्योंकि मैं आप सबों का भला चाहता हूँ। किन्तु...।'' उनकी आवाज अटक गई।

उस रात से महाराज की नींद उड़ गई। वह अमंगल की आशंकाओं से घिर गए।

अगली सुबह जब उन्होंने अपने प्रमुख सलाहकार से कहा कि असित को बर्खास्त कर देना चाहते हैं तो उन्होंने बात को न बढ़ाने की सलाह दी।

"हमें बिना विचारे कोई कदम नहीं उठाना चाहिए," सलाहकार ने कहा, "बल्कि बेहतर होगा कि आप उन्हें देवताओं को मनाने का कोई अनुष्ठान करने की आज्ञा दें। जो कुछ भी उन्होंने कहा है उसे टालने का अवश्य कोई उपाय होगा।"

जब महाराज ने असित से पूछा कि क्या प्रायश्चित का कोई अनुष्ठान है जिससे भविष्य बदला जा सके तो असित ने उत्तर दिया, "जन्मकुंडली में लिखे को मिटाया नहीं जा सकता। आपके सारे आँसू या आपकी प्रार्थना एक अक्षर भी नहीं पलट सकते।"

तब भी महाराज ने भष्यिवाणी को महत्त्व नहीं दिया। जब सिद्धार्थ दरबार की कुछ और बैठकों में सम्मिलित हुए तो संसार से विरक्ति हो गई। अब उन्हें यह भान हो गया था कि सारे प्रश्नों का हल अन्तःकरण से ही प्राप्त होगा। न तो असित, न कोई अन्य पुरोहित उन्हें अन्धकार के मर्मस्थल तक पहुँचा सकता है जहाँ शायद सृष्टि का रहस्य छिपा है।

एक रात, जब यशोधरा गहरी नींद में थीं, उन्होंने फिर बिस्तर से चुपचाप निकल जाने का निर्णय किया। पलंग के पास ही राहुल अपने खटोले में थे—बिल्कुल जगे हुए। यों तो कमरे में अँधेरा था किन्तु अंगीठी की रोशनी इर्द-गिर्द देखने के लिए पर्याप्त थी।

उन्होंने मुड़कर राहुल को खटोले से उठा लिया।

बालक अपने पिता की आँखों में देख रहा था। दो जोड़ी आँखों के बीच कोई अंतरंग संवाद चल पड़ा था। उन्हें बालक के चेहरे पर एक रहस्यमय मुस्कान दिखी।

उसे अपने स्नेहसिक्त हाथों में लिये सिद्धार्थ झरोखे के पास चले गए। बाहर चाँदनी किसी श्वेत चादर की तरह पसरी थी—तारों पर भी छा जाने वाली चमक के साथ।

राहुल की गहरी आँखों को निहारते हुए उन्होंने बुदबुदाकर कहा, "मैं तुम्हें बहुत प्यार करता हूँ।" तभी बच्चे की नन्ही-नन्ही उँगलियाँ अपने पिता के चेहरे का स्पर्श करने लगीं। अचानक सिद्धार्थ ने पलंग के चरमराने की आवाज सुनी। यशोधरा विस्फारित नेत्रों से पिता-पुत्र को निहार रही थीं।

"आपने इसकी नींद में खलल तो नहीं डाला?" उन्होंने पूछा

"नहीं, बिल्कुल जगा हुआ था जब मैंने इसे उठाया...वास्तव में आपने हम दोनों के वार्तालाप में खलल डाला।"

मुस्कुराते हुए यशोधरा ने कहा, "उस शिशु से मूक वार्तालाप कर रहे थे?"

"नहीं, प्रिय यशो, मौन की भी अपनी भाषा होती है...मुझे लगता है कि संसार का प्रत्यक्ष ज्ञान बच्चों में बड़ों से कहीं गहरा होता है, क्योंकि उसका दिमाग मानव अस्तित्व के रहस्य का भेदन कर सकता है। वह तो जब बोलने, तर्क करने या विवाद करने लगता है तब जीवन का उसका अतीन्द्रिय बोध धूमिल पड़ने लगता है।"

"मेरी समझ में नहीं आ रहा कि आप क्या कह रहे हैं?" यशोधरा ने कहा।

"किन्तु राहुल मेरी भाषा समझ सकता है। आखिर वह मेरी कृति है।"

"हमारी।" यशोधरा ने मुस्कुराते हुए कहा।

"हाँ," सिद्धार्थ ने स्वीकार किया, "मुझे लगता है यह बहुत कुछ समझने लायक हो चुका है।" फिर रुककर बोले, "आपने गौर किया है—यह कभी रोता नहीं है। बच्चा तभी रोता है जब कोई चीज उसे हत्‌बुद्ध कर देती है। पर राहुल तो पहले से ही वयस्क हो चुका है।"

एक अल्पकालिक शान्ति छा गई। फिर यशोधरा ने थोड़ी सख्ती से कहा, "पर आपका उसे झरोखे पर ले जाना मुझे पसन्द नहीं। वह भी आप ही की तरह विचारमग्न पंडुक बन जाएगा।"

"कौन जानता है, यशो, यह क्या बनेगा?"

"आप फिर मुझे चिढ़ाने लगे।"

राहुल को अपनी गोद में लेने के लिए यशोधरा आगे बढ़ीं। "अब मेरी बारी है।" पर अचरज यह कि बच्चे ने प्रतिकार किया। तब उसे माता-पिता ने अपने बीच में बिस्तर पर लिटाया।

"यह ठीक रहा," यशोधरा ने कहा, "क्योंकि अब हम दोनों इसका सानिध्य समान रूप से प्राप्त करेंगे।"

"नहीं, किसी दिन मैं इसे पूरी तरह आपके सानिध्य में छोड़ दूँगा।"

"एक और पहेली।" यशोधरा ने टिप्पणी की।

# छह

कई सप्ताह तक सिद्धार्थ अपने पसन्दीदा पेड़ के नीचे ध्यानस्थ रहे। उनके मन में अनेक प्रश्न उठते रहे—खौलते पानी के बुलबुलों की तरह। फिर एक दिन अपराह्न में एक लम्बे ध्यान-सत्र के बाद वह उठे, जैसे कोई स्वप्न से जगता है। उनके नेत्रों में एक अद्भुत चमक थी, मानो वह दूसरी ही दुनिया में संवादरत हों।

शाम को छन्न के पास गए। अपने सारथी के द्वार पर उनका यह दूसरा आगमन था। दरवाजे पर दस्तक के साथ ही वह बाहर आए।

"क्या मैं आपसे कुछ अति आवश्यक बातें कर सकता हूँ?" सिद्धार्थ ने पूछा, "किन्तु यहाँ नहीं। कहीं और चलते हैं।" फिर फूलों की क्यारियों के पास वाली चट्टान की तरफ इशारा करते हुए बोले, "वहाँ कैसा रहेगा?"

"कहीं भी, राजकुमार," छन्न ने सहमति जताई, "किन्तु आपकी आँखों की यह पारलौकिक छवि...।" कहते-कहते वह रुक गए।

"मुझे आपकी सहायता चाहिए," सिद्धार्थ ने अनुनय के साथ कहा, "मैं किसी और से अपेक्षा नहीं कर सकता।"

हैरान छन्न ने कहा, "कृपया बताएँ, जो भी आपके मन में हो। आप जानते हैं, मैं आपके लिए कुछ भी कर सकता हूँ।"

"कुछ भी?" सिद्धार्थ ने शब्दों पर जोर देकर पूछा।

"बिल्कुल। पर कृपा कर बताएँ कि मुझे क्या करना है?"

"मैंने पूर्ण परित्याग का निर्णय किया है...मुझे चला जाना चाहिए। जब तक जीवन की उस जटिल पहेली का हल नहीं मिल जाता—दुःख-दर्द की व्युत्पत्ति का।" फिर रुककर बोले, "मैं जानता हूँ, असित मेरी मदद नहीं कर सकते...मैंने आपसे कभी बताया नहीं कि राजदरबार के कई सत्रों में मैं उपस्थित

था जब वासना, लोभ और हिंसा के मुकदमों की सुनवाई चल रही थी...इस जीवन के जंजाल से छुटकारे का मार्ग क्या है?''

छन्न की दृष्टि सिद्धार्थ के आनन पर केन्द्रित थी। वह चकित थे—समझ में नहीं आ रहा था कि क्या कहें। वह बोले, ''परन्तु, हे राजकुमार, आपके पुत्र और यशोधरा? उन्होंने ऐसा क्या किया है कि अचानक उन्हें त्याग देंगे, और क्या महाराज शुद्धोधन यह सदमा सहन कर पाएँगे?''

गहरी आहें भरते हुए सिद्धार्थ ने कहा, ''समय ही किसी-न-किसी रूप में इनका समाधान देगा।'' एक लम्बी साँस लेकर उन्होंने आगे कहा, ''असल में सबसे कठिन है अपने नन्हे पुत्र को छोड़ जाना...तड़पता। पिछली रात उनसे कुछ बातें हुईं। उन्हें अपनी बाँहों में लेकर मुझे लगा जैसे हम एक-दूसरे से संवाद कर सकते थे। चूँकि उनकी रगों में मेरा रक्त दौड़ रहा है इसलिए वह अवश्य समझ जाएँगे कि मैंने ऐसा कठोर निर्णय क्यों लिया...?''

''पर आप एक-दो वर्ष प्रतीक्षा क्यों नहीं कर लेते?''

''नहीं, छन्न, तब यह और भी कठिन हो जाएगा। राहुल मुझे झुका लेंगे, मेरे गले से लटके मील के पत्थर की तरह। इसलिए मैंने प्रस्थान का सही समय चुना है, जैसे कोई पक्षी अपना घोंसला छोड़ जाता है, अपने अंडों के साथ जो अभी फूटे भी न हों।''

छन्न को यह समझने में काफी समय लगा।

''पर इस प्रकरण में मैं कहाँ आता हूँ?'' उन्होंने पूछा।

''मैं चाहता हूँ कि आप मुझे नगर के बाहर तक छोड़ दें। हाँ, मैं अपनी राजसी पोशाक में रहूँगा ताकि हम बिना किसी शक के निकल सकें।''

''कब?''

''आज—मध्यरात्रि में।''

''हे भगवान!'' छन्न विस्मय से बोले, ''मैं चाहता हूँ आप अपने प्रिय अश्व कनक से भी बात कर लें।''

''वह समझ जाएगा, मेरे राहुल की तरह। अश्वों को अतीन्द्रिय परख होती है, शिशुओं की तरह।''

''मैं आपके लिए, हे राजकुमार, ऐसा करूँगा। पर आपको अन्दाजा है कि आपसे बिछुड़ते समय मुझे कैसा लगेगा?''

''मेरे हित में आपको यह सब सहना ही पड़ेगा,'' सिद्धार्थ ने कहा, ''यह अनासक्ति की ओर मेरा पहला कदम होगा।''

फिर यह निश्चित हुआ कि सिद्धार्थ ठीक मध्यरात्रि में छन्न के द्वार पर आ जाएँगे। चूँकि वह तेज चाँदनी रात थी इसलिए सबकुछ बड़ी सावधानी से करना था।

ठीक मध्यरात्रि में जब सिद्धार्थ पहुँचे तो आकाश में बादल घिर आए, मानो उनकी योजना में प्रकृति की भी मिली-भगत थी।

इस असमय में स्वयं को रथ में जुता पाकर कनक भी अपने स्वामी की ओर विस्मय से देख रहा था।

"चूँकि हमारी यह अन्तिम सवारी होगी, प्रिय कनक," सिद्धार्थ ने कहा, "इसलिए आज की रात चिर-बिछुड़न के लिए तैयार हो जाओ।"

कनक हिनहिनाया, मानो उसे आभास हो गया था। उसने कान खड़े कर दिए और अपना थूथन अपने स्वामी के कंधों पर रगड़ने लगा। फिर सिद्धार्थ रथ में सवार हो गए और छन्न को चलने का संकेत किया। छन्न के दाहिने हाथ के स्पर्श मात्र से घोड़ा सरपट दौड़ने लगा। महल के अग्रद्वार पर द्वारपाल ने रथ को रोका, यह देखने के लिए कि उसमें कौन सवार है। पर राजसी पोशाक में सिद्धार्थ को देखते ही उसने समझा कि राजकुमार चाँदनी रात में विहार के लिए निकले हैं। ज्योंही रथ बाहर निकला, सिद्धार्थ ने पीछे मुड़कर अपने बचपन और युवावस्था के नगर कपिलवस्तु पर एक दृष्टि डाली।

नगर से काफी दूर निकलकर वे सत्या नदी के किनारे पहुँचे जिसके उस पार फैला घना वन अंधकार में डूबा था। उन लोगों ने देखा कि एक नाविक अपनी नाव में सोया हुआ है। उसे जगाते हुए छन्न ने पूछा कि क्या वह उनके स्वामी को नदी पार कराएगा। सिद्धार्थ से एक सोने की अँगूठी पाते ही नाविक ने खूँटे से रस्सी खोल दी और नाव खेने के लिए तैयार हो गया।

फिर सिद्धार्थ ने छन्न को प्रतीक्षा करने के लिए कहा ताकि वह अपनी राजसी पोशाक बदलकर सामान्य वेशभूषा धारण कर लें—गेरुआ वस्त्र। अब एक साधू की तरह दिखते सिद्धार्थ छन्न की तरफ मुड़कर बोले, "ये रही मेरी राजसी पोशाक और ये मेरे आभूषण। आप इन्हें यशोधरा को सौंप सकते हैं क्योंकि मैं बोझ-विहीन होकर प्रस्थान करना चाहता हूँ।" अपने दाहिने हाथ की हीरे की अँगूठी निकालते हुए उन्होंने कहा, "और यह आपके लिए, प्रिय छन्न।"

"नहीं राजकुमार, यह तो अपनी सेवा की कीमत लेने जैसा होगा।"

"मैं जानता हूँ, छन्न," सिद्धार्थ ने कहा, "फिर भी इसे मेरे स्मृति-चिह्न के रूप में रख लें। यह बस आपके प्रति मेरे गहरे स्नेह का प्रतीक है।"

छन्न अभिभूत हो गए। रथ के ध्वज से अपना सर टिकाकर वह फूट-फूटकर रोने लगे।

"मत रोएँ छन्न," सिद्धार्थ ने सांत्वना देते हुए कहा, "शायद यह सब पूर्व नियोजित था कि अज्ञात की ओर मेरे प्रस्थान में आप ही मेरे संवाहक होंगे।"

फिर वह कनक की ओर मुड़े जो चुपचाप यह सब देख रहा था। जब सिद्धार्थ ने उसका थूथन सहलाया और अपनी उँगलियाँ उसके बदन पर फेरीं तो घोड़ा जोर से हिनहिनाया जैसे कोई प्राण त्यागता हुआ जानवर हृदय विदारक चीत्कार करता हो।

"देखिए, राजकुमार, यह भी हृदय विदीर्ण है। लगता है बिछुड़ने के इस क्षण ने इसे भी तोड़कर रख दिया है।"

"मनुष्य कभी भी पशुओं की संवेदना की बराबरी नहीं कर सकता," सिद्धार्थ ने कहा, "यदि कनक बोल पाता तो अवश्य कहता कि मैं परित्याग न करूँ। हो सकता है हम फिर मिलें, पर मेरे लक्ष्य-प्राप्ति के बाद ही। कैसी विडम्बना है—मैं निकला हूँ दुःख की व्युत्पत्ति जानने और स्वयं आपके, कनक के और अपने परिवार के दुःख का कारक हूँ। मुझे अभी से लगने लगा है कि बिना त्याग के कुछ भी प्राप्य नहीं है।" फिर चाहत भरी दृष्टि से छन्न को देखते हए बोले, "कल आपके लिए एक कठिन दिन होगा। पता नहीं आप किस प्रकार यह सब समझा पाएँगे। परन्तु आप सफल होंगे, मुझे विश्वास है।"

फिर वह नाविक की ओर मुड़े और कहा, "चलो मित्र।"

जब तक नाव नदी से दूर नहीं चली गई, सिद्धार्थ किनारे पर खड़े अश्रुपूरित छन्न और बेचैनी से हिनहिनाते कनक को निहारते रहे।

अब बादल छँट चुके थे और चाँद पूरी तरह उग आया था। पर नदी की शान्त सतह पर उसका प्रतिबिम्ब किसी निराश व्यक्ति के पीले पड़ गए चेहरे-सा दिख रहा था। रात्रि की नीरवता में सिद्धार्थ चप्पू की आवाज सुन रहे थे—पानी में डूबने-निकलने के लय के साथ, जैसे किसी संगीत का स्वर हो। सिद्धार्थ को विचारों में खोया देखकर नाविक कुछ कहने से कतरा रहा था। वह किसी को भी नदी पार कराते समय चुप ही रहा करता था। दूसरे किनारे पर पहुँचकर उसने पूछा, "श्रीमान्, यहाँ से आप कहाँ जाएँगे?"

"पता नहीं।"

"परन्तु जंगल काफी घना है और इस समय अँधेरे में डूबा है।" उसने चिन्ता व्यक्त की।

"मैं जानता हूँ।"

नदी निर्बाध पार कराने के लिए नाविक को धन्यवाद देते हुए वह नाव से उतर गए और वन की ओर प्रस्थान कर गए। नंगे पाँव होने के कारण वह जानते थे कि उन्हें सावधानी से चलना चाहिए—सभी काँटेदार झाड़ियों से बचते हुए। वह ज्यों-ज्यों घने जंगल में प्रवेश करते गए चाँद का प्रकाश विलुप्त होता गया। कुछ देर के लिए वह एक चट्टान पर बैठ गए—थकान मिटाने के लिए। इर्द-गिर्द देखा तो कुछ दूरी पर अग्नि जल रही थी। चूँकि ठंड काफी थी इसलिए उन्होंने अग्नि के समीप जाने का निर्णय किया। पर जब वहाँ पहुँचे तो यह देखकर अचम्भित रह गए कि वहाँ एक श्मशान था जहाँ अभी-अभी जलाए गए शव की चिता से लपटें उठ रही थीं।

तभी चिता के पीछे से एक आवाज आई। वह कोई कापालिक था, अधनंगा। खप्पड़ में पानी पी रहा था। सिद्धार्थ यह विकृत दृश्य देखकर घबरा गए।

"कौन हो तुम, नवयुवक?" कापालिक ने पूछा, "यदि प्यास लगी हो तो इस खप्पड़ में पी सकते हो, या चाहो तो मैं तुम्हारे लिए दूसरा...।"

भयभीत सिद्धार्थ ने कहा, "मैं प्यासा नहीं हूँ।"

"मैं समझ सकता हूँ कि मुझे खप्पड़ से पीते देखकर डर गए हो। पर याद रखो—यदि तुम मृत्यु के सानिध्य में रहते हो, दिन-रात, तो कभी अपना विवेक नहीं खो सकते। मृत्यु ही एकमात्र वह अनुकूल बिन्दु है जहाँ से मानव जीवन को सही सन्दर्भ में देखा जा सकता है। जो लोग अपने अन्त को भुला देते हैं केवल मरीचिका के पीछे भागते रह जाते हैं—वासना या लोभ, जो भी हो।" वह थोड़ा रुककर बोला, "पता है, मैं कभी-कभी कल्पना करता हूँ कि जिस खप्पड़ में मैं पी रहा हूँ वह किसी खूबसूरत नृत्यांगना की खोपड़ी थी, जो अपने कूल्हे मटकाकर नाचा करती थी—काली लम्बी चोटी कंधों पर लहराते हुए, जैसे कोई उत्तेजित सर्प हो।" फिर पास ही पड़े दूसरे खप्पड़ को इंगित करते हुए उसने कहा, "और वह सम्भवतः किसी सम्पन्न किसान की, जो धान के खेतों का स्वामी था और जिसके तहखाने में स्वर्ण-कलशों की भरमार थी। पर

इन सबों का अन्त कहाँ हुआ?'' फिर सिद्धार्थ को गौर से देखते हुए पूछा, ''इस घने जंगल में तुम कहाँ भटक रहे हो?''

मृत्यु विषयक उसकी टिप्पणियों से प्रभावित सिद्धार्थ ने बताया कि उन्होंने अस्तित्व के उद्देश्य को समझने के लिए अपने राजसी जीवन का परित्याग कर दिया है।

''यह मेरा सौभाग्य है कि आपसे मुलाकात हुई,'' सिद्धार्थ ने कहा, ''मैं सदा आपको अपने प्रथम गुरु के रूप में स्मरण रखूँगा।''

''तुम अपने उद्देश्य के प्रति अत्यन्त अभिप्रेरित लगते हो, नवयुवक,'' साधू ने कहा, ''तुम अपना लक्ष्य अवश्य प्राप्त करोगे। कुछ दिन यहाँ मेरे साथ ठहर क्यों नहीं जाते? तुम्हें वह सब कुछ बता दूँगा जो मैंने जीवन में जाना है।''

''अवश्य, हे आचार्य।'' सिद्धार्थ ने सहमति जताई। उस रात वह पहली बार धरती पर सोए, लकड़ी का एक टुकड़ा सिरहाने रखकर। अगली सुबह साधू ने उन्हें जगाया, धीरे से उनके पाँव छूते हुए।

''मैं आपको एक तालाब तक ले चलता हूँ, यहाँ से बस एक मील दूर, और वहाँ आपकी मुलाकात मेरे एक मित्र से होगी।'' फिर मुस्कुराते हुए उसने कहा, ''वह एक शेर है। चूँकि इस जंगल में एक ही तालाब है इसलिए हर प्रकार के जीव वहीं जल ग्रहण करने आते हैं। पर आप देखेंगे कि हिंसक पशु भी अनिष्टकर नहीं होते—वे तभी आक्रमण करेंगे जब आप उन्हें छेड़ेंगे। केवल मनुष्य ही एक-दूसरे की अकारण हत्या करते हैं।''

जब दोनों तालाब की तरफ बढ़े, अपने-अपने हाथों में खप्पड़ लिये, तो उन्हें दूसरी तरफ झाड़ी में कुछ सरसराहट की आवाज सुनाई पड़ी। और तभी एक शेर अपनी तेजस्वितापूर्ण शान के साथ सामने आ गया—बदन पर नारंगी, किरमिजी, नीली धारियाँ, आँखों में वनराज की गर्वीली चमक। फिर उसने साधू की ओर जिज्ञासु दृष्टि से देखा मानो पूछ रहा हो, ''क्या बात है, आज अपने साथ एक अतिथि को लेकर आए हो?''

परन्तु जब उन दोनों ने अपने-अपने खप्पड़ में जल भरा और कुछ देर के लिए बैठ गए तो शेर भी पानी पीकर पास ही घास पर पसर गया—प्रातःकालीन धूप का आनन्द लेते हुए।

''देखिए, कैसे पशु भी सहज ज्ञान से साहचर्यभाव की उष्मा को महसूस कर लेता है।''

अगले चार दिनों तक उस जंगल में उनका प्रवास तपस्वियों जैसा रहा, उस साधू जैसा—हरी पत्तियों और फलों पर आश्रित। इससे सिद्धार्थ के शरीर पर असर पड़ा। वह कमजोर होते गए और धीरे-धीरे उनकी पसलियाँ वस्त्र से झाँकने लगीं। पर उस साधू के साथ उनके वार्तालाप ने उन्हें बाँधे रखा—जीवन के सम्बन्ध में सूक्ष्म टिप्पणियों ने।

"यदि यह शरीर आत्मा की पोशाक है," उस साधू ने एक दिन प्रातःकाल कहा, "तो मनुष्य उसे भारी-भरकम परिधानों से बोझिल क्यों कर देता है, शरद ऋतु में तो और भी? जब हम नंगे ही इस संसार में आए हैं और नंगे ही जाएँगे तो फिर अच्छे-अच्छे वस्त्रों का क्या मतलब?"

एक अन्य दिन उसने एक रोचक प्रसंग उठाया, "मैं तो कहूँगा कि सत्य भी वस्त्रों की परत से निस्तेज हो जाता है। झूठ एक आवरण है क्योंकि पारदर्शिता इससे धुँधली पड़ जाती है।...फिर दो आत्माओं के संवाद में इस वस्त्र रूपी लौह-आवरण की क्या आवश्यकता? इसलिए नग्नता ही आत्मा की सुयोग्य मुद्रा है। मैं इसका सम्मान करता हूँ क्योंकि यह शब्द, विचार और कर्म तीनों से खुलेपन को स्वीकार करता है।"

परन्तु शीघ्र ही सिद्धार्थ को लगा कि मिताहार आत्मा को भी दुर्बल बना सकता है। क्या लम्बे समय तक उपवास से विचारों की प्रक्रिया बाधित नहीं होती? शनैः-शनैः सिद्धार्थ को उस कहावत का मर्म समझ में आने लगा कि स्वस्थ मस्तिष्क केवल स्वस्थ शरीर में ही रह सकता है। यह अनुभूति उन्हें तब हुई जब ध्यान में भटकाव आने लगा।

अब जंगल से प्रस्थान का समय आ गया था। सिद्धार्थ ने साधू से साभार कहा कि उनके प्रवचन अत्यन्त प्रबोधक थे। इसलिए प्रस्थान से पहले उन्होंने उनका आशीर्वाद प्राप्त किया।

# सात

जंगल से कुछ ही घंटों की पदयात्रा के बाद सिद्धार्थ एक छोटे-से गाँव उदुपी पहुँचे। एक विवाह के आयोजन के कारण वहाँ उत्सव का माहौल था। बारात के आगे-आगे गायक, नर्तक और ढोल बजाने वाले चल रहे थे और सभी दर्शक उनका उत्साहवर्धन कर रहे थे। कितनी विषमता है, उन्होंने स्वयं से कहा, उस श्मशान से जहाँ उन्होंने उस साधू के साथ कुछ दिन गुजारे थे। जब बारात सिद्धार्थ के सामने से गुजरी, जो पथ के किनारे-किनारे चल रहे थे, तो उन्हें पालकी से झाँकती दुल्हन की एक झलक मिली। उसे आभूषणों से लदी देखकर उन्होंने स्वयं से कहा, यहाँ भी एक जीवित शरीर पर खोपड़ी टँगी है। आखिर शव-यात्रा और बारात में अन्तर ही क्या है—पालकी और अर्थी के सिवा?

चूँकि उन्होंने कुछ दिनों तक उपवास रखा था इसलिए उन्हें भूख लगी थी। गली के नुक्कड़ पर एक भोजनालय था जहाँ ग्राहकों की भीड़ लगी थी। लोग, चावल, मांस और मदिरा का सेवन कर रहे थे। जब सिद्धार्थ ने एक नवयुवक के सामने मुट्ठी-भर चावल के लिए हथेली फैलाई तो उन्हें दुत्कार मिली।

"इन्हें देखिए, बिना काम किए ही भोजन की भीख चाहिए," नवयुवक ने कहा, "परजीवी कहीं के।"

आहत सिद्धार्थ मुड़कर जाने ही वाले थे कि एक वृद्ध व्यक्ति को उन पर दया आ गई। उसने उन्हें केले के पत्ते पर कुछ बचा-खुचा भोजन दिया जिसे सिद्धार्थ ने साभार स्वीकार कर लिया। उनकी आवाज से प्रभावित उस वृद्ध ने पूछा, "तुम्हारा नाम क्या है, नवयुवक?"

"मेरा कोई नाम नहीं है, महाशय," उन्होंने उत्तर दिया, "मैं बस एक भ्रमणशील भिक्षु हूँ।"

नाम में क्या रखा है, सिद्धार्थ ने स्वयं से कहा। जंगल के उस साधू का कोई नाम था क्या? खोपड़ी का भला क्या नाम हो सकता है?

उस वृद्ध के प्रश्न ने उनके मस्तिष्क में अनेक विचार पैदा कर दिए। क्या स्वयं की पहचान का दावा व्यक्ति के अहं से जुड़ा नहीं है जो हमेशा लोगों के बीच अवरोध खड़े करता है? क्या वह भी एक मनःस्थिति नहीं है जब लगता है कि हम यूँ ही हवा के एक झोंके से तिनके की तरह उड़ गए हों? काश व्यक्ति अपने मस्तिष्क के समस्त सांसारिक विचारों को निकाल पाता और अपने आँख-कान सभी दृश्यों और स्वरों के प्रति बन्द कर लेता...परन्तु क्या ऐसी अवस्था सम्भव है?

वह इन्हीं विचारों में खोए थे कि कुछ ही दूर से आता एक शोर सुनाई पड़ा। बाजार के चौराहे पर कुछ उच्छृंखल लड़कों के एक झुंड ने एक तरुण साँड़ को घेर रखा था। जब भी वे निःसहाय जानवर पर अपने तीर चलाते, वह गहरी पीड़ा से चीख पड़ता था। उसके शरीर से रक्तस्राव हो रहा था। तीरों से छलनी वह घेरे को तोड़ने का प्रयास करता था पर उसे कोई निकास नहीं मिल रहा था। फलतः वह तड़फड़ाता हुआ चीत्कार कर रहा था। हर बार जब वह अपने थरथराते पैरों पर उठ खड़े होने का प्रयास करता तो धड़ाम से गिर पड़ता था।

कैसी निर्दयता है, सिद्धार्थ ने स्वयं से कहा। भीड़ में घुसते हुए वह जोर से बोले, "क्या यह खेल अमानवीय नहीं है, युवा मित्रो? आप इस निःसहाय जानवर की हत्या करने पर क्यों तुले हैं जबकि इसने आपका कोई नुकसान नहीं किया?"

भीड़ से एक आवाज आई, "हमारे रास्ते से हट जा, ऐ भिखमंगे! रंग में भंग न कर...हम तो बस मर्दानगी का एक खेल खेल रहे हैं।"

रक्तपिपासु भीड़ को समझाने में विफल सिद्धार्थ घेरे में प्रवेश कर गए और साँड़ के पास जाकर खड़े हो गए। फिर अपने दोनों हाथ उठाते हुए उन्होंने कहा, "यह खेल मर्दानगी भरा है या नामर्दानगी भरा? क्या आप में से कोई अकेले इस साँड़ से जंगल में भिड़ सकता था?"

परन्तु जब उनकी दलीलें अप्रभावी रहीं तो सिद्धार्थ ने कहा, "ठीक है, तो पहले आप मुझे मारें। एक मनुष्य को मार गिराना आपके लिए ज्यादा रोमांचकारी खेल होगा।"

जब चारों ओर निस्तब्धता छा गई और तीरों का प्रहार रुक गया तो सिद्धार्थ साँड़ के शरीर में चुभे तीरों को एक-एक कर निकालने लगे। फिर उन्होंने अपने

वस्त्र का एक कोना फाड़कर रक्त और घाव साफ किया। जब साँड़ लडखड़ाता हुआ खड़ा हुआ तो सिद्धार्थ ने उसकी गर्दन और उसके बदन को सहलाया। साँड़ ने उन्हें आभारपूर्ण नेत्रों से देखा। अपनी पूँछ हिलाता हुआ वह हाथ चाटने लगा। फिर आगे-आगे चलते हुए उन्होंने लँगड़ाते साँड़ को भीड़ से बाहर निकाल दिया।

फिर उन लड़कों की ओर मुड़कर उन्होंने कहा, "क्या आप जानते हैं कि उस साँड़ ने मेरे कानों में क्या कहा जब मैं उसका रक्त पोंछ रहा था? उसने कहा, 'इन सबों को क्षमा कर दीजिएगा क्योंकि ये नहीं जानते कि ये क्या कर रहे थे।'"

लज्जा से सर झुकाए वे लड़के वहाँ से खिसक गए। तभी सिद्धार्थ को याद आया कि किस प्रकार उनके चचेरे भाई, देवदत्त ने एक हंस को अपने धनुष-बाण से घायल कर दिया था जबकि उन्होंने उसे उठाकर स्नेह से सहलाया था।

सिद्धार्थ पुनः विचारों में खो गए। मनुष्य इतना जटिल प्राणी क्यों है? दया और क्रूरता, प्रेम और घृणा का एक विचित्र मिश्रण। वह इस निष्कर्ष पर पहुँचे कि समस्त जीवों के पदानुक्रम में पशुओं का स्थान मनुष्य से ऊपर है।

उस शाम वह एक वृक्ष के नीचे गहरे ध्यान में डूब गए। कई घंटों तक अपनी चेतना की गहराई में खोए रहे। जब आँखें खुलीं तो सामने केले के पत्ते पर चावल और फल परोसा हुआ देखकर आश्चर्य में पड़ गए—और साथ में दूधभरा एक पीतल का कटोरा भी था। कौन है वह अज्ञात व्यक्ति जिसने ऐसा विचारवान काम किया है—वह सोचने लगे। उन्होंने निर्णय कर लिया कि इस कटोरे को वह हमेशा अपने साथ लेकर चलेंगे और जो कुछ भी स्वेच्छा से उसमें डाल दिया जाएगा उसे स्वीकार करेंगे।

अगली शाम जब भोजन ग्रहण करने का समय आया तो अपने दाहिने हाथ में उस पात्र को लिये हुए, एक द्वार पर खड़े हो गए। जब उन्होंने दरवाजा खटखटाया तो एक खूबसूरत जवान महिला बाहर आई।

"एक मुट्‌टी चावल, हे माता, यदि आपकी इच्छा हो।" सिद्धार्थ ने कहा।

परन्तु वह महिला ठिठककर उनके चेहरे को गौर से देखने लगी। होंठों पर एक सम्मोहक मुस्कान के साथ उसने कहा, "एक कटोरा चावल ही नहीं, बल्कि एक रात का विश्राम भी।" वह ठहरकर बोली, "आप थके लग रहे हैं। आज अपनी थकान मेरे बिस्तर पर क्यों नहीं मिटा लेते? मेरे पति किसी

कार्यवश दूसरे गाँव गए हुए हैं और मैं अकेलेपन और ठंड से पीड़ित हूँ। और आप अत्यन्त आकर्षक हैं!''

सिद्धार्थ तुरन्त उसकी मंशा समझ गए। यह तो उस किसान की पत्नी का ही दूसरा रूप है—वासना से संचालित। मुड़कर उन्होंने कहा, "धन्यवाद। मैं न तो थका हुआ हूँ और न अति बुभुक्षित।'' उन्हें उस औरत से इतनी घृणा हो गई कि उस शाम भोजन नहीं ग्रहण करने का निर्णय कर लिया।

चूँकि उनका उदुपी प्रवास बहुत सुखद नहीं रहा था इसलिए उन्होंने अगली ही सुबह वहाँ से प्रस्थान करने का सोच लिया।

# आठ

सिद्धार्थ को एक-दो दिन लग गए मगध पहुँचने में जहाँ वातावरण कपिलवस्तु की तरह ही शानदार था—सड़कें सुसज्जित रथों, घुड़सवारों और हाथियों से पटी, भीड़-भाड़ वाले बाजार और बड़े-बड़े उद्यान। वह केन्द्र में स्थित एक उद्यान में गए और एक नीरव स्थान पर विशाल बरगद के नीचे ध्यानस्थ हो गए। कंधों तक झूलते लम्बे बालों वाले इस आकर्षक युवा योगी को देखकर नर-नारियों की भीड़ इकट्ठी हो गई। जब उन्होंने नेत्र खोले तो देखा कि उनके चरणों में केले के पत्ते पर फल, चावल और सब्जियाँ परोसी हुई थीं। उन्होंने दोनों हाथ जोड़कर इस आतिथ्य के लिए उपस्थित लोगों के प्रति आभार जताया।

एक महिला एक छोटे बच्चे के साथ आगे आई और उसे उनके चरणों में समर्पित करते हुए बोली, "हे स्वामीजी, क्या आप इसे अपना आशीर्वाद देंगे? यह दो दिनों से बीमार है और मुझे चिन्ता हो रही है।"

"परन्तु बहन, मैं कोई वैद्य नहीं हूँ जो बीमारी का इलाज कर सकूँ।" मुस्कुराते हुए सिद्धार्थ ने कहा।

किन्तु जब महिला ने उनसे आशीर्वाद के लिए पुनः आग्रह किया तो उन्होंने बच्चे के सर पर हाथ फेरा। प्रसन्न होकर वह महिला चली गई। दूसरे दिन वह फिर अपने बेटे के साथ आई और बोली, "मैं आभारी हूँ, हे स्वामीजी, क्योंकि आपका आशीर्वाद फलित हुआ है। मेरा पुत्र पूरी तरह भला-चंगा हो गया है।"

सिद्धार्थ उसे नहीं समझा पाए कि उन्होंने कोई चमत्कार नहीं किया और उसके बेटे का भला-चंगा होना महज एक संयोग था।

मगध में द्वार-द्वार भिक्षाटन नहीं करना पड़ा क्योंकि प्रतिदिन कोई-न-कोई भोजन पहुँचा देता था।

एक दिन प्रातःकाल वह उलझन में पड़ गए। एक लम्बे ध्यान के पश्चात् जैसे ही उन्होंने आँखें खोलीं एक बूढ़ी महिला को सम्मुख पाया जिसके कपोलों पर से आँसू की धार बह रही थी।

"हे देव! कृपा कर मेरे इकलौते पुत्र को बचा लीजिए," उसने याचना की, "उसके प्राण संकट में हैं और सभी वैद्यों ने जवाब दे दिया है। अब आप ही मेरी एकमात्र आशा हैं। कृपया...।"

सिद्धार्थ ने उसे यह समझाने का बहुत प्रयास किया कि उनके पास कोई चमत्कारी शक्ति नहीं है। किन्तु वह उनके चरणों में पड़ी फूट-फूटकर रोती हुई कहे जा रही थी, "पर आपने पिछले ही दिन एक बीमार बच्चे को ठीक किया है।" वह फिर रुककर बोली, "वह महिला मेरी पड़ोसन है और चारों ओर यह बात फैल चुकी है कि आप कोई भी चमत्कार कर सकते हैं।"

वह कुछ समय किंकर्तव्यविमूढ़-सा सोचते रहे। फिर उन्होंने धीरे से करुणापूर्ण आवाज में कहा, "प्रिय माता, यदि तुम्हारा पुत्र गम्भीर रूप से बीमार है तो मैं भला क्या राहत प्रदान कर सकता हूँ? मृत्यु को कोई परास्त नहीं कर सकता।"

किन्तु वह महिला नहीं मानी और उनकी ओर बड़ी लालसा और आशा से देखती रही।

"मुझे विश्वास है, स्वामीजी, कि आप मेरे पुत्र को मृत्यु से उबार सकते हैं। मैं आपसे भीख माँगती हूँ...।"

तब उन्होंने इस समस्या के समाधान का उपाय सोचा।

"ठीक है, मैं तुम्हारे पुत्र की सहायता करने का प्रयास करूँगा," उन्होंने कहा, "किन्तु एक शर्त है।"

"मुझे कोई भी शर्त स्वीकार है। मेरा पुत्र ही मेरे जीने का एकमात्र उद्देश्य है। यदि मैंने उसे खो दिया तो आत्मदाह कर लूँगी।"

"मैं तुम्हारा दुःख समझता हूँ," उन्होंने कहा, "किन्तु जैसा कि मैंने पहले ही कहा कि इससे एक शर्त जुड़ी है।" वह रुककर बोले, "क्या तुम किसी भी घर से मेरे लिए एक मुट्ठी सरसों ला सकती हो? किन्तु याद रहे, यह उसी घर से होना चाहिए जिस घरवालों ने कभी मृत्यु नहीं देखी हो। यदि तुम कोई ऐसा परिवार ढूँढ़ने में सफल होती हो जिसमें कभी किसी की मृत्यु नहीं हुई हो तो मेरे पास आना और मैं तुम्हारे बच्चे को स्वस्थ कर दूँगा।"

उत्साहित महिला तेजी से भागी। जब उसने प्रथम घर पर दस्तक दी तो बड़ा ही कृपापूर्ण उत्तर मिला। एक मुट्ठी सरसों की माँग पर गृहिणी जल्दी से पूरा झोलाभर सरसों अन्दर से ले आई।

"मुट्ठीभर ही क्यों बहन, मैं खुशी-खुशी झोलाभर सरसों दे सकती हूँ। मैं समझती हूँ इतना पर्याप्त होगा।"

"प्रसन्न महिला ने झोला स्वीकार कर लिया। पर जब उसने पूछा कि क्या परिवार में कभी किसी की मृत्यु हुई है तो उत्तर मिला, "पिछले ही महीने मैंने अपने पिता को खोया है, और मैं अब भी शोक संतप्त हूँ...।"

"यह जानकर दुःख हुआ," उस महिला ने कहा, "ऐसे में यह सरसों मैं स्वीकार नहीं कर सकती क्योंकि यह मेरे लिए सहायक नहीं होगा। फिर भी मैं आपके प्रति आभारी हूँ।"

अब हर द्वार पर उसे यही उत्तर मिलने लगा। इसलिए मृत्यु अवश्यंभावी प्रतीत हुई, एक ऐसे चील की तरह जिसने अपने अशुभ पंख हर परिवार पर फैला रखे हों।

जब उसने सिद्धार्थ के पास लौटकर सारी बातें बताईं तो उनके चेहरे पर एक मुस्कान फैल गई।

"तो देखा, माता, यम से कोई भी नहीं बच सकता—मनुष्य, पशु या पक्षी। जिसका भी जन्म हुआ है उसकी मृत्यु निश्चित है।" वह फिर रुककर बोले, "यहाँ तक कि ईश्वर के अवतारों और ऋषियों की भी मृत्यु हुई—राम, कृष्ण, विश्वामित्र। फिर मृत्यु से क्या डरना? इसे घटित होने दें, किसी भी क्षण। मृत्यु पर विजय प्राप्त करने का एकमात्र मार्ग है स्वयं को सत्कर्मों में लगा देना। तभी मनुष्य शान्तचित्त, धीर और निर्भय होकर साँसें ले सकता है।...मृत्यु और कुछ नहीं बस शरीर का परित्याग है, इस नश्वर कैदखाने से आत्मा की मुक्ति। यह एक से दूसरे आवास में स्थानांतरण जैसा है, जैसे कोई रात में पहने वस्त्र को अगली सुबह बदलकर नया वस्त्र धारण कर लेता है।"

फिर उन्होंने उस महिला से बताया कि कैसे वह कुछ दिनों तक एक साधू के साथ थे जो श्मशान में रहता था और खप्पड़ से ही पानी पीता था। उस साधू का विश्वास था कि मृत्यु के निकट रहकर ही मनुष्य उसका सामना साहस के साथ कर सकता है।

यों तो सिद्धार्थ की बातों से उस महिला को एक नई अनुभूति हुई थी पर

वह अपने दुःख का शमन नहीं कर पाई। परेशान और व्यथित वह घिसटते हुए वापस चली गई।

अब तक मगध में सर्वत्र विदित हो चुका था कि एक आकर्षक योगी जीवन और मृत्यु जैसे विषयों पर अपना प्रवचन देते हैं। फलतः भीड़ जुटने लगी। लोग इस प्रबुद्ध मनीषी को सुनने के लिए आने लगे, उस बरगद के नीचे मानो वह किसी मन्दिर का गुम्बद हो।

एक सुबह उन्होंने देखा कि एकत्रित भीड़ किसी शाही रथ का मार्ग प्रशस्त कर रही है। वास्तव में उनकी चर्चा सुनकर राजा बिम्बिसार सपत्नी उनका आशीर्वाद प्राप्त करने आए थे, यह सोचकर कि शायद उस योगी की कृपा से उन्हें एक उत्तराधिकारी मिल जाए। जब रथ रुका तो सिद्धार्थ ने शाही दम्पती को उतरते देखा। राजा उनके पास आए और सर झुकाकर बोले, "हे स्वामीजी, मेरा नगर आपकी उपस्थिति से धन्य हुआ है। मैंने आपकी चमत्कारी शक्तियों के बारे में सुना है। कदाचित् आप हम दोनों को भी अपना आशीष दे सकें।"

तभी रानी बोलीं, "दुर्भाग्य से हम निःसन्तान हैं। मेरे पति ने सभी प्रकार के अनुष्ठान किए किन्तु...।" उनकी आवाज लड़खड़ा गई।

उनकी स्थिति भाँपते हुए सिद्धार्थ ने कहा, "जन्म और मृत्यु मानव के नियन्त्रण से परे है। जैसे मृत्यु अचानक आती है उसी प्रकार जन्म भी होता है। न जाने कैसे मगधवासियों को यह भ्रान्ति हो गई है कि मैं चमत्कार कर सकता हूँ। मैं तो बस एक घुमक्कड़ भिक्षुक हूँ।"

राजा ने मुस्कुराते हुए कहा, "अनेकों साधू-संन्यासी इस नगर में आए पर आप जैसा प्रबुद्ध कोई नहीं।"

फिर एक लम्बी चुप्पी के बाद राजा बड़े ही उत्कट और आग्रहपूर्ण स्वर में बोले, "मुझे आपके परिवार के बारे में पूछने का कोई हक नहीं है, यद्यपि मुझे लगता है कि आप किसी कुलीन वंश के हैं...।" वह रुक गए, जैसे शब्द तलाश रहे हों। फिर बोले, "यदि जन्म अप्रत्याशित है तो एक उपाय और हो सकता है—गोद लेना। यदि मैं आपको अपना दत्तक पुत्र मानकर मगध का युवराज घोषित कर सकूँ तो इसे ईश्वर का वरदान समझूँगा। फिर मैं मुस्कुराते हुए मृत्यु का वरण करूँगा।"

सिद्धार्थ को राजा के शब्द गहरे छू गए। वह कुछ क्षणों तक चुप रहे। फिर बोले, "काश मैं बता पाता कि मैंने स्वयं क्या परित्याग किया है...परन्तु वह

सब मेरे मन में ही रहना चाहिए। बस मैं इतना कहूँगा कि मैं एक आध्यात्मिक यात्रा पर निकल चुका हूँ और अब कोई भी प्रलोभन मुझे अपने मार्ग से विचलित नहीं कर सकता। मैं बस एक-दो दिन और आपके नगर में ठहरना चाहूँगा और फिर अपनी यात्रा पर निकल पड़ूँगा।''

राजा और रानी मूक होकर सिद्धार्थ के चेहरे को एकटक देखते रहे।

''फिर तो मुझे आपके मार्ग का अवरोध नहीं बनना चाहिए,'' राजा ने कहा, ''बल्कि मैं आपके लक्ष्य की सफल प्राप्ति के लिए प्रार्थना करूँगा।...तथापि, क्या मैं एक आग्रह कर सकता हूँ?''

''अवश्य, कुछ भी, जो मेरे वश में हो।''

''क्या आप वचन देंगे कि अपने लक्ष्य की प्राप्ति के पश्चात् आप मगध में पुनः पधारेंगे?''

''निश्चित रूप से।''

''मैं आपकी प्रतीक्षा करूँगा।'' राजा ने कहा। पर ज्योंही उनके सारथी ने घोड़ों के बढ़ने के लिए हवा में चाबुक चटकाया कि, सिद्धार्थ उठ खड़े हुए। रथ के करीब आकर उन्होंने सारथी से कहा, ''मेरा आग्रह है, हे मित्र, इन निःसहाय घोड़ों पर चाबुक न चलाएँ। क्या ये भी सुन्दर जीव नहीं हैं—सूर्य की रोशनी में चमकता इनका बदन, और कंधों के बाल मानो किसी योगी की लम्बी जटा हों? यदि कोई इसी तरह आप पर कोड़े बरसाए तो क्या आप आहत नहीं होंगे?''

सिद्धार्थ की विनम्र फटकार सुनकर राजा अपने सारथी की ओर मुड़े और बोले, ''अब कभी चाबुक मत चलाना। हमें योगिराज की बातें समझनी चाहिए, जो इन्होंने अभी-अभी कही हैं।''

''किन्तु स्वामीजी, मैं इन्हें अच्छी तरह चारा-पानी भी तो खिलाता हूँ।''

''जीव को केवल भोजन नहीं चाहिए। प्रेम और करुणा भी अपेक्षित है।''

जब रथ चल पड़ा तो भीड़ फिर इकट्ठी हो गई। एक बूढ़े व्यक्ति ने कहा, ''आज मैंने सांसारिक शक्ति पर आध्यात्मिकता की श्रेष्ठता का साक्षात्कार किया।''

# नौ

दोपहर का समय था जब सिद्धार्थ मगध की उत्तरी सीमा पर स्थित एक छोटे-से नगर ग्रेहा पहुँचे। नगर में प्रवेश करते ही उन्हें कुछ अपशकुन हुआ। अचानक उठी बालू की आँधी से सड़कें-गलियाँ भर गईं।

परचून की कुछेक दुकानों के अतिरिक्त अन्य सभी पर केवल मांस और मदिरा की बिक्री होती थी। सड़क किनारे लोग नशे में धुत, लड़खड़ाते हुए या तुच्छ बातों के लिए झगड़ते दिखे।

सिद्धार्थ एक दुकान के सामने रुके जहाँ पालतू पक्षी और जानवर बिकते थे, जैसे तोता, गौरैया, कुत्ते का पिल्ला और बिल्ली। वह खुली हवा की आजादी से वंचित इन निःस्सहाय जीवों को पिंजड़े में देखकर दुःखी हुए। जब दुकानदार ने पूछा कि क्या वह कोई पक्षी या जानवर खरीदना चाहते हैं तो सिद्धार्थ ने कहा, ''मेरे पास इतने पैसे नहीं हैं कि पूरी दुकान खरीद लूँ ताकि ये सारे कैदी मुक्त हो जाएँ।'' फिर रुककर पूछा, ''यदि आपको किसी काल कोठरी में बन्द कर दिया जाए तो कैसा लगेगा?''

''चलो भागो यहाँ से,'' वह व्यक्ति सिद्धार्थ पर चीखा, ''यदि भगवान बन रहे हो तो तुम्हारी जगह यहाँ नहीं बल्कि किसी मन्दिर में है।''

आहत सिद्धार्थ वहाँ से चल दिए। जब उन्होंने भोजन के लिए एक घर का दरवाजा खटखटाया तो उन्हें अधपका चावल और बासी दूध मिला। एक नुक्कड़ पर मदिरा की बोतल लिये एक पियक्कड़ ने उन्हें रोककर कहा, ''ऐ स्वामी, आओ, तुम्हारे पात्र में थोड़ी मदिरा डाल दूँ। यह सोमरस है, दैवी अमृत जो तुम्हें सीधे स्वर्ग ले जाएगा।''

''नहीं, धन्यवाद,'' सिद्धार्थ ने कहा। फिर होंठों पर उपहास लिये उन्होंने कहा, ''यह अमृत है या नाली का पानी? यह बोतल तुम्हें सीधे नर्क में ले जाएगी।''

"चल भाग," वह व्यक्ति सिद्धार्थ पर चीखा, "यही बोतल तुम पर दे मारता, पर छोड़ दे रहा हूँ।"

विचित्र नगर है, सिद्धार्थ ने सोचा। उन्हें पहली बार एहसास हुआ कि अवमानना भी आत्मज्ञान का कारक है। अपमान या घाव सहने के लिए भी आध्यात्मिक शक्ति की आवश्यकता होती है।

उन्हें यह जानकर तनिक भी आश्चर्य नहीं हुआ कि ग्रेहा में वेश्यालय तो अनेक थे परन्तु शिव मन्दिर केवल एक। अब इस नगर को जानने में उनकी कोई रुचि नहीं रही।

एक गली से गुजरते हुए उन्होंने तीन व्यक्तियों को एक एकमंजिले मकान के सामने खड़ा देखा। वह उत्सुकतावश उनकी बातें एक वृक्ष से सटकर सुनने लगे।

"मुझे पहले जाने दो क्योंकि यहाँ मैं पहले आया था।" नाटे कद के गंजे व्यक्ति ने अन्य दोनों से कहा।

"यहाँ कोई क्रम से व्यवस्था नहीं है," दूसरे दुबले-पतले लम्बे व्यक्ति ने प्रतिकार किया, "वह मुझे देखते ही बुला लेगी क्योंकि मैं दो घंटे के सहवास के लिए चाँदी की अँगूठी देता हूँ और पूरी रात के लिए सोने की। महँगी तो है पर कीमत चुका देती है।"

"पैसे का ही उसके लिए महत्त्व नहीं है।" तीसरे ने हस्तक्षेप किया जो अन्य दोनों से जवान था—मर्दानगीभरा और आकर्षक भी। "उसे मुद्रा और मजा दोनों चाहिए। और मैं तुम्हें बता दूँ कि इस मामले में नगर में मेरा कोई सानी नहीं है।"

सिद्धार्थ यह सब अश्लील बातें सुनकर विरक्ति से भर गए। उन्हें मानव स्वभाव के इस घृणित पक्ष का ज्ञान हुआ।

तभी उन तीनों को किसी अन्य की उपस्थिति का एहसास हुआ।

"उधर देखो," उस गंजे व्यक्ति ने मुड़ते हुए कहा, "एक और ग्राहक भी है—युवा, मर्दानगीभरा और आकर्षक। हो सकता है वह हम सबों को पीछे छोड़ दे।"

"सच में," नवयुवक ने कहा, "तुम्हें पता है, ये साधू लोग बिस्तर में चमत्कार कर सकते हैं।"

"और इनके पास पैसा भी पर्याप्त होता है," लम्बे व्यक्ति ने कहा, "दिनभर भीख माँगते हैं और इतना जमा कर लेते हैं कि किसी वेश्या पर लुटा सकें।"

सिद्धार्थ ने यह सब सुना। अब वह समझ गए कि ये लोग किसी वेश्या के साथ रात बिताने आए हैं जो शायद सड़क के उस पार वाले मकान में रहती होगी। उन्होंने सब कुछ जानने का निर्णय किया।

तभी दरवाज़े पर एक खूबसूरत महिला दिखी, एक पारदर्शी साड़ी में लिपटी जिससे उसके बदन की रूपरेखा झलकती थी—उसके स्तन, उसकी जांघें और टाँगें। उसके कानों में हीरे की बालियाँ झूल रही थीं और गले में मोती की माला। वह जूही-सी गोरी और आँखों में चमक वाली नारी थी—एक आदर्श मोहिनी। परन्तु उसने यह अधम पेशा क्यों चुना, सिद्धार्थ सोचने लगे। अद्भुत सौन्दर्यवाली उस महिला को तो आसानी से कोई अच्छा पति मिल जाता और वह अपने बच्चों और परिवार के साथ सुख-शान्ति से मर्यादित जीवन व्यतीत करती। पर वह तो जैसे सोने, हीरे और मोतियों के लोभ में पड़ गई थी।

सिद्धार्थ अवाक् रह गए जब वह महिला सीधे उनके पास चली आई, अन्य तीनों की उपेक्षा करते हुए। जब उन लोगों ने देखा कि साधू उन सबों पर भारी पड़ गया है तो वे अपमानित से वहाँ से चले गए।

अब उस वेश्या की आँखें सिद्धार्थ के चेहरे पर केन्द्रित थीं और उसके मुँह से वासना की लार टपक रही थी। भारी पर सम्मोहक आवाज में वह बोली, "आप तो अत्यन्त आकर्षक और जवान हैं फिर उन लोगों ने आपको इतनी देर तक रोक क्यों रखा था?" फिर तरसाने वाले स्वर में बोली, "ये सब यहाँ मधुमक्खी की तरह आते हैं, मुझे 'अमृत' और 'गुलाब' कहते हुए। पर मैं सब समझती हूँ..." फिर उनके करीब आकर उनका हाथ पकड़ते हुए बोली, "आइए, मेरे स्वामी, सीधे मेरे बिस्तर पर, मुझसे गमन कीजिए। यदि आप मुद्रा नहीं दे सकते तो कोई बात नहीं। इसे दो शरीरों का आपसी सौदा समझें।"

पीछे हटते हुए सिद्धार्थ ने कहा, "हे गणिका, आपने गलती से मुझे अपना ग्राहक समझ लिया। मैं तो इधर से गुजरता हुआ यूँ ही रुक गया था...मैं तो अज्ञात गन्तव्य की यात्रा पर हूँ—एक प्रकार का अन्वेषी...।"

"किसी नारी के साथ सहवास से बड़ा अन्वेषण और क्या हो सकता है?" वह मुस्कुराई, "आइए, मेरे साथ रमण कीजिए। मुझे आप जैसा दूसरा नहीं दिखा। वास्तव में मेरे यहाँ तो पुरोहितगण भी आते हैं। जैसे कि शिवमन्दिर के

ब्राह्मण। वह महीने में दो बार मेरे पास आते हैं, देर रात मन्दिर की घंटी बजाने और मंत्रोच्चार के बाद—चेहरा दुशाले से ढके हुए। उनका आना तो बस एक चेष्टा भर है—आप समझ रहे हैं मैं क्या कह रही हूँ? मुझे तो उन पर दया आती है क्योंकि वह तो बस एक दृश्यरतिक हैं—सारी रात मेरे साथ, बस मेरे अंगों का स्पर्श करते हुए—मेरे वक्षस्थल, मेरी जंघा। बाकी वह किसी योग्य नहीं हैं। ओह, नपुंसक लीचर। किन्तु वह हर रात के लिए मुझे माणिक की अँगूठी देते हैं और कभी-कभी हीरे का हार भी, सब चोरी के—शायद भगवान शिव की मूर्ति पर भक्तों के चढ़ावे में से।''

सिद्धार्थ के चेहरे पर एक मुस्कान फैल गई। वह समझ गए कि पावन पुरुष कहे जाने वाले भी वेश्यालयों में आते हैं।

''पता नहीं, मैंने पहली मुलाकात में ही ये सारी बातें क्यों कही,'' वह बोली, ''कुछ ऐसा जो मैंने आज तक नहीं किया। शायद इसलिए कि मुझे आपसे प्रेम हो गया है। या शायद कामदेव के पुष्पबाण ने मुझे बींध दिया है। तो आइए, प्रियतम। आपने यहाँ मुझे असमंजस में क्यों डाल रखा है?''

''नहीं, मैं आपसे यहीं वार्तालाप करना चाहूँगा।'' सिद्धार्थ ने कहा।

''बड़ी विचित्र बात है,'' ललाट पर सिकुड़न के साथ उसने कहा, ''मेरा नाम धर्मी है, और आपका?''

''फिलहाल तो मेरा कोई नाम नहीं है। जब मिलेगा तब बता दूँगा।''

''आप तो बड़े ललचाने वाले हैं—और इसीलिए आप और भी श्रद्धेय लगते हैं। क्या आप नहीं महसूस कर रहे हैं मेरे हृदय की धड़कन, मेरे स्नायुओं में दौड़ते रक्त की ऊष्मा?''

''बिल्कुल नहीं,'' सिद्धार्थ ने मुस्कुराते हुए कहा, ''पर मैं यह सब आपके मुखमंडल पर देख सकता हूँ।''

''ओह तो आप चिढ़ा रहे हैं,'' धर्मी ने कहा, ''इतने पास और फिर भी इतने दूर।''

सिद्धार्थ ने हिम्मत करके पूछा कि अपने ग्राहकों के विषय में उसकी क्या राय है।

आँखों में घृणा के साथ उसने कहा, ''गली के कुत्ते हैं, सब के सब। मैं प्रत्येक को अपना तन देती हूँ, ठीक वैसे ही जैसे हड्डी का टुकड़ा कुत्ते के सामने फेंका जाता है। मुझे तो बस अपना जीविकोपार्जन करना है, किसी-न-किसी तरह।

इस अधर्मी नगर में मर्यादा के साथ रहने की कोई जगह है कहाँ? यह तो भड़ुओं, दारूबाजों, बलात्कारियों और चोरों का नगर है।''

''यह वास्तव में एक घृणित संसार है जहाँ विधर्मी लोग रहते हैं,'' सिद्धार्थ ने आहें भरते हुए कहा, ''पर इनका जीवन आलोकित करना एक चुनौती होगी।''

''परन्तु ये तो चूहे हैं—यदि प्रकाश दिखाया तो दौड़कर दुबक जाएँगे। इन्हें तो अंधकार में रंगरेलियाँ मनाना पसन्द है।...मैंने आपको उस पुरोहित के बारे में बताया न, जो मेरे पास आते हैं—चेहरा ढककर ताकि उनके शिव देव भी न पहचान सकें।'' फिर सिद्धार्थ की आँखों में सीधे देखते हुए धर्मी ने कहा, ''पर मैंने आपको यह नहीं बताया कि मैं स्वयं को किसी के आगे नहीं परोसती। खुद के पास ही रखती हूँ, क्योंकि यह मेरे लिए उन सारे माणिक और हीरों से कहीं मूल्यवान है जो मुझे प्राप्त होते हैं।''

''अद्‌भुत,'' सिद्धार्थ ने कहा, ''यह अनासक्ति तो अनोखी है। अब से मैं आपको अपना मार्गदर्शक मानूँगा। कृपा कर मुझे अपना चरण स्पर्श कर लेने दें...।'' पर वे ज्योंही झुके कि धर्मी पीछे हट गई।

''मैं तो चाहूँगी कि आप मेरे होंठों का स्पर्श करें,'' उसने कहा, ''मेरी लालसा है कि आप मुझे चूम लें, बस एक बार,'' उसने विनयपूर्वक कहा, ''आप संग सहवास तो किसी देवता से प्रेमालाप जैसा होगा, जो मेरे तन और मेरी आत्मा दोनों का वरण कर सकें।''

उसकी भावनाओं के प्रति सहानुभूति के साथ सिद्धार्थ ने कहा, ''मैं देवता नहीं हूँ, और प्रेमालाप ही आनन्द तक पहुँचने का एक मात्र मार्ग नहीं है।''

''आप मुझे फिर चिढ़ा रहे हैं।'' उसने कहा।

जब ये बातें चल रही थीं तभी शाम का अँधेरा गहराने लगा। बहती हुई हवा अचानक तूफान में बदल गई। धर्मी के घर की खिड़कियाँ और किवाड़ बजने लगे।

''आप कम-से-कम अन्दर तो आ जाएँ ताकि यह वार्तालाप जारी रह सके।'' धर्मी ने अनुग्रह किया।

''नहीं, हम यहीं बातें कर सकते हैं...अँधेरे या तूफान से मुझे कोई परेशानी नहीं होती।''

''लेकिन कोई अन्य ग्राहक यहाँ आ गया तो?''

"कोई बात नहीं। यह तो एक खुला वार्तालाप है, दो मित्रों के बीच। कोई और भी शामिल हो जाए तो मुझे कोई आपत्ति नहीं।"

धर्मी ने उनकी बात मान ली।

"ठीक है," उसने कहा, "किन्तु आज आप रात्रि-विश्राम कहाँ करेंगे—किसी आश्रम या मन्दिर में?"

"नहीं, मैं हमेशा किसी वृक्ष के नीचे सोना पसन्द करता हूँ, या फिर सड़क किनारे—कहीं भी खुले में। जमीन पर सोना मुझे धरती के करीब होने का एहसास देता है।"

मुस्कुराते हुए धर्मी ने कहा, "यदि मैं भी आपके साथ वृक्ष के नीचे सोऊँ तो? या सड़क किनारे, आपके पाँव के पास...?"

"आपके लिए बेहद असुविधाजनक होगा...नंगी धरती पर सोने की आदत डालने में काफी समय लगता है...अधिकतर लोग स्वैर-कल्पनाओं में जीते हैं, आरामदायक गद्दे पर सोते हुए, रोज एक नई औरत के साथ।"

"सत्य कहा आपने," धर्मी ने सहमति जताई, "प्रतीत हो रहा है जैसे आप मुझे किसी दूसरी दुनिया में ले जा रहे हैं, जो मेरे लिए बिल्कुल अनजान है। पर मुझे आपका प्रलोभन पसन्द है क्योंकि यही तो मेरी जीवन शैली रही है। किन्तु इस बार मैं अपने पापी जीवन से बाहर निकलने के प्रलोभन में पड़ना चाहती हूँ।...क्या आप मुझे उस ओर प्रवृत्त करेंगे, हे अजनबी?"

धर्मी की बातों से गहरे प्रभावित सिद्धार्थ ने कहा, "आपको किसी प्रलोभन में पड़ने की आवश्यकता नहीं है क्योंकि आप तो पहले से ही धन्य हैं।"

"ये तो शुद्ध चापलूसी हुई।" उसने कहा।

"नहीं, यह एक नंगा सत्य है," सिद्धार्थ ने प्रतिकार किया, "अब तो आप समझ गई होंगी कि मैं उनमें से नहीं हूँ जो कुटिलता या छल-कपट में रुचि रखते हैं। केवल सत्य ही है जिसकी मुझे तलाश है।"

"मैं समझ सकती हूँ," उसने कहा, "किन्तु चूँकि आपने मेरे मन में एक तूफान खड़ा कर दिया है इसलिए मैं आपको खो देने के विचार से भयभीत हूँ।"

"कोई यादों में भी रह सकता है," उन्होंने कहा, "उदाहरण के लिए मैं आपको सदा एक ऐसे प्राणी के रूप में याद रखूँगा जिन्होंने मुझे अनासक्ति और विचारों एवं भावनाओं में पारदर्शिता की सीख दी।"

अब धर्मी वशीभूत सी बोलीं, "तो सुनिए, मैंने इसी क्षण निर्णय कर लिया कि अपना यह अधम पेशा छोड़ दूँगी और एकाकी जीवन बिताऊँगी। आज से मेरा मुख्यद्वार हमेशा बन्द रहेगा ताकि उन कुत्तों से छुटकारा मिले, और अपने लिए मैं पिछले दरवाजे का प्रयोग करूँगी। इससे लोगों को लगेगा कि मैं नगर से पलायन कर गई हूँ...यह सब बस आपको अपने एकमात्र प्रियतम के रूप में याद रखने के लिए।"

अपना पेशा छोड़ने की धर्मी की प्रतिज्ञा से अभिभूत सिद्धार्थ ने कहा, "आप उसी तत्त्व की बनी हैं जो देवी-देवताओं में विद्यमान हैं। आप जान चुकी हैं कि बिना परित्याग के ईश्वरीय सुख की प्राप्ति नहीं होती।"

एक अल्पकालिक मौन दोनों के बीच छा गया।

"क्या मैं आपसे एक प्रार्थना कर सकती हूँ?" सिद्धार्थ के मुखमंडल पर दृष्टि केन्द्रित कर धर्मी ने पूछा, "काश मेरे पास भी एक कटोरा होता जिसमें आप अपनी भिक्षा दे देते!"

"कुछ भी जो मैं वास्तव में कर सकूँ।" उन्होंने उत्तर दिया।

"क्या आप मेरे पास दुबारा पधारेंगे, बस एक बार? क्योंकि आपके लौटने की प्रतीक्षा ही मुझे जीवित रखेगी।"

"अवश्य, प्रिय धर्मी," सिद्धार्थ ने तुरन्त उत्तर दिया, "बल्कि हो सकता है अगली बार मैं एक पूरी रात आपके पास बिताऊँ, केवल एक शाम नहीं।"

"सच?" आँखों में एक चमक के साथ उसने पूछा।

"बिल्कुल।"

"तब हमेशा एक मोमबत्ती मेरी अँधेरी रातों को आलोकित करती रहेगी।" उसने आह भरते हुए कहा।

"आपका मार्ग प्रशस्त हो, हे अजनबी। अब आप अपने लक्ष्य की ओर प्रस्थान करें, जो आपने निर्धारित कर रखे हैं।"

"अपना ध्यान रखिएगा, धर्मी।"

"आप भी।"

अनेक भावों और विचारों से भरे सिद्धार्थ चल पड़े। जब उन्होंने नुक्कड़ पर से मुड़कर देखा तो धर्मी अपने आँचल से आँसू पोंछ रही थी। है न दर्द एक दोधारी अस्त्र जो जलाता भी है और शीतलता भी प्रदान करता है? उसे कैसा लगता यदि उन्होंने बताया होता कि वह एक विवाहित व्यक्ति थे, और

एक पुत्र के पिता भी? फिर उन्होंने स्वयं से पूछा—क्या उसका परित्याग उनके स्वयं के परित्याग जैसा ही कठिन और पीड़ादायक नहीं था?

उन्होंने अगली सुबह ग्रेहा छोड़ने का निर्णय कर लिया। कितना कटु-मधु था इस नगर का अनुभव! किन्तु जाने से पहले उन्होंने शिव मन्दिर के पुजारी से मिलने का निश्चय किया। ऐसे विकृत मस्तिष्क वाले व्यक्ति से मिलना कितना रोचक होगा! उसका पापपूर्ण आचरण तो और भी निन्दनीय था क्योंकि वह तो अपने ईश्वर के साथ-साथ स्वयं के प्रति भी वफादार नहीं था।

उस शाम वह मन्दिर में ही थे। सिद्धार्थ ने देखा कि पुरोहित जी अपने भक्तों को प्रवचन दे रहे थे जो उन्हें बड़े ध्यान से सुन रहे थे। वह चुपचाप एक खम्भे के पीछे बैठ गए। पुजारी जी ने उन्हें नहीं देखा।

"जो चीज अन्ततः मनुष्य को मुक्ति दिलाती है वह उसके तन-मन की शुद्धता है," पुजारी जी बोल रहे थे, "किन्तु यह कठोर आत्म-परीक्षण से ही सम्भव है। यदि ईश्वर में आपका विश्वास डगमगाया तो आप वासना के दलदल में फिसल सकते हैं।

"मनुष्य की सबसे बड़ी कमज़ोरी उसकी कामुकता है। मैं प्रायः सोचता हूँ कि आखिर ईश्वर ने नारी की रचना क्यों की। और इसका उत्तर है कि वह परीक्षा लेना चाहता था कि हम कितनी पवित्रता के साथ जी सकते हैं। जो व्यक्ति अपनी कामेच्छाओं पर नियन्त्रण कर लेता है उसे ही ईश्वर का आशीर्वाद प्राप्त होता है। हमें चाहिए कि हम नारी को अपनी माँ, बहन और बेटी के रूप में देखें।"

प्रवचन की समाप्ति के बाद सभी भक्तों ने पुरोहित जी के पाँव छुए और प्रस्थान कर गए। इस व्यक्ति के ढोंग से आहत सिद्धार्थ उनके पास गए और बोले, "अभी-अभी जो कुछ आपने कहा वह हमारे धर्मग्रन्थों का सार है। परन्तु क्या सिद्धान्त और व्यवहार में भारी अन्तर नहीं है?"

एक गेरुआ वस्त्रधारी साधू को देखते हुए पुरोहितजी कुछ सचेष्ट हुए।

"जब मैं भक्तों से बात कर रहा था तो आप मन्दिर में थे?" उन्होंने पूछा।

"हाँ, मैं खम्भे के पीछे बैठा था। मैं इस बात से सहमत हूँ कि हमें औरतों को बहन, माता या बेटी के रूप में देखना चाहिए।" फिर उनके चेहरे को परखते हुए उन्होंने पूछा, "पर औरत वेश्या भी तो हो सकती है न?"

पुजारी की आँखें झपकीं और वह एक क्षण के लिए चुप हो गए।

"हाँ।" वह बुदबुदाए। 'वेश्या' शब्द जैसे उनके कंठ में फँस-सा गया था।

उन्हें एकटक देखते हुए सिद्धार्थ ने कहा, "क्योंकि खासकर वेश्या के रूप में तो औरत आपके लिए दिलचस्प हो सकती है।"

इस वक्रोक्ति का डंक पुजारी ने महसूस किया। किन्तु उन्हें यह सोचकर राहत थी कि इस साधू को धर्मी के पास उनके जाने की जानकारी नहीं हो सकती। तथापि अन्दर से घबराए पुजारी ने कहा, "क्षमा करें, मन्दिर के गर्भगृह में मेरी पूजा का समय हो गया है, इसलिए कृपया...।"

यह सिद्धार्थ के लिए चले जाने का संकेत था। पर उन्हें विश्वास था कि अब पुजारी जी की आत्मा अवश्य चिन्तन करेगी। चाहे जो हो, इतना तो तय था कि इस बार जब वह धर्मी के घर जाएँगे तो अग्रद्वार पर ताला लगा पाएँगे।

# दस

जब सिद्धार्थ ने ग्रेहा से अपने अज्ञात गन्तव्य की ओर प्रस्थान किया तो उन्हें बार-बार धर्मी याद आ रही थी जिसने अनासक्ति के एक नए आयाम से उनका परिचय कराया था। उसका परित्याग उनके स्वयं के परित्याग से किसी भी मायने में कम दुःखदायी नहीं था। यदि उन्होंने अपना परिवार एवं राजसी ठाठ छोड़ा था तो उसने भी अपना पेशा छोड़ा था जो उसके सम्पन्न जीवन का आधार था। एक अपराधबोध से उनका मन भारी हो गया—धर्मी को अभाव की जिन्दगी में धकेलने के लिए वही दोषी थे। परन्तु उन दोनों के त्याग में एक अन्तर था। उन्होंने आत्मज्ञान के लिए निर्वासन चुना था जबकि उसने अपने ही घर में एकाकी जीवन जीना तय किया था, एकतरफा प्रेम के कारण। इन्हीं विचारों में खोए सिद्धार्थ चलते गए और शाम हो गई।

अचानक उन्होंने सामने से एक व्यक्ति को अपनी ओर आते देखा। दोनों हाथ जोड़कर उनका अभिवादन करते हुए उसने कहा, "हे स्वामीजी, क्या आप उरुवेला पहली बार आए हैं?"

सिद्धार्थ समझ गए कि उस व्यक्ति ने उन्हें साधू समझा, गेरुआ वस्त्रधारी, दाहिने हाथ में भिक्षा-पात्र लिये।

"हाँ।" सिद्धार्थ ने कहा।

"मैं एक किसान हूँ। दिनभर का अपना काम समाप्त करके लौट रहा हूँ," उस व्यक्ति ने कहा, "चूँकि आप थके हुए और भूखे दिख रहे हैं तो क्यों नहीं आज की रात आप मेरी कुटिया में विश्राम कर लेते और मेरे परिवार के साथ भोजन ग्रहण करते? आपकी उपस्थिति से मेरी कुटिया पवित्र हो जाएगी।"

"धन्यवाद, प्रिय मित्र! आप अत्यन्त दयालु हैं। तभी तो अतिथि-सत्कार का प्रस्ताव कर रहे हैं।" सिद्धार्थ ने कहा।

कुटिया छप्परदार थी—बस एक कमरा और एक छोटा-सा आँगन। किसान ने जमीन पर एक चटाई बिछाई और सिद्धार्थ को उस पर बैठने का इशारा किया। किसान की पत्नी अपने पाँच वर्ष के पुत्र के साथ बाहर निकली। बच्चे पर दृष्टि पड़ते ही सिद्धार्थ को राहुल की याद आ गई जिसे उन्होंने आखिरी बार खटोले में देखा था। अब तो वह भी बड़े हो गए होंगे, किसान के इस पुत्र की तरह। जब उनकी आँखें नम होने लगीं तो उन्होंने सर झटककर अपनी स्मृति से पीछा छुड़ाया। नहीं, उन्हें मोहासक्ति में नहीं पड़ना चाहिए। उस राह पर तो दुःख ही दुःख हैं।

"स्वामी जी को अपना नाम बताओ।" किसान ने अपने पुत्र से कहा।

"यह आवश्यक नहीं है," सिद्धार्थ ने कहा, "हम बिना एक-दूसरे का नाम जाने भी मित्र हो सकते हैं।"

फिर उन्होंने बालक को चटाई पर अपने पास बैठने को कहा। उधर किसान की पत्नी भोजन पकाने में लग गई।

सिद्धार्थ ने बालक को गायत्री मंत्र सिखाया, उसके गूढ़ अर्थ को बताते हुए।

"लेकिन स्वामीजी, इनकी तो खेलने के सिवा किसी काम में रुचि ही नहीं है।" किसान ने बीच में ही टोकते हुए कहा।

"इस उम्र में तो खेलना ही ठीक है," सिद्धार्थ ने कहा, "आगे तो जीविकोपार्जन के लिए काम करने का बहुत समय है।"

भोजनोपरान्त सिद्धार्थ चटाई पर सो गए। चूँकि किसान प्रभात बेला में ही जगकर अपने काम पर जाने की तैयारी कर रहा था इसलिए सिद्धार्थ ने भी अपना भिक्षापात्र उठाया और चलने के लिए तैयार हो गए। किन्तु जाने के पहले उन्होंने किसान और उसकी पत्नी से अपना आभार प्रकट किया और उनके पुत्र को आशीर्वाद दिया।

जब वह बाहर निकले तो उरुवेला की सड़कें प्रातःकालीन सूरज से प्रकाशमान थीं। किसान के प्रेमपूर्ण सत्कार से इस नगर में ठहरने की उनकी इच्छा बलवती हो चुकी थी। सड़कों से गुजरते हुए वह एक तालाब के किनारे रुके जो वृक्षों और झाड़ियों से आच्छादित था। वह एक चट्टान पर बैठकर तालाब को देखने लगे। दो हंस उनके निकट आ गए और 'कां-कां' करने लगे, मानो किसी नवागन्तुक का स्वागत कर रहे हों। उन्होंने सिद्धार्थ को अपने कोमल स्वेत तन को पुचकारने भी दिया।

फिर वे नगर को विस्तार से देखने के लिए उठ खड़े हुए। सड़क किनारे चलते हुए उन्होंने गौर किया कि ज्यादातर दुकानों पर फूल और अगरबत्ती बिकते थे। कहीं इसलिए तो नहीं कि उरुवेला में मन्दिरों की संख्या काफी थी और भक्तगण देवी-देवताओं पर पुष्प चढ़ाते थे?

ग्रेहा से कितना विषम है यह नगर, सिद्धार्थ ने सोचा। यह वास्तव में एक सौभाग्यशाली स्थान है, जहाँ साधुओं, पुजारियों से वार्तालाप सम्भव है। जब उन्होंने पूजा के सबसे जनप्रिय स्थान के बारे में जानना चाहा तो उन्हें पता चला कि वह कोई मन्दिर नहीं बल्कि एक आश्रम था, ऋषि आलार कालाम का जो प्रतिदिन संध्या प्रहर प्रवचन किया करते थे।

उसी शाम सिद्धार्थ आश्रम पहुँच गए जिसे 'शान्ति निवास' के नाम से जाना जाता था। वहाँ ऋषि को सुनने के लिए भारी भीड़ एकत्रित थी। ठीक सात बजे वह बाहर आए और चबूतरे पर बैठ गए। भीड़ का अभिवादन स्वीकार किया और बोलने लगे—

"हमारी सबसे बड़ी कमजोरी है स्वयं की पहचान जताना, अपने अहम्भाव की अभिव्यक्ति—'अहम्' अर्थात् 'मैं हूँ।' यह हमें न केवल एक-दूसरे से अलग करता है बल्कि सत्य की परख को भी धुँधला कर देता है। सत्य का प्रत्यक्ष तो केवल उसी व्यक्ति को होता है जो संकीर्ण दायरों से परे देख सके। स्वाग्रह की प्रवृत्ति बाल्यावस्था से ही जाग्रत हो जाती है, बच्चे के नामकरण के साथ ही। और जैसे-जैसे वह बढ़ता है, अपनी जाति और पद-प्रतिष्ठा दिखाने लगता है। ऐसा बस इसलिए कि हम भूल जाते हैं कि जन्म केवल एक संयोग है, एक घटना है, और हम भी ब्राह्मण या शूद्र हो सकते थे। तो फिर अपने नाम और पद को महिमामंडित करने का क्या अर्थ जबकि ये तो जन्म के ही प्रतिफल हैं।

"किसी पक्षी को ही ले लें—गौरैया, तोता या बुलबुल। एक बार जब पिंजड़े में कैद हो जाता है तो उसे एक नाम दे देते हैं। अब वह मृत्युपर्यन्त सींखचों के पीछे पड़ा रहता है और आखिर में किसी कूड़े के ढेर पर फेंक दिया जाता है। और यही होता है उन सभी जानवरों के साथ जो पालतू बना दिए जाते हैं। इसलिए नगण्यता चेतना की एक ऐसी अवस्था है जो केवल स्वछन्द पक्षी या जानवर ही जानते हैं। अपनी पहचान से बँधा मनुष्य दुःख, तकलीफ से शीघ्र प्रभावित होता है। फिर मनुष्य दुःख से नाता क्यों जोड़े जबकि उसका सृजन ही स्वछन्द और प्रसन्न रहने के लिए हुआ है?"

श्रोताओं के मध्य एक नीरवता छा गई क्योंकि सभी ऋषि की बातों से प्रभावित थे।

फिर शंका समाधान प्रारम्भ हुआ। पहले सिद्धार्थ खड़े हुए और पूछा, "हे मनीषी! यों तो मैं भी आपके प्रवचन से अभिभूत हूँ पर मुझे एक प्रश्न परेशान कर रहा है। यदि स्वच्छन्द और प्रसन्न जीवन ही मनुष्य की नियति है तो ईश्वर ने बुराइयों का सृजन क्यों किया? यदि वह पूर्णतः दयावान हैं तो उन्होंने हमें दुःख दिया ही क्यों? क्यों कोई जन्म से ही अंधा, गूँगा या बहरा होता है? और क्या हमारी नगण्यता हमें दुःखों से मुक्ति दिलाने के लिए पर्याप्त है?"

सभी लोग इस साधू को देखने लगे—गेरुआ वस्त्रधारी, युवा और आकर्षक।

"बुराइयाँ ईश्वर द्वारा हमें परखने का मार्ग हैं—सही और गलत के बीच हमारे चुनाव की परख का।" मनीषी ने उत्तर दिया। हमें मोक्ष और नरकवास दोनों को चुनने की छूट है। ईश्वर की सूक्ष्म दूरदृष्टि हमें निरन्तर देखती रहती है कि हम सत्य को चुनते हैं या असत्य को। यदि हम अपने अहम् भाव का शमन कर सकें, अपनी पहचान से ग्रसित न रहें तो हम उन्मुक्त गरुड़ की भाँति ऊँचाई को प्राप्त कर सकते हैं।"

यद्यपि अभी भी सिद्धार्थ ईश्वर के उद्देश्य या उनके अस्तित्व के सम्बन्ध में दुविधा में थे किन्तु फिलहाल वह चुप रहे।

जब प्रवचन समाप्त हुआ और लोग जाने लगे तो कालाम स्वयं सिद्धार्थ के समीप आए और बोले, "प्रतीत होता है आप इस नगर में नए-नए आए हैं।"

"हाँ, गुरुजी।" सिद्धार्थ ने कहा।

"यदि आपके रहने का कोई स्थान नहीं है तो आप मेरे आश्रम में रह सकते हैं," मनीषी ने प्रस्ताव किया, "मैं आपकी स्वतंत्र सोच और जिज्ञासा से प्रभावित हूँ। आप अत्यन्त अभिप्रेरित अन्वेषी लगते हैं।"

"आपका शिष्य होना मेरा सौभाग्य होगा," सिद्धार्थ ने कहा, "आश्रम में ठहरने की अनुमति के लिए मैं अत्यन्त आभारी हूँ।"

"किन्तु," कालाम ने कहा, "आपको आश्रम के कठोर नियमों का पालन करना होगा—सूर्योदय से पहले जगना, एक घंटे तक ध्यान करना और तत्पश्चात् सामूहिक पाकशाला में भोजन पकाना, झाड़ू लगाना इत्यादि।"

सर झुकाते हुए सिद्धार्थ ने कहा, "मैं खुशी-खुशी आश्रम के नियमों का पालन करूँगा। बस एक निवेदन है। क्या आप मुझे अपने साथ अलग से संवाद का अवसर देंगे? जब भी आप समय निकाल सकें।"

एक क्षण के लिए ऋषि विचारमग्न दिखे। फिर मधुर और विनम्र स्वर में बोले, "अपवादस्वरूप मैं आपके लिए समय दूँगा। आप सुबह ध्यान के उपरान्त टहलते समय मेरे साथ आ सकते हैं। हम बातें भी करेंगे और टहलते भी रहेंगे।"

"मेरा अहोभाग्य।" सिद्धार्थ ने आभार व्यक्त किया।

अगली सुबह ध्यान के पश्चात् सिद्धार्थ आश्रम-प्रांगण में ऋषि के आने की प्रतीक्षा करने लगे। जब दोनों अगल-बगल चलने लगे तो सिद्धार्थ बड़े उद्दीप्त हुए। उनका पहला विराम स्थल वही तालाब था जहाँ सिद्धार्थ कुछ देर ठहरे थे। यहाँ कालाम ने अपनी जेब से चावल के कुछ दाने निकालकर उन हंसों को खिलाए जिन्हें सिद्धार्थ ने पुचकारा था। दोनों पक्षी दौड़ते हुए उनके पास आ गए थे, मानो किसी मित्र का स्वागत कर रहे हों। फिर वह घुटनों के बल बैठकर उन हंसों को पुचकारने लगे।

"ये मेरे मित्र हैं," सिद्धार्थ की ओर मुड़कर ऋषि ने कहा, "और हम हर सुबह टहलने के पहले मिलते हैं।"

तब सिद्धार्थ ने उन्हें बताया कि किस तरह उरुवेला आगमन के प्रथम दिन ही उनकी भी इन पक्षियों से मित्रता हुई थी।

"आप अपने को सौभाग्यशाली समझें," कालाम ने कहा, "क्योंकि ये पक्षी मित्रभाव न रखने वाले किसी भी व्यक्ति के निकट नहीं आते।"

नगर से बाहर निकलते ही वे एक पहाड़ी पर चढ़े और एक चट्टान पर बैठ गए जहाँ से सारा नगर दिखता था। सिद्धार्थ को सीधे देखते हुए कालाम ने कहा, "वहाँ देखिए, सूर्य के आनन को...लगता है जैसे ईश्वर का मुखमंडल हो, दैवी गरिमा से देदीप्यमान।"

एक अल्प चुप्पी के बाद थोड़ा हिचकिचाते हुए सिद्धार्थ ने कहा, "कल शाम अपने प्रवचन में आपने ईश्वर की सूक्ष्म दूरदृष्टि की चर्चा की थी...किन्तु मुझे लगता है कि हर बात में ईश्वर का आह्वान करने के बजाय हमें सत्कर्मों पर ध्यान देना चाहिए।...जहाँ तक ईश्वर का सवाल है, वह तो बस हमारी एक परिकल्पना हैं।"

"मैं आपकी निर्भीकता की प्रशंसा करता हूँ, नवयुवक," कालाम ने कहा, "किन्तु मैं आपको अपनी तरह सोचने के लिए बाध्य नहीं कर सकता। आप अपनी राह चुन सकते हैं—अंधकार से प्रकाश की ओर।"

ऋषि को अब विश्वास हो गया कि इस शिष्य की अपनी एक स्वतंत्र सोच है।

लौटते समय रास्ते में वे पुनः तालाब के पास रुके। किन्तु इस बार ऋषि तालाब के दूसरे छोर पर गए जहाँ एक कछुआ अपने अंगों को कवच में समेटे बैठा था।

"यह एक दूसरा मित्र है," उन्होंने सिद्धार्थ से कहा, "किन्तु आज सुबह शायद यह गहरे ध्यान में डूबा था—बाहरी दुनिया के प्रति आँखें बन्द करके।"

# ग्यारह

उस शाम ऋषि कालाम का प्रवचन मनोरंजक और प्रबोधक दोनों था। उन्होंने बड़े हल्के-फुल्के ढंग से प्रारम्भ किया—

"आज की शाम मैं चाहता था कि अपने गुरु के द्वारा आपको आध्यात्मिक जीवन जीने की कला का ज्ञान कराऊँ। किन्तु उनके लिए इस मंच पर चढ़ना कठिन है। और फिर वह केवल आँखों और भंगिमाओं से बोलते हैं।"

वह चुप हो गए। फिर बोले, "मेरे गुरु एक कछुआ हैं।"

श्रोताओं के बीच एक मन्द हँसी की लहर दौड़ गई। हर किसी को ऋषि के अगले कथन की प्रतीक्षा थी।

"ऋषि पतंजलि वह पहले व्यक्ति थे जिन्होंने 'योगसूत्र' में कछुए की ओर ध्यानाकृष्ट किया—एक ऐसा प्राणी जो अपने अंगों को पूरी तरह समेट लेने की क्षमता रखता है। इसलिए उन्होंने उसका अपने योगासनों के प्रतीक के रूप में प्रयोग किया—मनुष्य के दीर्घायु, शान्त और स्वस्थ होने के लिए। भगवान कृष्ण ने भी 'श्रीमद्भगवद्गीता' में मनुष्य को उपदेश दिया कि वह बुद्धिमान कछुए से सीखे जो जब चाहे अपने अंगों को अपने कवच में समेटकर शरीर पर मस्तिष्क के वर्चस्व को प्रकट कर सकता है।

"अतः कछुआ पृथ्वी पर के सबसे बुद्धिमान प्राणियों में से एक है, यद्यपि अन्य पक्षी या जानवर की तरह उसका भी कोई नाम नहीं होता। शायद आपको ज्ञात होगा कि कछुआ काफी लम्बी अवधि तक जीवित रह सकता है—सैकड़ों वर्षों तक। तो उसके दीर्घायु होने का रहस्य क्या है?

"पहला यह कि वह जीवन को बड़े शान्त मन से जीता है—बिना किसी तनाव के, जो मानव-अस्तित्व के लिए घातक है। क्या हममें से अधिकतर लोग चिन्ता के शिकार नहीं हैं—हमेशा भविष्य की समस्याओं से ग्रसित? हमारे बीच हमेशा आपसी होड़ मची रहती है—किसी-न-किसी भौतिक उपलब्धि के

लिए। इसके विपरीत, कछुआ तनाव-मुक्त रहता है। धीरे-धीरे इत्मीनान से रेंगता है—एक जगह से दूसरी जगह।

"यह उसकी स्वाँस प्रणाली में भी दिखता है। वह एक मिनट में केवल छह या सात बार साँस लेता है जबकि तनावग्रस्त मनुष्य साठ-सत्तर बार। इस बात से उसके दीर्घायु होने का रहस्य उद्‌घाटित होता है। जितनी धीमी जीवन की गति उतनी लम्बी आयु। इसलिए हमें भौतिक प्रगति के पीछे भागना नहीं चाहिए, बल्कि उतना ही कार्य करना चाहिए जितना शरीर और आत्मा के लिए आवश्यक हो। सन्तोष और धैर्य ही लम्बे सुखी जीवन की आधारशिला होते हैं।

"इसके अतिरिक्त जहाँ मनुष्य निरर्थक वाद-विवादों में अपनी ऊर्जा गँवाता है वहीं कछुआ केवल महसूस करता है और समझता है। वास्तव में हम पक्षियों एवं जानवरों से भी मौन का मर्म समझ सकते हैं। तभी तो ऋषि-मुनि ज्यादातर मौनव्रत धारण करते हैं क्योंकि यह हमारी शारीरिक और मानसिक ऊर्जा के संरक्षण में बड़ा ही प्रभावी है। जब मौन और भंगिमाएँ अभिव्यक्ति दे सकती हैं तो हम क्यों बोलें?

"किन्तु जो बात कछुए को एक आध्यात्मिक प्राणी बनाती है वह है अपनी इन्द्रियों को नियन्त्रित करने की उसकी शक्ति क्योंकि इंद्रियाँ ही हमारी इच्छाओं और चिन्ताओं का द्वार हैं। इच्छाएँ अनेक प्रकार से प्रकट होती हैं, लेकिन मूलतः हमारी कामेच्छा के रूप में। और एक तरफ मनुष्य जहाँ अपनी इच्छाओं के वशीभूत होता है, किसी अनियन्त्रित घोड़े की तरह, वहीं दूसरी ओर कछुआ अपनी इन्द्रियों को वश में रखता है। वह अपनी इच्छाशक्ति का प्रत्याहार अपने अभेद्य कवच में करता है। कई ऋषि-मुनि भी अपने असावधान क्षणों में वासना के शिकार हुए हैं, किन्तु कछुआ कभी भी ऊँघता नहीं पाया जाता।"

जब कालाम ने अपना प्रवचन समाप्त किया तो सभा में एक नीरवता छा गई। जब उन्होंने प्रश्न आमन्त्रित किए तो किसी ने भी हाथ नहीं उठाया क्योंकि पूरी भीड़ उनके शब्दों के जादुई प्रभाव में थी। मुस्कुराते हुए उन्होंने सिद्धार्थ की ओर इशारा किया। पर इस बार उनके मन में भी कोई प्रश्न नहीं था।

अगली सुबह जब सिद्धार्थ कालाम के साथ टहलने गए तो उन्हें उनके प्रवचन के लिए बधाई देने से स्वयं को रोक नहीं पाए।

"मैं कितना भाग्यशाली हूँ," उन्होंने कहा, "कि मुझे आप जैसे आध्यात्मिक पथ-प्रदर्शक मिले।" फिर मुस्कुराते हुए बोले, "क्या आपको नहीं लगता कि हमें हर मन्दिर में कछुए की मूर्ति स्थापित करनी चाहिए?"

कालाम मुस्कुराए।

"पर क्या आपने गौर किया कि जब मैं कछुए के आध्यात्मिक स्वभाव की चर्चा कर रहा था तो मेरे मस्तिष्क में पशु-पक्षियों के अनाम होने की बात भी थी?"

"बिल्कुल।"

"अब मैं आपसे कहना चाहता हूँ, अपने प्रिय अनुयायी के रूप में," ऋषि ने कहा, "कि आप अपने नगण्यता के दायरे में अनस्तित्व को भी शामिल कर लें, क्योंकि यही समझ मनुष्य को परम उत्कर्ष तक ले जाती है। अनस्तित्व नगण्यता या पहचानहीनता से कहीं ज्यादा ऊँची चेतना है।"

सिद्धार्थ कुछ उलझन में पड़े दिखे क्योंकि अभी-अभी उन्होंने जो सुना उसकी कल्पना उन्होंने नहीं की थी।

"इस अनस्तित्व को ही 'अकिंचन्यतन' कहते हैं।" ऋषि ने कहा।

थोड़े से भ्रमित सिद्धार्थ ने पूछा, "किन्तु यह तो संस्कृत का अधिष्ठापन है जो सहज अवधारणाओं को भी धुँधला कर देता है।"

"मैं आपसे सहमत हूँ," कालाम ने कहा, "परन्तु यह नई अवधारणा केवल आपके लिए है क्योंकि आप एक अद्वितीय अन्वेषी हैं। अब मैं आपको अनस्तित्व का अर्थ समझाता हूँ।"

अब वे दोनों उस चट्टान पर बैठे थे जहाँ से सम्पूर्ण उरुवेला नगर दिखता था।

"अनस्तित्व का अर्थ है," कालाम विश्लेषण करते हुए बोले, "समस्त शारीरिक और मानसिक क्रिया-कलापों का पूर्ण अवसान, एक प्रकार से तन और मन दोनों का नाश। वैसे तो इस अवस्था को प्राप्त करना असम्भव प्रतीत होता है, किन्तु यह सम्भव है। इस स्थिति की प्राप्ति की दिशा में पहला कदम है शवासन की योग-क्रिया। मैं आपको बताता हूँ कि यह कैसे किया जाता है। आप संस्कृत की पारिभाषिक शब्दावली से चिन्तित न हों क्योंकि मेरी राय में इसका अभ्यास पक्ष ज्यादा महत्त्वपूर्ण है।"

तब उन्होंने सिद्धार्थ से दोनों हाथ सीधे बदन के समानान्तर फैलाते हुए लेट जाने को कहा। अगला कदम था यह कल्पना करना कि उनके शरीर से

जैसे जीवन का धीरे-धीरे निर्गमन हो रहा हो, अंगों के रास्ते—पहले सर, फिर सीना, फिर जंघे और अन्त में पाँव। फिर यह सोचना कि शरीर एक शव मात्र है—संवेदनाविहीन। वास्तव में यह मृत्यु की गोद में सोने जैसा है। इस प्रकार अनस्तित्व की अवस्था का अनुभव किया जा सकता है। यह न केवल शरीर और मन को विश्राम देता है बल्कि उन्हें पुनः ऊर्जावान भी बनाता है।

"यदि आप प्रतिदिन एक-दो बार ऐसा कर सकें तो आपको लगेगा जैसे कायाकल्प हो गया हो।" कालाम ने कहा।

सिद्धार्थ इतने उत्साहित हुए कि उन्होंने अगले ही दिन इस योग-क्रिया को दर्जनों बार किया। किन्तु यों तो वह शरीर को निश्चेष्ट कर लेते थे पर अनस्तित्व की अनुभूति अभी भी दुर्ग्राह्य थी। इसलिए अगली सुबह जब वह पहाड़ी पर पहुँचे तो उन्होंने अपने गुरु से सीधे-सीधे कहा, "हे गुरु! कल मैंने उस योग-क्रिया का कई बार अभ्यास किया किन्तु मुझे अनस्तित्व की अनुभूति नहीं हुई।" फिर उनकी आँखों में देखते हुए कहा, "क्या मैं आपसे एक बात पूछ सकता हूँ?"

"पूछिए।"

"क्या आपने स्वयं इस अनस्तित्व की अवस्था को प्राप्त किया है?"

एक लम्बी चुप्पी छा गई। लगा जैसे ऋषि आत्मनिरीक्षण में खो गए हों। फिर एक लम्बी साँस लेते हुए बोले, "कभी नहीं।" फिर रुककर बोले, "एक-दो बार मुझे यह भ्रम हुआ कि मैं उस अवस्था को प्राप्त कर चुका हूँ। किन्तु अब जबकि मेरी आध्यात्मिकता अपने चरमान्त पड़ाव पर है, मैं इससे आगे आपका मार्गदर्शन नहीं कर सकता। चूँकि आप एक अदम्य अन्वेषी हैं इसलिए या तो आपको स्वयं इसकी अनुभूति करनी होगी या फिर कोई अन्य गुरु ढूँढ़ना होगा।" फिर वह बोले, "आप गया क्यों नहीं चले जाते? वहाँ एक योगी हैं, स्वामी नित्यानन्द, जो एक आश्रम चलाते हैं—मोहना, निरंजना और फलगू नदियों के संगमस्थल पर।...हाँ, मेरा आशीर्वाद हमेशा आपके साथ रहेगा।"

सिद्धार्थ बड़े भारी मन से कालाम से विलग हुए। किन्तु अगली सुबह प्रस्थान से पहले उनके चरणों में साष्टांग लेट गए। फिर उठकर बोले, "हे गुरु! मैं आपके निर्देशों के लिए सदा आपको याद रखूँगा, और सबसे बढ़कर आपकी ईमानदारी और पारदर्शिता के लिए।"

# बारह

यह कई दिनों की बिना अन्न-जल के थकानभरी यात्रा थी। जब भी सिद्धार्थ ने किसी सड़क किनारे के गाँव में किसी द्वार पर अपना भिक्षापात्र भोजन के लिए बढ़ाया तो उन्हें खाली लौटा दिया गया। उन्हें लगा जैसे वह स्वर्ग से निकलकर नर्क में आ गए हों। अवसाद, थकान और वंचन का अब उनके स्वास्थ्य पर प्रतिकूल प्रभाव पड़ने लगा था।

तीसरे दिन के अन्त में जब भूख उनकी आँत कुतरने लगी तो उन्हें छन्न के साथ जाते समय बाजार में दिखे उस भूखे व्यक्ति की याद आई। उसके पोपले धँसे गाल और आँखों में दर्द की चुभन। अब सिद्धार्थ की बारी थी, उस संवेदना को भोगने की। उनका उदर जैसे धीरे-धीरे सूखती एक नदी हो जिसकी सतह पर केवल बालू की धारियाँ रह गई हों। भूख से ज्यादा जिह्वा शुष्क हो गई थी, सूखे पत्ते की तरह फटी-फटी-सी।

निढाल होकर वह एक वृक्ष के नीचे रात्रि-विश्राम के लिए लेट गए। पर नींद नहीं आई। उन्हें महसूस हुआ कि शायद नींद भी उसे ही आती है जिसका पेट भरा हो और जिसके पास आरामदायक बिछावन हो।

आधी रात के बाद उन्हें झपकी आ गई। पर जब सूर्योदय के साथ उनकी आँखें खुलीं तो अपने सिरहाने फन काढ़े एक विशाल नाग को देखकर वह डर गए। उसका फन किसी सम्राट के मुकुट जैसा लग रहा था और उसकी आँखों में जैसे अंगारे जल रहे थे।

सामने खतरा होने के बावजूद सिद्धार्थ ने उस नाग को गौर से देखा—उसके खूबसूरत फन की बहुरंगी बारीक संरचना को। आश्चर्य तब हुआ जब वह बिल्कुल नहीं हिला। सिद्धार्थ सोचने लगे कि आखिर वह यहाँ आया क्यों और कब से इसी मुद्रा में है। तब उन्हें भान हुआ कि वह नाग सारी रात उनकी रक्षा कर रहा था। अब नाग ने अपने फन समेट लिए और धीरे-धीरे रेंगता हुआ झाड़ी के पीछे चला गया।

सिद्धार्थ ने अपनी यात्रा जारी रखी—भूखे, प्यासे। पर गया की सीमा तक पहुँचते-पहुँचते उनका शरीर अस्थिपंजर हो चुका था। फिर भी चलते गए, तब तक जब तक कि मोहना, निरंजना और फल्गू नदियों के संगमस्थल पर न पहुँच गए।

कुछ देर के लिए वह मोहना के किनारे बैठ गए। वह दुविधा में थे कि उसके मटमैले पानी को पीएँ या नहीं। किन्तु प्यास तेज होने के कारण उन्होंने जोखिम उठाने का निर्णय किया। परन्तु ज्योंही उन्होंने अपनी अंजली में पानी भरा कि किसी ने उनके कन्धे को स्पर्श करते हुए कहा, "नहीं, यह जल पीने योग्य नहीं है।"

पीछे मुड़कर देखा तो एक महिला थी, हाथ में कुछ लिये हुए। सिद्धार्थ पास ही वटवृक्ष के नीचे बैठ गए। उस महिला ने अपने हाथ का पात्र नीचे रखते हुए कहा, "आपके लिए थोड़ी-सी खीर है, और एक गिलास दूध भी।"

सिद्धार्थ चुप थे। वह इतने अभिभूत हो गए थे कि कुछ बोल नहीं पाए—बस उस महिला को एकटक देखते रहे।

"मेरा नाम सुजाता है," उसने कहा, "मैं वहाँ रहती हूँ।" अपना घर दिखाते हुए बोली।

"समझ में नहीं आता किन शब्दों में आपका आभार व्यक्त करूँ," सिद्धार्थ ने कहा, "मैंने काफी दिनों से कुछ खाया नहीं है।" फिर उन्होंने खीर को ग्रहण किया और दूध भी। नई जान आ गई। उन्होंने कहा, "कृपया मुझे स्वामी नित्यानन्द के आश्रम का पता बता दें जो यहीं कहीं अवस्थित हैं।"

"पर उनका तो स्वर्गवास हो चुका है, बस तीन दिन पूर्व," सुजाता ने बताया, "वह कुछ दिनों से अस्वस्थ थे। पर थे एक महान व्यक्ति...पूरा नगर उनके दाह-संस्कार में सम्मिलित हुआ था—फूल मालाओं के साथ।"

"मैं इतनी दूर उरुवेला से उनका शिष्यत्व प्राप्त करने आया था।" सिद्धार्थ ने दुःख के साथ कहा।

"मैं दाह-संस्कार के समय थी—फूल बेच रही थी," सुजाता ने बताया, "मुख्य बाजार में मेरे पति की फूलों की दुकान है।" फिर उन्होंने करुणा के साथ कहा, "आप आज मेरी कुटिया में विश्राम क्यों नहीं कर लेते?"

"धन्यवाद, बहन। पर मुझे खुले वृक्ष के नीचे सोने की आदत है, या सड़क किनारे पटरी पर ताकि धरती की ऊष्मा का अनुभव कर सकूँ। और अब

तो वसन्त ऋतु समाप्त होने को है, इसलिए नदी किनारे विश्राम करना अत्यन्त ताजगी भरा होगा।'' ऐसा कहकर वह नदी की ओर चल पड़े।

किनारे पर लेटकर वह आसमान में विचरते चाँद का ऐश्वर्य निहारने लगे। उसका प्रतिबिम्ब नदी के जल में झलक रहा था, मानो दो चाँद एक-दूसरे से संवाद में व्यस्त हों। किन्तु चूँकि नदी का चाँद उनके ज्यादा करीब था इसलिए वह उसे बड़े गौर से देखने लगे। अचानक उन्हें उसमें एक मुखाकृति दिखने लगी—एक जोड़ी आँखें और चौड़ा ललाट। तभी जल की तरंगों से एक आवाज आई—

'ऋषि नित्यानन्द का निर्देशन आपको नहीं प्राप्त होगा यह पूर्वनिर्धारित था। अब जबकि आप स्वयं पर ही निर्भर हैं, आपको सारे प्रश्नों के उत्तर अपने अन्तःकरण से ही प्राप्त करने होंगे। इसलिए गया में किसी ऋषि की तलाश न करें क्योंकि आपकी आत्मा की गहराई में भी एक ऋषि बैठा है। उसी के नेतृत्व में अपने गन्तव्य की ओर अग्रसर हों।'

तभी चाँद बादलों में खो गया और आवाज भी विलुप्त हो गई।

सिद्धार्थ को आभास हुआ कि यदि दिव्य ज्योति का साक्षात्कार होना है तो गया में ही होगा, अन्यत्र कहीं नहीं क्योंकि स्थान और काल के समन्वय से ही मनुष्य की नियति अपना आकार ग्रहण करती है। उनके मामले में स्थान होगा गया और समय वसन्त ऋतु का परवर्ती काल।

अतः उन्होंने गया में एक उपयुक्त स्थान चुनने का निर्णय किया जहाँ वह ध्यान में गहरे डूब सकें, तब-तक जब-तक कि अंधकार से परे प्रकाश का साक्षात्कार न हो जाए। कालचक्र अपना वृत्त पूरा करने वाला था—उनकी विवाह-रात्रि से प्रारम्भ होकर, जब शयनकक्ष के बाहर के शोर-गुल ने उन्हें अंधकार के हृदयस्थल में झाँकने के लिए प्रेरित किया था।

उस रात की अच्छी नींद के बाद वह तरोताजा होकर सारा दिन गया की सड़कें-गलियाँ छानते रहे—अपने ध्यान के लिए उपयुक्त स्थान की तलाश में। देर शाम जब वह चौक से मुड़े तो उन्हें एक विशाल पीपल का वृक्ष दिखा जिसने उन्हें मोह लिया। वह एक मन्दिर जैसा लगता था—उसका शीर्ष मानो गुम्बद हो और मजबूत तना स्तम्भ जिस पर पूरी संरचना टिकी हो। वह उस वृक्ष को टकटकी लगाकर देखते रहे जिसकी विस्तृत फैली डाल किसी देवी की भुजाओं की तरह थी—उन्हें अपने पास आमन्त्रित करती हुई। वृक्ष की जड़ में

एक चबूतरा-सा बना था जो उन्हें ध्यान के लिए उपयुक्त स्थल लगा। उन्हें ऋषि कालाम की बात याद आई कि अन्त में उन्हें सारे प्रश्नों के उत्तर स्वयं में ही तलाशने होंगे, खासकर जब नियति ने स्वामी नित्यानन्द के निर्देशन से उन्हें वंचित कर दिया था। अतः उन्होंने उसी वृक्ष के नीचे पद्मासनारूढ़ होकर ईश्वर का ध्यान करने का निश्चय किया।

शाम ढल चुकी थी। उन्होंने क्षितिज पर चाँद उगते देखा, जैसे कोई चाँदी का कटोरा हो। डालियों और पत्तियों के बीच से छनकर आती उसकी किरणें पृथ्वी पर पड़ रही थीं, जैसे लकड़ी चीरने वाले आरे की धार हों। इस मनःस्थिति में उन्होंने उस आरे को एक पहेली के रूप में लिया जिसे हल करना ही उनकी नियति थी।

उन्होंने आँखें बन्द कर लीं। लगा जैसे वह कोई गोताखोर हों जो नदी में कूदकर उसकी गहराई माप रहे हों, परत-दर-परत, पहचानहीनता से अनस्तित्व तक। या फिर एक मछली हो जो मूँगे से भरे समुद्र में चट्टानों और झाड़ियों के बीच तैर रही हो। इस अवचेतन में कितनी शीतलता और शान्ति थी, संसार के शोर और उपद्रव से दूर जहाँ मनुष्य दुःख-दर्द में कराहता हुआ विलाप कर रहा था।

जब उन्हें लगा कि वह नदी की तलहटी को छूने वाले हैं तो उन्हें एक स्वर सुनाई पड़ा जिससे उनका ध्यान भंग हुआ। आँखें खोलीं तो सामने एक आबनूसी चेहरेवाला व्यक्ति खड़ा था।

"जब से आपने कपिलवस्तु छोड़ा है मैं साये की तरह आपके साथ रहा हूँ। मैंने आपको सत्या नदी पार करते देखा और घने जंगल में प्रवेश करते भी जहाँ उस साधू के साथ आपने कुछ दिन बिताए। आपके सम्पूर्ण भ्रमण में मैं आपके साथ था। इसलिए मैं आपका सहयात्री हूँ—आपके सारे विचारों और अनुभूतियों का सहभागी। जब आप धर्मी से मिले तो मुझे एक क्षण के लिए लगा कि आप उसके साथ हमबिस्तर हो जाएँगे। परन्तु आप तो कछुए के कवच से भी कठोर तत्त्व के बने लगते हैं।"

यद्यपि सिद्धार्थ यह देखकर अचम्भित थे कि यह व्यक्ति उनके बारे में सबकुछ जानता था पर उन्होंने कहा, "आप तो बड़े वाक्पटु लगते हैं। पर यदि मैंने आपको बक-बक करने दिया है तो केवल आपके प्रति करुणावश, क्योंकि आप एक अशान्त आत्मा लगते हैं। किन्तु मेरे और धर्मी के बारे में अपने

अश्लील विचारों के लिए आपको शर्म आनी चाहिए।...जो भी हो, आप हैं कौन?''

''मुझे अनाम ही रहने दें क्योंकि बिना नाम का होना आपकी दृष्टि में पहचानविहीनता का पर्याय है। परन्तु आपको बता दूँ कि मैं आपका शुभचिन्तक हूँ। एक सच्चा मित्र वही है जो सच बोलता हो, चाहे कितना भी कटु क्यों न हो। इसलिए क्या मैं आपको आपकी आत्मसन्तुष्टि से बाहर निकाल सकता हूँ?''

''ठीक है।'' सिद्धार्थ ने आजिज आकर कहा ताकि उस व्यक्ति से शीघ्र छुटकारा मिले। सिद्धार्थ का स्वर खीज और आक्रोशभरा था।

''देखिए, आप कैसे क्रोध के शिकार हो रहे हैं, एक ऐसी कमजोरी जिस पर आपको नियन्त्रण करना चाहिए यदि आप अपने लक्ष्य को प्राप्त करना चाहते हैं।''

उस व्यक्ति की बात में दम था क्योंकि वह उन्हें क्रोधित करने में सफल हुआ था।

''ठीक है, मैं ध्यान से सुन रहा हूँ। पर आप कृपया मुझे अधिक देर तक उलझाए न रखें।'' सिद्धार्थ ने कहा।

''बहुत धन्यवाद।'' उस व्यक्ति ने मुस्कुराते हुए कहा।

''सर्वप्रथम मैं आपसे यह पूछना चाहता हूँ कि क्या आपका अपनी धर्मपत्नी और पुत्र का परित्याग उचित था? उनका क्या अपराध था कि उन्हें इतनी निर्दयता से छोड़ दिया गया जबकि आप स्वयं को महामंडित करने के लिए आध्यात्मिक गुरु बनने चले हैं? मुझे तो लगता है कि आप स्वामीजी के रूप में आदरणीय बनकर फूले नहीं समा रहे। कैसा लगा था आपको जब राजा बिम्बिसार आपके चरणों में नतमस्तक होकर आपका आशीर्वाद माँग रहे थे?''

इतने तीखे शब्दों से आहत सिद्धार्थ ने बड़ी तीव्र प्रतिक्रिया दी।

''पहले तो मैं बता दूँ कि मेरा कपिलवस्तु छोड़ना परिवार का परित्याग नहीं था। मुझे विश्वास है कि मेरा परिवार यह समझता है कि मैं क्या प्राप्त करना चाहता हूँ। यह न भूलें कि त्याग ही निर्वाण का एकमात्र मार्ग है क्योंकि देने से ही पाना सम्भव है।'' वह रुककर बोले, ''और जहाँ तक राजा बिम्बिसार से मेरी मुलाकात का प्रश्न है तो मैंने बड़ी विनम्रता से उनका अभिवादन स्वीकार किया था।''

"यह तो आपका एक निरर्थक खंडन है, बिना दृढ़ विश्वास के," उस व्यक्ति ने प्रतिकार किया, "आप शब्दों की बाजीगरी के माहिर लगते हैं...जो भी हो, सबसे गलत तो आपने अपने शरीर को प्रताड़ित करके किया है, कठोर मिताहार से। यह शरीर तो ईश्वर की अमूल्य भेंट है जिसका पोषण समुचित भोजन और पेय पदार्थों से होना चाहिए। आखिर मनुष्य को यह नाशवान शरीर क्यों दिया गया जबकि हम केवल आत्मा के रूप में भी तो हो सकते थे, हवा में विचरण करते हुए, स्पर्श और गंध के सुख से वंचित?"

"यह शरीर वासनात्मक सुख में डूबे रहने के लिए नहीं है," सिद्धार्थ ने प्रतिकार किया, "यह तो पूजा और ध्यान के एक उपकरण के रूप में हमें मिला है, न कि गन्दगी के पात्र के रूप में—इच्छा और वासना से भरने के लिए।"

आँख चमकाते हुए उस व्यक्ति ने ऊँची आवाज में प्रश्न किया, "तो ईश्वर ने नर और नारी बनाया ही क्यों? ये हाथ क्या केवल पूजा में उठे रहने के लिए ही हैं, एक-दूसरे के शरीर को पुचकारने के लिए नहीं? आप अवश्य समझ रहे होंगे मैं क्या कहना चाहता हूँ।"

"मैं समझ सकता हूँ कि आप रति-क्रिया को ही शरीर की एकमात्र सार्थक गतिविधि बताने की कोशिश कर रहे हैं," सिद्धार्थ ने कहा, "किन्तु मनुष्य यदि इस शक्ति का उदात्तीकरण कर ले तो उसे आध्यात्मिक सुख की प्राप्ति होगी। इसी प्रकार भगवान शिव ने अपनी शक्ति प्राप्त की थी।"

"पर क्या उन्होंने भी पार्वती के साथ सहवास नहीं किया?" उस व्यक्ति ने ताना मारा, "लिंग-पूजा में भी तो एक प्रकार का आध्यात्मिक सुख है।"

"लिंग प्रजनन का प्रतीक है, विवेकहीन कामुकता का नहीं।" सिद्धार्थ ने प्रतिकार किया।

"प्रजनन की यह अवधारणा तो रोचक है," एक कटु मुस्कान के साथ उस व्यक्ति ने उत्तर दिया, "पर आप सच-सच बताएँ—जब पति-पत्नी सहवास करते हैं तो क्या प्रजनन की ही बात उनके मन में होती है? क्या उनके प्रेमालाप में वासना का समावेश नहीं होता?"

"नहीं, प्रेमालाप दाम्पत्य जीवन का महज एक दायित्व-निर्वहन भी हो सकता है।"

"सुहाग की सेज पर आपने अपना दायित्व किस प्रकार निभाया, सिद्धार्थ?" उसने मुस्कुराते हुए पूछा।

"मैंने बस एक पति की जिम्मेदारी निभाई," उन्होंने उत्तर दिया, "और अगली ही सुबह मैंने अपनी दुविधा की चर्चा अपने सारथी छन्न से की। मैंने यहाँ तक पूछा कि क्या मुझे विवाह करना चाहिए था।"

वह व्यक्ति हैरान-सा पलकें झपकाने लगा।

"देखिए," उसने कहा, "यदि एक लम्बे उपवास के बाद आपका शरीर सुजाता की खीर का स्वाद ले सकता है तो वह सम्भोग का भी आनन्द ले सकता है, जो उसे ऊर्जावान बनाता है।" फिर एक विराम के बाद उसने पलकें झपकाते हुए कहा, "मेनका विश्वामित्र के लिए खीर का कटोरा और दूध का गिलास लेकर नहीं आई थी। उन्हें तो उसने अपने वक्ष से अमृतपान के लिए उकसाया था—वह अमृत जो केवल इन्द्रलोक के देवताओं के लिए बना था।" फिर रुककर कहा, "मेरे पास भी आपके लिए एक अचरज है। मैं अपनी बेटियों को लेकर आया हूँ—हर एक दूसरे से अधिक सुन्दर, ताकि आप अपने लिए चुन सकें। कुछ देर तक स्वयं को त्याग देने के लिए, हे पुरुष, समय और स्थान दोनों उपयुक्त हैं—वसन्त की चाँदनी रात और इस पीपल की आड़ में सम्भोग। ऐसा अवसर फिर नहीं मिलेगा। इसे अपने हाथ से जाने न दें...।"

सिद्धार्थ के मन में घोर प्रतिक्रिया हुई—कैसा पिता है यह जो अपनी बेटियाँ उस रात के लिए परोस रहा है। कोई महापापी भी इतना नहीं गिर सकता।

"यों तो आप नर्क की कोई दुष्टात्मा प्रतीत होते हैं," सिद्धार्थ बोले, "परन्तु मेरे मन में आपके प्रति तनिक भी घृणा नहीं है, बल्कि दया आती है। मैं जानता हूँ कि निर्दोष लोगों को पथभ्रष्ट करना ही आपका काम है। तथापि मैं आशा करता हूँ कि यदि आप में तनिक भी मर्यादा शेष है तो आप अवश्य स्वीकार करेंगे कि मुझे भ्रष्ट करने में आप बुरी तरह विफल रहे हैं। क्या अब आप मुझे अकेला छोड़ देने की कृपा करेंगे?"

अचानक उस व्यक्ति ने मुड़कर सिद्धार्थ के चरण चूम लिए। फिर उन्हें देखते हुए मधुर विनम्र स्वर में कहा, "मैं प्रलोभक मार हूँ और अपनी पराजय स्वीकार करता हूँ, हे राजकुमार सिद्धार्थ। यह सच है कि मैंने अपने सारे दाँव-पेच लगाए, पर सब बेकार गए। मेरे सारे बाण भोथड़े हो गए, आपके शरीर से टकराकर जो कछुए के कवच की तरह अभेद्य है। आज रात आप अवश्य दिव्य ज्योति का दर्शन करेंगे—इसी वृक्ष के नीचे...।" फिर विनयपूर्वक देखते

हुए उसने सिद्धार्थ से याचना की, "मेरी विनती है कि आप मेरी आत्मा के लिए भी प्रार्थना करें।"

सिद्धार्थ के चेहरे पर एक मुस्कान फैल गई और उन्होंने अपना दाहिना हाथ आशीर्वाद की मुद्रा में उठा दिया।

रात्रि का तीसरा पहर था—प्रभात बेला के लगभग एक-डेढ़ घंटे पहले। गया नगर गहरी नींद में डूबा था। सड़कों पर कोई गतिविधि नहीं थी। चाँद बादलों के एक झुंड के पीछे छिपा था और सारा नगर अंधकार में लिपटा था।

पीपल के नीचे आसन लगाए सिद्धार्थ फिर से ध्यानस्थ हो गए। चेतना की अनन्त गहराई में उतरते हुए उनके मस्तिष्क में अचानक एक प्रकाशपुंज का प्रवेश हुआ। यह इतना तीव्र था कि उन्हें लगा कि वे गहरे अंधकार में भी देख सकते थे। एक नूतन ज्ञान के उदय की अनुभूति हुई। उन्हें लगा जैसे वह कोई मृतक हों जो अपनी चिता पर जाग्रत हो रहे हों। वायुमंडल में एक सौम्य स्वर सुनाई पड़ा :

'आप अपने गंतव्य तक पहुँच चुके हैं, सिद्धार्थ। ऋषि-मनीषियों से संवाद करते हुए आप व्यर्थ ही एक जगह से दूसरी जगह भटकते रहे—जबकि जीवन की पहेली का हल स्वयं आप ही में निहित था। धार्मिक प्रवचनों के श्रवण से या तपस्वियों सा कठोर जीवन जीने से या धर्मग्रन्थों के अध्ययन से कोई दिव्य-ज्ञान और परमानन्द की प्राप्ति नहीं कर सकता। मोक्ष का मार्ग सहज और सीधा है—सत्कर्मों से होकर जाने वाला। इस मार्ग के आठ सीमाचिह्न हैं—सम्यक् दृष्टि, सम्यक् संकल्प, सम्यक् वाणी, सम्यक् कर्म, सम्यक् आजीविका, सम्यक् जीवनचर्या, सम्यक् स्मृति और सम्यक् समाधि। अब आप संसार में जाकर सभी मानवों को इन सब का मर्म बताएँ।

'जहाँ तक आपका सवाल है, अब आप जन्म-मृत्यु के चक्र से मुक्त हैं क्योंकि आपने निर्वाण प्राप्त कर लिया है। इसलिए मृत्यु अब केवल एक बार ही आपका वरण कर सकेगी—और फिर कभी नहीं। साथ ही, आज के बाद आप सिद्धार्थ नहीं बल्कि बुद्ध के नाम से जाने जाएँगे, अर्थात् जो बुद्धत्व को प्राप्त कर चुके हैं, सम्यक् ज्ञान सम्पन्न हैं। मनुष्य के उद्धार का प्रयत्न करने वाले बोधिसत्त्व।'

सिद्धार्थ जो अब बुद्ध बन चुके थे, उठकर ऐसे खड़े हुए मानो भाव-समाधि में हों। इससे पहले कि वह उस आकाशवाणी का कुछ उत्तर दे पाते वह स्वर अंधकार में खो गया। चारों ओर एक विस्मयकारी नीरवता छा गई।

अचानक चाँद बादलों से निकल आया। पीपल की डालियों और पत्तों से छनकर आती चाँदनी धरती पर छायाकृतियाँ बना रही थी। पर इस बार उन्होंने लकड़ी चीरने वाली आरानुमा कोई आकृति नहीं देखी बल्कि एक स्पष्ट आकृति थी—परिधि को धुरी से जोड़ने वाली आठ संकेन्द्रित पहियों वाली आकृति, जैसे मोक्ष तक ले जाने वाले अष्टांगिक-मार्ग।

अब वह सोचने लगे कि उन्हें यहाँ से कहाँ जाना चाहिए। जब किसी सौम्य नियति ने उनका वरण कर ही लिया है तो उसे ही मार्गदर्शन करने देना चाहिए। हो सकता है, उन्होंने सोचा, उन्हें काशी प्रस्थान करना पड़े—गंगा किनारे के उस पवित्र नगर की ओर।

काशी पहुँचने में उन्हें कुछ दिन लग गए। परन्तु जब उन्होंने देखा कि नदी किनारे साधुओं की भीड़ लगी है जो बिना सोचे-समझे ही मंत्रोच्चार में व्यस्त हैं तो उन्होंने कहीं अन्यत्र जाने का निर्णय किया—अपेक्षाकृत किसी छोटे एवं शान्त स्थान पर। अन्ततः वह ऋषिपत्तन (सारनाथ) पहुँचकर ठहर गए। यह उन्हें अपने प्रथम उपदेश के लिए आदर्श स्थान लगा।

# तेरह

सारनाथ की सड़कों और गलियों से गुजरते हुए बुद्ध एक उद्यान में पहुँचे। उन्होंने झरने के निकट एक वृक्ष को चुना और उसकी छाया में आसन लगाकर ध्यानमग्न हो गए। जब उन्होंने नेत्र खोले तो कुछ लोगों को अपने इर्द-गिर्द एकत्रित देखा। मुस्कुराते हुए उन्होंने करबद्ध उनका अभिवादन किया।

यों तो भीड़ मिश्रित थी पर ज्यादातर लोग दैनिक मजदूरी करने वाले दिख रहे थे। उनमें एक बूढ़ा व्यक्ति आगे आया और बोला, "हे महात्मा, हम आपके ध्यान की समाप्ति की प्रतीक्षा में थे। आपके दिव्य मुखमंडल को देखकर हमें लगता है कि आपको जीवन का रहस्य ज्ञात है। इसलिए हम आपको सुनने के लिए व्यग्र हैं।"

"बुद्ध ने संक्षेप में उन्हें बताया कि कैसे वह शान्ति की खोज में दूर-दूर की यात्रा करते रहे और कैसे एक रात गया में उन्हें दिव्य ज्योति के दर्शन हुए। वह पाली भाषा में बोल रहे थे और उनकी आवाज मन्दिर की घंटियों की तरह गूँज रही थी।

"हम सभी जानते हैं," बुद्ध ने कहना शुरू किया, "कि हम दुःखों के जाल में फँसे हैं। अपनी-अपनी दिनचर्या की चक्की में पिसते हुए हम नित्य ही कराहते रहते हैं। हम रोते हुए इस संसार में आते हैं और आँखों में आँसू लिये ही विदा होते हैं। इसी पीड़ा ने मुझे मुक्ति का मार्ग ढूँढ़ने के लिए प्रेरित किया। जीवन में दुःख है परन्तु इससे मुक्ति का मार्ग भी है।" वह थोड़ा रुककर बोले, "कठोर जीवन जीने या धर्मग्रन्थों के अध्ययन से शान्ति की त्राप्ति नहीं होती। बेकार ही हमारे पुरोहितगण हमें जटिल धार्मिक अवधारणाओं में प्रवृत्त करते हैं, जबकि जीवन की पहेली का समाधान बेहद सहज है—सम्यक् कर्म और निर्लिप्तता। जहाँ एक तरफ हमारे पथप्रदर्शक आदमी और आदमी के बीच, ब्राह्मण और शूद्र के बीच हमेशा एक विभाजन रेखा खींचे रखते हैं वहीं मेरा

विश्वास है कि चूँकि जन्म महज एक घटना है इसलिए कोई भी व्यक्ति, चाहे भंगी हो या मोची, परमानन्द की अवस्था को प्राप्त कर सकता है यदि वह अपने कर्तव्य का निर्वहन धर्मपरायणता के साथ करता है, बिना किसी पुरस्कार की अपेक्षा के। इसलिए एक शूद्र भी निष्काम कर्म में निमग्न होकर ब्राह्मण की प्रतिष्ठा प्राप्त कर सकता है।''

एक विराम के बाद बोले, ''अतः मैं आप सभी प्रिय मित्रों को एक ऐसे मन्दिर में प्रवेश करने के लिए आमन्त्रित करता हूँ जो सबों के लिए खुला है, जिसमें किसी देवता की मूर्ति या गर्भगृह नहीं है—एक ऐसा मन्दिर जिसके कपाट दिन-रात खुले रहते हैं। वास्तव में वह मन्दिर हम सबों के अन्दर ही अवस्थित है क्योंकि अपने-अपने मन की गहराई में हम सभी जानते हैं कि सही क्या है और गलत क्या। हमें ज्ञात है कि हमारी इच्छाएँ ही हमें गलत राह पर ले जाती हैं—धन या प्रसिद्धि की हमारी चाह। और उसी राह में दुःख है, क्योंकि भौतिक उपलब्धि क्षणभंगुर है। ऐन्द्रिय सुख हमें क्या देता है? क्षणिक आनन्द के बाद केवल दुःख। एक निर्धन किसान जो ईमानदारी से हल चलाता है धन प्राप्ति के सपनों में खोए उस समृद्ध व्यापारी से कहीं ज्यादा सुखी है जिसकी रातों की नींद उड़ी रहती है; जिसे इस बात का भान ही नहीं होता कि आत्मसन्तोष लोभ से कहीं ज्यादा लाभप्रद है।''

जब बुद्ध ने अपना कथन समाप्त किया तो चारों तरफ एक निस्तब्धता छा गई। उनके प्रवचन का प्रभाव इतना जादुई था कि बहुतों को लगा जैसे किसी दूसरी ही दुनिया में पहुँच गए हों।

तभी एक व्यक्ति खड़ा हुआ—मैले-कुचैले वस्त्र में लिपटा और दाहिने हाथ में एक लाठी लिये।

''हे महात्मा, मैं एक भंगी हूँ जिसे सभी अछूत कहते हैं और जिससे दूर रहते हैं। मुझे किसी मन्दिर में प्रवेश की अनुमति नहीं है, भोजन के स्थान के आस-पास तो खड़े होने की भी नहीं। यहाँ तक कि मेरी छाया भी अशुभ मानी जाती है। पर मेरी यह खूबसूरत कन्या है जिसके साथ दो दिन पूर्व एक ब्राह्मण ने छेड़खानी की। मैं न्याय के लिए कहाँ जाऊँ?''

बुद्ध ने स्नेह के साथ उस भंगी का हाथ पकड़ते हुए कहा, ''इन मन्दिरों में लोभ और पाखंड का बोलबाला है। तो ऐसे पूजास्थलों में प्रवेश के लिए आप क्यों इच्छुक हैं।'' वह रुककर बोले, ''और जहाँ तक आपकी कन्या का

प्रश्न है तो ईश्वर अपने हाथों से उस ब्राह्मण की खबर लेगा। घोर पाखंडी है वह व्यक्ति जो छूआछूत में विश्वास करता है और एक निर्दोष असहाय कन्या का शीलभंग करके अपने ही शरीर और अपनी ही आत्मा को दागदार करता है।''

जिस किसी ने भी उन्हें उस भंगी को सांत्वना देते सुना उसका हृदय उनकी वाणी से तुष्ट हुआ। थोड़ी देर में भीड़ तो छँट गई पर एक नवयुवक ठहरा रहा—साँवले रंग का दुबला-पतला और लम्बा। उसकी आँखों में एक चमक थी। उसके बाएँ गाल पर एक तिल था और ललाट पर सिकुड़न थी। बुद्ध के समीप आकर उसने आदरपूर्वक सर झुकाया और फटी-सी आवाज में वह बोला, ''हे स्वामी, मेरा नाम आनन्द है। आपके शब्दों के अद्‌भुत प्रभाव से निकलने में मुझे कुछ समय लगेगा।'' एक लम्बी साँस भरते हुए उसने खाँसकर अपना गला साफ किया और अपनी बात जारी रखी, ''मैंने दुःख के अनेक रूप देखे हैं—बीमारी, घरेलू हिंसा और न जाने क्या-क्या। मैंने अपने पिता को प्रतिदिन मेरी माता को पीटते देखा है। मेरी बड़ी बहन का उसके पति से सम्बन्ध विच्छेद हो चुका है और मेरे मामा किसी असाध्य बीमारी से शय्याग्रस्त हैं। मैं कायर हूँ क्योंकि मैंने घर से भाग जाने का निर्णय किया। मैं देश भर में भटकता रहा हूँ—प्रयाग, हरिद्वार, कन्याकुमारी और श्रीनगर की पहाड़ी पर स्थित शिवमन्दिर जैसे अनेकों पवित्र स्थलों पर। परन्तु जब भी मैंने किसी पुजारी से सांत्वना की अपेक्षा की तो केवल खोखले शब्द ही मिले—केवल शब्द, शब्द और शब्द। हाँ, मैंने वे सारे मंत्र सुने हैं जिनका उच्चारण करते वे थकते नहीं। पर आज जो आपका प्रवचन सुना वह सर्वाधिक सन्तोषप्रद था। तथापि, हे ऋषि, क्या मैं पूछ सकता हूँ कि क्या दुःख पर सचमुच विजय प्राप्त की जा सकती है? क्या इसके लिए कोई रामबाण है?''

''अवश्य।'' बुद्ध के संक्षिप्त उत्तर में विश्वास की एक ठोस गूँज थी।

तब बुद्ध ने आनन्द को अपने बगल में बिठाया और बोले, ''आप दुःखी प्रतीत होते हैं। किन्तु जो बात मुझे छू गई वह यह कि आप भी मेरी ही तरह भटकते रहे हैं। हम दोनों के बीच एक रिश्ता है।''

एक अल्प विराम के बाद आनन्द ने आग्रहपूर्वक पूछा, ''हे मनीषी, क्या आप मुझे अपना शिष्य बनाएँगे? क्योंकि मुझे लगता है कि केवल आप ही मुझे मेरी अंधकारमय सुरंग से बाहर निकलने में मेरा मार्गदर्शन कर सकते हैं।''

“आप मेरे प्रमुख शिष्य होंगे, उस संघ के विशिष्ट मठवासी जिसकी स्थापना मैं यहाँ करने जा रहा हूँ।”

“मेरा अहोभाग्य!” आनन्द ने प्रसन्नता से कहा।

“जहाँ तक आपके प्रश्न का सवाल है कि दुःख का निवारण हो सकता है कि नहीं,” बुद्ध ने कहा, “तो उसका उत्तर मैं कल संध्या समय अपने उपदेश में दूँगा।”

“मैं उपस्थित रहूँगा, हे गुरुदेव।” आनन्द ने एक ऐसे बालक की तरह कहा जो प्रतीक्षारत हो उस खिलौने के लिए जिसे देने का वचन दिया गया हो।

“मैंने उपदेश के स्थान के लिए हनुमान चौराहे का चयन किया है। वहाँ आपको देखकर मुझे प्रसन्नता होगी, आनन्द।”

चूँकि समाचार फैल चुका था कि एक प्रबुद्ध मनीषी सारनाथवासियों को सम्बोधित करेंगे इसलिए काफी भीड़ जुटी। आनन्द को प्रथम पंक्ति में बैठा देखकर बुद्ध को प्रसन्नता हुई।

यह आरम्भिक शरद की एक संध्या थी, ठंड की हल्की चुभन वाली। प्रातःकाल से ही फुहारें गिर रही थीं और आकाश में काले बादल मँडरा रहे थे। दोपहर में बारिश भी हुई थी जिससे सड़कें गीली और फिसलनभरी हो गई थीं। किन्तु आश्चर्य यह कि अपराह्न होते ही सबकुछ ठीक हो गया—आसमान साफ और वातावरण शीतल और स्फूर्तिदायक। आनन्द, जिन्हें यह आशंका थी कि कहीं प्रतिकूल मौसम के कारण लोग न जुट पाएँ, श्रोताओं की भीड़ देखकर प्रसन्न हो गए।

बोधिवृक्ष तले दिव्य-ज्ञान की ज्योति से अपने साक्षात्कार का संक्षिप्त विवरण देने के पश्चात् बुद्ध ने अपना प्रवचन प्रारम्भ किया।

“हम सभी जानते हैं कि वंचन, रुग्णता और मृत्यु के रूप में दुःख आजीवन हमारा शिकार करता रहता है। इसलिए मनुष्य की मूल आवश्यकता दुःख से मुक्ति पाना है। यदि हमारा जन्म ही दुःखभोग के लिए हुआ है और दर्द में ही हमारा अन्त होना है तो क्या इससे राहत का कोई मार्ग है? उत्तर है, हाँ, निश्चित रूप से। अब मैं आपको चार आर्य सत्य बताता हूँ।

“प्रथम आर्य सत्य, जैसा कि मैंने पहले ही कहा, दुःख है।

“दूसरा आर्य सत्य यह है कि हर दुःख का एक मूल है जिसे चिन्हित किया जा सकता है।

"तीसरा आर्य सत्य है कि दुःख का निवारण हो सकता है।

"और चौथा आर्य सत्य दुःख से मुक्ति प्रदान करता है यदि हम अष्टांगिक मार्ग का अनुसरण करें जिसकी चर्चा मैं अब करने जा रहा हूँ।

"यह अष्टांगिक-मार्ग आठ पट्टियों वाले उस चक्र की तरह है जिसे आठों उसकी धुरी के साथ पकड़े रहते हैं ताकि वह विलग होकर बिखर न जाएँ। दूसरे शब्दों में, इस मार्ग की यात्रा आठ चरणों में पूर्ण होती है।

"प्रथम चरण सम्यक् दृष्टि है अर्थात् जीवन में मानवानुभूतियों को समभाव से देखने तथा सही आयाम में ग्रहण करने की क्षमता। हमें भुगतना पड़ता है जब हमारा दृष्टिकोण स्वस्थ नहीं होता और हमारी समझ गलत होती है अर्थात् जब हम जीवन को विकृत दृष्टि से देखते हैं, अपनी व्यक्तिगत पूर्वधारणाओं में रँगकर।

"दूसरा चरण है सम्यक् संकल्प अर्थात् ठोस निश्चय की क्षमता। जब हमारा प्रयोजन उत्तम होता है और हमारी नीयत ठीक होती है तो हम सही और ठोस निश्चय करते हैं और गलत होने से बच जाते हैं। बुरी नीयत से किए गए किसी भी कर्म का फल निश्चय ही कड़वा होता है। यदि उद्देश्य अधम हो तो निश्चय ही दुःख उसका प्रारब्ध होता है।

"तीसरा चरण है सम्यक् वाणी अर्थात् मन को शान्ति देने वाली वाणी। जो व्यक्ति सत्यवादी होता है, बिना छल-कपट या दुराव-छिपाव के बोलने वाला, वह स्वतः शान्ति पथ पर अग्रसर हो जाता है। अतः हमें अपने शब्दों का चयन सोच-समझकर करना चाहिए क्योंकि एक कठोर वचन ऐसा घाव दे सकता है जिस पर सारे मलहम बेअसर रहें।

"चौथा चरण सम्यक् कर्म है अर्थात् सत्कर्मों में रत होना। हमें स्वयं को नेक कार्यों में लगाना चाहिए, जिनमें किसी भी निम्न या नीच अभिप्राय का धब्बा न हो—लोभ, द्वेष या अहंकार का। फल की चिन्ता किए बगैर निष्ठापूर्वक किए गए कर्म से निश्चय ही परम आनन्द की प्राप्ति होती है।

"पाँचवाँ चरण है सम्यक् आजीविका यानी ईमानदारी से अर्जित आय क्योंकि बहुत कुछ हमारे पेशे पर निर्भर करता है। चोरी, सूदखोरी या जुआ जैसे पेशे में लिप्त व्यक्ति भला शान्ति कैसे पा सकता है? अतः हमें अपनी आजीविका का चुनाव सोच-समझकर करना चाहिए, काफी सतर्कता और विवेक से।

"छठा चरण है सम्यक् जीवनचर्या अर्थात् श्रम, व्यायाम और सात्विक

आहार द्वारा शरीर को स्वस्थ रखने की क्रिया क्योंकि किसी भी सफल प्रयास के लिए स्वस्थ शरीर आवश्यक है।

"सम्यक् स्मृति सातवाँ चरण है जिसमें मन एवं बुद्धि की परिशुद्धि निहित है। चूँकि हमारा मन एक बेलगाम घोड़े की तरह है इसलिए हर पग पर इसे नियन्त्रित करना चाहिए। हमें सदा सचेष्ट रहना चाहिए कि हम किस ओर जा रहे हैं। हमारा मन चूँकि एक डाल से दूसरी डाल पर छलाँग लगाने वाले मनमौजी मर्कट की तरह है इसलिए इसे सन्तुलित रखना चाहिए। और केवल सर्तकता ही हमें सन्तुलन और प्रशान्ति दे सकता है।

"और अन्त में आठवाँ चरण है सम्यक् समाधि अर्थात् बुद्धत्व की अवस्था जिसके केन्द्र में होती है एकाग्रता। यदि हमारा ध्यान सही चीजों पर एकाग्र हो तो हम कभी दयनीय नहीं महसूस करेंगे। समाधि की अवस्था सभी मानसिक रोगों के लिए एक रामबाण है। यह तनावों को दूर करने में सहायक है। तनावग्रस्त व्यक्ति भटकता रहता है किन्तु आर्य सत्यों पर ध्यान केन्द्रित करने वाला सुख और शान्ति का स्वाद चखता है।

"अतः आपके सामने शान्ति का मार्ग प्रशस्त है—हर किसी के लिए खुला, बिना किसी जाति, रंग, पेशा या पद-प्रतिष्ठा के भेद-भाव के। बेकार ही हम जगह-जगह भटकते रहते हैं, ऋषि-मनीषियों से ज्ञान की अपेक्षा करते हुए, जबकि दुःख का निराकरण इस अष्टांगिक मार्ग में है। हाँ, कोई भी निर्वाण प्राप्त कर सकता है, जन्म और मृत्यु के चक्र से मुक्त हो सकता है यदि वह इस अष्टांगिक मार्ग का अनुसरण करे जो मैंने अभी बताया। तब मृत्यु से कोई भी कह सकता है—'क्या मैंने तुम पर विजय नहीं पा ली?'

"अब मैं ऐसे पद गाकर सुनाता हूँ जो निर्वाण प्राप्ति की अनुभूति को बताते हैं—

रहा अनेक प्रासादों में मैं
ढूँढ़ता उसे जिसने रचा यह कारागार
इन्द्रियों का, दुःख में भिगोया।
ऐसा था मेरा अन्तहीन संघर्ष।
पर हे इस मिट्टी के घर के वास्तुकार
मैंने लिया है जान तुम्हें,
अब फिर बनाने नहीं दूँगा।

दुःखों की ये दीवारें, न सींचने दूँगा
मिथ्या का यह विशाल वृक्ष,
न खड़े करने दूँगा नए स्तम्भ, मिट्टी के।
ढह चुका है भ्रम निर्मित यह घर,
इसके खम्भे दरक चुके हैं—
मेरी आगे की यात्रा का लक्ष्य
अन्तिम होगा—निर्वाण।''

सभी श्रोता काफी देर तक मंत्र-मुग्ध रहे। बुद्ध के शब्द वातावरण में गूँज रहे थे। फिर उनके चरण-स्पर्श के लिए होड़-सी मच गई। लगा जैसे व्योम में कोई नया सितारा उभर आया हो—दुःखों से मुक्त होने के लिए समस्त मानवता का आह्वान करता हुआ।

जब भीड़ छँट गई तो आनन्द बोधिसत्त्व के पास आए और उनके चरणों में साष्टांग प्रणाम किया। फिर उठकर बोले, ''हे देव! आपके शब्दों ने मुझे जाग्रत कर दिया। मुझे दुःख के शमन और मोक्ष की प्राप्ति का मार्ग मिल गया है।''

तब बुद्ध ने सारनाथ में अपने भिक्षु-संघ की स्थापना में आनन्द का सहयोग माँगा। और ज्योंही मठवासियों की जमात बनी बुद्ध ने आनन्द को वहाँ की जिम्मेदारी सौंप दी और स्वयं आस-पास के गाँवों, नगरों में प्रवचन देने निकल पड़े। अपने सम्बोधनों में वह अष्टांगिक-मार्ग के किसी भी पहलू पर प्रवचन देने लगे।

काशी के समीप स्थित एक उप-नगर में सम्यक् कर्म पर दिए गए उनके प्रवचन के बाद उनकी मुलाकात मजबूत कद-काठी और तीस-बत्तीस की उम्र वाले सारिपुत्त से हुई। उनके चेहरे पर वही जिज्ञासा थी जो उन्होंने आनन्द के चेहरे पर पाई थी। निष्काम सम्यक् कर्म के बुद्ध के उपदेश से प्रभावित उन्होंने भी बुद्ध का शिष्य बनने की इच्छा जताई।

''सारनाथ जाकर आनन्द से मिलें और भिक्षु-संघ में शामिल हो जाएँ।'' बुद्ध ने कहा।

इसी प्रकार गया के समीप एक गाँव में सम्यक् स्मृति पर अपने प्रवचन के बाद उन्होंने मोग्गलान को भी शिष्य रूप में स्वीकार किया।

इस बीच आनन्द भी अपने गुरु के धर्म की अवधारणा पर प्रवचन देने

लगे थे। उनकी स्मृति इतनी अद्भुत थी कि वह न केवल अपने गुरु की बात शब्दशः दुहरा देते थे बल्कि उन्हीं के जैसे विनम्र और प्रेरक स्वर में बोलते भी थे।

जल्द ही सारनाथ में मठवासी भिक्षुओं और भिक्षुणियों का एक विशाल संघ बन गया। हर भक्त के लिए साधारण वेश-भूषा, ध्यान और मिताहार का पालन कठोरता से करना आवश्यक था। गेरुआ पोशाक में और नंगे पाँव ये मठवासी नश्वर शरीर में दिव्यात्माओं जैसे प्रतीत होते थे।

किन्तु बुद्ध यह देखकर निराश थे कि उनके अनुयायियों के बीच फूट और ईर्ष्या पनप रही थी। पर आनन्द ने अपने अनुनय-विनय से सबों को एक सूत्र में बाँध रखा था।

बौद्ध-धर्म का असली प्रतिरोध कुछ ही वर्ष पूर्व निर्वाण प्राप्त किए भगवान महावीर के अनुयायियों की ओर से हो रहा था। जैनियों ने अधिक से अधिक बौद्ध मठवासियों को अपने पक्ष में करने का जोरदार प्रयास किया, यह कहते हुए कि उनका धर्म बनावटी था—अत्यधिक मौलिकता और सहजता से भरा। और इन सबसे बढ़कर कि चूँकि यह धर्म ईश्वर के अस्तित्व के बारे में बिल्कुल चुप है तो क्या नहीं लगता कि यह आत्माविहीन शरीर की तरह है?

किन्तु संघ में पनपते कुछेक मतभेदों और जैनियों तथा रूढ़िवादी ब्राह्मणों के विरोध के बावजूद बौद्ध-धर्म सामान्य जन को प्रभावित करता रहा। बुद्ध के प्रवचनों की सफलता में सबसे सहायक पाली भाषा की सहजता थी। सामाजिक समानता और धर्माचरण पर इसका विशेष जोर था।

बुद्ध जब भी अन्यत्र अपने प्रवचन के बाद सारनाथ लौटते थे तो अपने अनुयायियों से बड़ी सादगी से मिलते थे, एक साधारण मठवासी की तरह—विनम्र, दयालु और अहंकाररहित। जब तक व्यक्ति स्वयं अपने उपदेशों को आत्मसात न कर ले उसके कथन प्रभावकारी नहीं हो सकते।

एक दिन जब बुद्ध क्षमा विषयक अपना प्रवचन समाप्त कर रहे थे तभी सामने से देवदत्त को आते देखकर अचम्भित रह गए।

"मैं जानता हूँ कि मुझे देखकर आपको आश्चर्य हुआ होगा। पर मैं आपके समक्ष हूँ—अपने सारे अपकर्मों को स्वीकार करता हूँ। मैं यह भी चाहता हूँ कि आप अपने क्षमा और करुणा के धर्म का पालन करें। तो क्या आप मुझे क्षमा करेंगे, भ्राता?"

"मैं आपको क्षमा करता हूँ और अपने भाई और मित्र दोनों रूपों में आपका स्वागत करता हूँ।"

अत्यन्त प्रसन्न होकर देवदत्त ने पूछा, "तो क्या आप मुझे अपने शिष्य के रूप में स्वीकार करेंगे?"

"आपको अपने भ्रातृ-संघ में सम्मिलित करके मुझे प्रसन्नता होगी।"

किन्तु आनन्द को यह समझते देर नहीं लगी कि उनके गुरु ने भेड़ के रूप में एक भेड़िये को संघ में प्रवेश दे दिया है।

देवदत्त की असली मंशा न केवल भ्रातृ-संघ में फूट डालने की थी बल्कि स्वयं को बुद्ध का प्रबल उत्तराधिकारी बनाने की भी थी। अपनी कुत्सित योजना को साकार करने के लिए उन्होंने बुद्ध की हत्या तक का षड्यंत्र किया। एक शाम जब बुद्ध एक पहाड़ की तलहटी में ध्यानस्थ थे तो देवदत्त ने अपने एक सह-अपराधी को पहाड़ पर से एक विशाल पत्थर लुढ़का देने के लिए कहा। किन्तु सौभाग्य से वह पत्थर कुछ गज की दूरी से लुढ़कता हुआ गुजर गया।

# चौदह

सारनाथ की घटनाओं की घोर व्यथा से मुक्ति हेतु बुद्ध ने एक सुबह आनन्द से अल्प समय के लिए ही सही पर कपिलवस्तु की यात्रा पर जाने की इच्छा व्यक्त की। रास्ते में वह कालाम के आश्रम भी गए। परन्तु जब कालाम ने सर झुकाकर उनका अभिवादन किया तो बुद्ध बोले, "नहीं, गुरुवर, कृपया मुझे लज्जित न करें क्योंकि मैं अब भी आपका शिष्य ही होना पसन्द करूँगा। यह न भूलें कि मैंने आपसे ही आत्मान्वेषण की कला सीखी थी ताकि मानव अस्तित्व का रहस्य जान सकूँ और पारदर्शिता तथा सत्यनिष्ठा का मर्म।"

उनकी बातों से अभिभूत कालाम ने कहा, "यह तो आपकी विनम्रता है...पर अब हमारी भूमिका बदल गई है। अब से आपको मैं अपने गुरु के रूप में देखूँगा।"

"कृपया ऐसा न कहें।" बुद्ध ने कहा।

जब कालाम ने आश्रम में उनके लिए एक विशिष्ट कक्ष सुसज्जित करने का प्रस्ताव किया तो बुद्ध ने अस्वीकार कर दिया।

"नहीं, गुरुवर, मैं आश्रम की दिनचर्या का पालन करते हुए आपके अन्य शिष्यों के साथ ही रहना पसन्द करूँगा।"

कालाम अपने पूर्व शिष्य से यह जानने के लिए बेहद उत्सुक थे कि बोधिवृक्ष के नीचे उन्हें किस प्रकार दिव्य-ज्ञान प्राप्त हुआ। अगली सुबह जब कालाम उन्हें प्रातःकालीन भ्रमण के लिए साथ ले गए तब बुद्ध ने उन्हें बताया कि कैसे उन्हें दिव्य-ज्योति के दर्शन हुए और कैसे कामोपभोगी प्रवृत्तियों के स्वामी, मार, ने उन्हें पथभ्रष्ट करने की कोशिश की।

"परन्तु उस रात जो कुछ भी मैंने जाना वह सुनने में बेहद सामान्य लगेगा—यही कि धर्माचरण ही मोक्ष का मार्ग है, और जो चीज सामान्यजन की दृष्टि को धुँधली करती है वह है पंडित-पुरोहितों की ईश्वरपरक धर्माधर्म मीमांसा।"

कालाम ने सब कुछ बड़े ध्यान से सुना। अब वे पहाड़ी पर चढ़ चुके थे, जहाँ उनका लम्बा वार्तालाप चला करता था।

"मैं प्रायः सोचता हूँ," कालाम बोले, "कि यह सृष्टि किस प्रकार अस्तित्व में आई। क्या यह किसी विशाल समुद्र से उद्भूत हुई जिसका जल शान्त एवं पारदर्शी था? और क्या हमारे प्रथम पूर्वज सहज एवं शान्त स्वभाव वाले प्राणी थे?"

"यदि आप काल्पनिक चित्रण भी कर रहे हों," बुद्ध ने हस्तक्षेप करते हुए कहा, "तब भी मैं समझ सकता हूँ कि आप क्या कहना चाहते हैं—यही न कि हमारी आदिम जीवन शैली अब वासना, ईर्ष्या और द्वेष से दूषित हो गई है।"

"तो क्या उस खोई हुई निष्कपटता को पुनः प्राप्त करना हमारा दायित्व नहीं है?"

स्वीकारोक्ति में सर हिलाते हुए बुद्ध ने कहा, "हाँ, यह सम्भव है किन्तु सम्यक् विचार और सम्यक् कर्म के द्वारा ही...यही तत्त्व-बोध उस दिव्य-ज्योति ने मुझे कराया।"

अब पहाड़ी से उतरने का समय हो गया था, और थोड़ी देर के लिए उस तालाब पर ठहरने का। किन्तु बुद्ध यह देखकर चकित हुए कि केवल एक ही हंस उनके पास दौड़ा आया।

"इसका जोड़ा कहाँ है?" बुद्ध ने पूछा।

"कुछ महीने पहले उसकी मृत्यु हो गई।"

"ओह-ओह!" बुद्ध ने आह भरते हुए कहा, "यह हंस अब निश्चय ही बेहद एकाकी महसूस करता होगा।"

"नहीं," कालाम ने कहा, "ये पक्षीगण मानवों की तरह शोक नहीं मनाते। ये मृत्यु को तितिक्षापूर्ण समभाव से देखते हैं, धीर और उदासीन रहकर।"

"सचमुच," बुद्ध ने कहा। फिर उन्होंने पूछा, "आपके गुरु, वह कच्छप, कहाँ हैं?"

पर जब वे पीछे मुड़े तो देखा कि कछुआ अपने कवच में समा चुका था।

"गहरे ध्यान में चले गए लगते हैं," कालाम ने कहा, "या हो सकता है, आज मौनव्रत में हों।"

आश्रम लौटते हुए कालाम ने बुद्ध से पूछा कि क्या वह संध्या समय प्रवचन देना पसन्द करेंगे।

"यहाँ कोई उपदेश नहीं," उन्होंने कहा "क्योंकि यह वह स्थान है जहाँ मैं अब भी आपसे सीखना पसन्द करूँगा।"

"मेरा सहयोग तो बस इतना था कि मैंने आपको गया जाने लिए कहा," कालाम बोले, "जहाँ वह चमत्कार हुआ।"

अगली सुबह जब कालाम नगर के मुख्य द्वार तक उनके साथ चलकर उन्हें विदा करने आए तो उन्होंने कहा, "आपने यहाँ आकर मुझे गौरवान्वित किया। मैं यह कभी नहीं भूल सकता कि बुद्ध मेरे साथ ठहरे थे, एक दिन के लिए ही सही।"

# पन्द्रह

जब मगध में समाचार फैला कि जो युवा संन्यासी कुछ वर्ष पूर्व आए थे वही दिव्य-ज्ञान की प्राप्ति के पश्चात् बुद्ध के रूप में पुनः पधार रहे हैं तो महाराज बिम्बिसार इतने आह्लादित हुए कि उन्होंने नगर को सजाने का आदेश जारी कर दिया। सभी नगरवासियों को अपने-अपने घरों पर पुष्पयुक्त स्वागत-ध्वज लहराने का निर्देश दिया। उत्तरी प्रवेश द्वार का रंग-रोगन किया गया मानो किसी कन्या-पक्ष द्वारा वर का स्वागत किया जाना हो। नर-नारी और बच्चे हर जगह सड़कों पर बुद्ध के स्वागतार्थ एकत्रित हो गए।

चूँकि उनके आगमन की सम्भावना देर शाम तक थी इसलिए महाराज बिम्बिसार ने अपने नागरिकों को हाथों में पीतल के दीप लेकर स्वागत करने का आदेश दिया। लगा जैसे नगर में दीपावली मनाई जा रही हो।

किन्तु सम्पूर्ण नगर में निराशा की एक लहर दौड़ गई जब किसी ने बताया कि बुद्ध तो नगर के दक्षिणी द्वार से प्रवेश कर चुके हैं। लगे हाथ एक और निराशाजनक बात हुई जब नगर में अचानक आँधी उठी जो सड़कों-गलियों से होती हुई सारे दीयों को बुझा गई। हर तरफ अंधकार छा गया और मगध एक प्रेतनगर में तब्दील हो गया।

उसी घोर अंधकार में बुद्ध ने एक सुनसान गली में प्रवेश किया। जब वह एक कुटिया के समीप पहुँचे तो उन्होंने एक गरीब बूढ़ी औरत को देखा जो अपने हाथ में मिट्टी का दीया लिये बैठी थी जिसकी मद्धिम लौ अब भी जल रही थी उसकी दाहिनी तलहथी की आड़ में। दीये की बाती उसकी साड़ी के टुकड़े से बनी थी। वह धैर्यपूर्वक अपने द्वार पर बैठी थी, किसी आगन्तुक की प्रतीक्षा में।

तभी अँधेरे में से एक आकृति उभरी और उसके सम्मुख आकर खड़ी हो गई। उस अजनबी के मुखमंडल के तेज से उस औरत ने उन्हें बुद्ध के रूप

में पहचान लिया। बाएँ हाथ में दीप पकड़े वह उनके चरण-स्पर्श के लिए झुकी।

"क्या मैं स्वप्न देख रही हूँ, हे देव?" अश्रुपूरित नेत्रों से वह हकलाती हुई बोली, "आप साक्षात विद्यमान हैं और मेरी कुटिया पवित्र हो गई।"

उसे उठाते हुए बुद्ध ने कहा, "यह आस्था का चमत्कार है, माता। जब सारा नगर अंधकार में डूबा है, केवल आपके हाथों में मिट्टी के दीप की लौ प्रकाश बिखेर रही है।" वह ठहरकर बोले, "पता नहीं कौन किसे पवित्र कर रहा है...?"

एक क्षण के लिए वह मौन हो गई और फिर भाव-विभोर स्वर में बोली, "महाराज को उम्मीद थी कि आप उत्तरी द्वार से प्रवेश करेंगे जबकि आप यहाँ मेरे द्वार पर आ गए।"

"यह सब मुझे ज्ञात है," बुद्ध ने मुस्कुराते हुए कहा, "मैं आपके राजा का आदर करता हूँ और उनसे मिलने की प्रतीक्षा में हूँ। परन्तु मैंने जान-बूझकर दक्षिणी द्वार को चुना क्योंकि मुझे ताम-झाम पसन्द नहीं।" वह फिर बोले, "लेकिन इस आँधी के पीछे मेरा कोई हाथ नहीं...तथापि मैं यह देखकर प्रसन्न हूँ कि अन्य सभी पीतल के दीप बुझ गए पर गहरी आस्था से अनुप्राणित आपके हाथ का मिट्टी का दीया इस तूफान में भी जलता रहा।"

नगर के दक्षिणी द्वार से बुद्ध के प्रवेश का समाचार महाराज तक पहुँच चुका था। दक्षिणी द्वार की तरफ लोगों का हुजूम चल पड़ा और पीछे-पीछे महाराज और महारानी का शाही रथ। एक भगदड़-सी मची थी। जब रथ उस गरीब औरत की कुटिया के सामने रुका तो महाराज अपनी महारानी संग नीचे उतरे। फिर दोनों ने बुद्ध के चरण-स्पर्श किए।

"हम उत्तरी द्वार पर प्रतीक्षारत थे, हे देव!" राजा ने निराशायुक्त स्वर में कहा।

"किन्तु मैं चूक जाता इस भक्त से मिलने से जो अपने हाथों में न बुझने वाला एकमात्र दीया लिये हुए यहाँ प्रतीक्षारत थी।" बुद्ध ने उस बूढ़ी औरत को इंगित करते हुए कहा जो शाही जोड़े के समक्ष घबराई लग रही थी।

फिर राजा की ओर मुड़कर बुद्ध ने कहा, "मैंने अपना वचन पूरा किया। मगध आने के पीछे आपसे मिलने की प्रबल इच्छा थी क्योंकि आपमें भी आस्था है।"

प्रशंसा से अभिभूत महाराज ने कहा, "मैं मगध का राजा हो सकता हूँ पर आप तो राजाओं के राजा हैं। मैं कह सकता हूँ कि प्रेम और शान्ति का आपका सन्देश सम्पूर्ण भारतवर्ष को मंत्रमुग्ध कर देगा।" फिर उन्होंने बुद्ध से याचना की, "क्या आप मेरे महल में मेरे विशिष्ट अतिथि होने की कृपा करेंगे?"

"यदि आप अन्यथा न लें," बुद्ध ने कहा, "तो मैं इस बूढ़ी माता की कुटिया में विश्राम करना पसन्द करूँगा। किन्तु चूँकि आपका आमंत्रण मगध-नरेश के रूप में न होकर एक सच्ची आस्था वाले व्यक्ति के रूप में है इसलिए इसे मैं अस्वीकार भी नहीं कर सकता।...किन्तु मेरी एक शर्त है...।"

"कोई भी शर्त स्वीकार है, देव।"

"मैं धरती पर सोऊँगा, जैसे हमेशा सोता हूँ।" बुद्ध ने कहा।

"जैसी आपकी इच्छा," राजा ने उत्तर दिया, मैं तो बस आपकी उपस्थिति से अपना महल पवित्र करना चाहता हूँ। मेरे राज्य के इतिहास में आपका प्रवास स्वर्णाक्षरों में लिखा जाएगा।"

बुद्ध एक कृपापूर्ण मुस्कान के साथ उनके रथ में सवार हो गए, उस बूढ़ी औरत की ओर हाथ हिलाते हुए जो अब भी अपने दीये से चिपकी थी जिसे एक स्मृति-चिह्न के रूप में सदा सँजोए रखने का निर्णय उसने कर लिया था।

अगली सुबह बुद्ध को बड़ा आश्चर्य हुआ जब राजा के सेवक ने दो जगह कलेवा परोसा—दो कटोरा चावल और दो गिलास दूध। बुद्ध ने पूछा, "दो जगह क्यों?"

"महाराज भी आपके साथ ही कलेवा ग्रहण करना चाहते हैं।" सेवक ने कहा।

कुछ क्षणों के पश्चात् राजा बिम्बिसार का आगमन हुआ। मुस्कुराते हुए वह अपने अतिथि के निकट धरती पर बैठ गए।

"क्या मैं भी आपके साथ कलेवा ग्रहण करने का गौरव प्राप्त कर सकता हूँ?"

उनकी विनम्रता से अभिभूत बुद्ध ने कहा, "आप ऐसे राजा हैं जो दूसरों का हृदय जीतना जानते हैं।"

राजा बिम्बिसार झेंप गए। जब उन्होंने अपने नगरवासियों को संध्या समय सम्बोधित करने के लिए बुद्ध से आग्रह किया तो उन्होंने कहा, "उनसे बात करके मुझे प्रसन्नता होगी।"

लगा जैसे सारा नगर बुद्ध को सुनने के लिए एकत्रित हो गया था। यद्यपि उन्होंने सारनाथ में दिए अपने उपदेश को ही दुहराया परन्तु विशेष रूप से अपनी तीन अवधारणाओं की चर्चा की—संयम, करुणा और शान्ति।

अपना प्रवचन प्रारम्भ करते हुए उन्होंने बताया, "आत्मसंयम का अभाव ही हमेशा मनुष्य को दुःख देता है। किसी भी प्रकार की आसक्ति आत्मा के सन्तुलन को बिगाड़ती है। इसलिए स्वर्णिम मध्यम मार्ग ही सुख का एकमात्र मार्ग है।

"आत्मसंयम का पाठ मनुष्य कछुए से सीख सकता है जो जब चाहे अपने अंगों को अपने कवच में समेटने की कला जानता है।

"दूसरी चीज है करुणा जो हमें अपने अन्दर जाग्रत करनी चाहिए—सभी मानवों, पक्षियों और पशुओं के प्रति। करुणा से ही किसी का संताप हटाया जा सकता है। करुणा-विहीन व्यक्ति पत्थर के समान होता है, भावनाओं के प्रति असंवेदनशील।

"पर इन सबसे ऊपर," उन्होंने अपनी बात समाप्त करते हुए कहा, "हमें सभी जीवों की शान्ति के लिए प्रार्थना करनी चाहिए। 'शान्ति' एक सर्वसम्मिलित अवधारणा है क्योंकि लोभ, ईर्ष्या और घृणा जैसे मनोभावों के परित्याग के बिना हमें शान्ति नहीं मिल सकती। अतः हमें पृथ्वी पर, वायुमंडल में और प्रत्येक मनुष्य के हृदय में इसके वास के लिए प्रार्थना करनी चाहिए। यदि हम स्वयं के लिए शान्ति चाहते हैं तो हमें औरों के लिए भी इसकी कामना करनी चाहिए।"

प्रवचन की समाप्ति पर श्रोताओं ने उनका भरपूर जय-जयकार किया।

जब राजा ने कुछ दिन और मगध में प्रवास के लिए उनसे आग्रह किया तो बुद्ध ने तुरन्त कहा कि वह तो एक नदी की तरह हैं जिसे बहते ही रहना चाहिए।

# सोलह

बुद्ध अब ग्रेहा की लम्बी यात्रा पर चल पड़े। किन्तु सूरज की तप्त किरणों ने यात्रा करना असहनीय बना दिया। अभी वह मुश्किल से एक मील गए होंगे कि उन्हें लगा कि सड़क किनारे किसी पेड़ के नीचे ठहर जाना चाहिए। उन्होंने निर्णय किया कि अब वह केवल संध्या प्रहर ही यात्रा करेंगे और किसी वृक्ष के नीचे रात्रि विश्राम।

जब वह ग्रेहा की सीमा में प्रवेश कर चुके तो देखा कि लोग अपने-अपने सर पर सामान लेकर जा रहे हैं, जैसे पलायन कर रहे हों। एक अधेड़ व्यक्ति से इस सामूहिक पलायन का कारण पूछने पर पता चला कि गाँव में महामारी (प्लेग) फैल चुकी है और बहुतेरे लोग पहले ही कहीं अन्यत्र विस्थापित हो चुके हैं। शेष अपनी जान बचाने के लिए भाग रहे हैं। न जाने धर्मी कैसी होंगी, वह सोचने लगे। यदि उन्हें कोई और जगह नहीं मिली होगी तो कहीं वह अब भी अपने घर में ही तो नहीं बन्द हैं? घातक बीमारी से ग्रसित एक अकिंचन नारी की कल्पना से ही वह व्यथित हो गए। किन्तु वह अपना वचन पूरा करने के लिए दृढ़प्रतिज्ञ थे।

बाजार से होकर गुजरते हुए वह एक वैद्य की दुकान पर रुके। जब उन्होंने पूछा कि क्या इस महामारी की कोई दवा है तो उसने इनकार में सर हिलाया।

''वैसे मेरे पास एक मलहम है जो तात्कालिक राहत दे सकता है,'' वैद्य ने कहा, ''किन्तु यदि कोई इसे पीड़ित व्यक्ति के शरीर पर लगाएगा तो उसे भी यह बीमारी लग सकती है क्योंकि यह घोर संक्रामक है।''

''कोई बात नहीं,'' बुद्ध ने कहा, ''क्या मैं वह मलहम ले सकता हूँ? किन्तु मेरे पास पैसे नहीं हैं।''

''कोई बात नहीं,'' उस व्यक्ति ने बुद्ध के शब्दों को ही दुहराया, ''कम-से-कम इतना तो मैं एक साधू के लिए कर ही सकता हूँ।''

उसे हृदय से धन्यवाद देते हुए बुद्ध आगे बढ़ गए। गलियाँ ज्यादातर सूनी थीं। लोग विलाप कर रहे थे। उनकी देखभाल करने वाला कोई नहीं था। एक मोड़ से गुजरते हुए उन्होंने एक बूढ़ी औरत को देखा जिसने उनकी तरफ हाथ फैला रखा था।

"कृपा कर थोड़ा पानी दे दो," वह बोली, "मैं प्यास से मरी जा रही हूँ।"

संयोग से पास ही एक पोखरा दिखा। बुद्ध ने अपने भिक्षापात्र में पानी भरा और उस औरत के पास लौट आए।

"आपके लिए पानी लाया हूँ, माता।" वह बोले।

तृप्त होकर वह बोली, "तुम कोई अजनबी लगते हो। किन्तु यहाँ तो नरक है। तुम्हें जल्द से जल्द यहाँ से भाग जाना चाहिए।"

"नहीं, मुझे किसी से मिलना है, चाहे कितना भी खतरा क्यों न हो।" उन्होंने प्रतिकार किया।

अपने भिक्षापात्र में पुनः जल भरकर वह तब तक बढ़ते गए जब तक धर्मी का घर नहीं आ गया। किन्तु राह किनारे खड़े होकर उन्होंने देखा कि सामने के दरवाजे पर ताला पड़ा था। फिर उन्हें याद आया कि उन्होंने केवल पिछला दरवाजा ही प्रयोग में रखने की बात कही थी। किन्तु उसे भी बन्द देखकर उन्हें लगा कि धर्मी भी नगर छोड़कर कहीं चली गई होंगी।

लेकिन वह ज्योंही पीछे मुड़े कि एक औरत के कराहने की आवाज आई, घर से बस कुछ ही गज की दूरी से। समीप गए तो देखकर सन्न रह गए। वह धर्मी ही थीं, उनके बाल शुष्क और कड़े और चेहरा फफोलों से भरा।

"धर्मी!" उनके मुँह से निकला, "देखिए, मैं आपसे मिलने आया हूँ।"

"अच्छा, आप हैं?" उसकी आवाज मानो किसी गहरी काली गुफा से निकली। "मैं भी आपकी प्रतीक्षा में ही थी।...यदि मैंने औरों के विपरीत इस नगर को नहीं छोड़ा तो केवल इस विश्वास से कि आप एक दिन अवश्य आएँगे। आप वचन तोड़ने वालों जैसे नहीं लगे थे।" फिर सुबकते हुए उसने कहा, "क्या अब मैं कुरूप नहीं दिख रही, किसी डायन जैसी?"

उसे करुणा भरे नेत्रों से देखते हुए बुद्ध ने कहा, "नहीं, यदि सौन्दर्य दृष्टा की आँखों में होता है तो आप अब भी वही खूबसूरत धर्मी हैं जिन्हें मैंने पिछली बार देखा था।" फिर रुककर बोले, "क्योंकि आपकी आत्मा सुन्दर है।"

"आह, क्या अद्भुत थे वह जिन्हें देखते ही मैं प्रेम में डूब गई थी।" उसने आहें भरते हुए कहा।

"यदि आपके प्रति मेरा प्रेम दैहिक होता," बुद्ध ने कहा, "तो मैं आपको ढूँढ़ने नहीं आता। मैंने हमेशा आपको अपना गुरु माना, पूरे आदर-भाव के साथ।"

बड़ी मुश्किल से स्वयं को सँभालते हुए धर्मी ने पूछा, "यह आपके हाथ में क्या है?"

"मैं आपके लिए थोड़ा मलहम लाया हूँ जो आपको राहत देगा, कुछ देर के लिए ही सही।"

पर जैसे ही उन्होंने मलहम निकालकर उनके चेहरे पर लगाने का प्रयास किया, वह हिचक गईं।

"नहीं, मेरा स्पर्श न करें। आप भी संक्रमित हो जाएँगे। मुझे तो नरक मिलेगा यदि मैंने छूत की यह घातक बीमारी आपको लगाई।"

"नहीं, मुझे मलहम लगाने दें।" उन्होंने जोर देकर कहा और उनके चेहरे पर मलहम लेपने लगे।

"जरा पास से आपको देख तो लूँ," उन्होंने कहा, "कि आप कोई नश्वर प्राणी हैं या देव पुरुष। क्योंकि यह महामारी तो केवल मनुष्य के लिए घातक है। हो सकता है आप इससे अछूते हों। तथापि..." उनकी आवाज लड़खड़ा गई, "अच्छा, मैं आपको बताती हूँ कि जब मैंने आपको पिछली बार देखा था तो क्या सोचा था—यही कि यदि इस जन्म में आपको नहीं पा सकी तो अगले जन्म में अवश्य पाऊँगी।"

उन्होंने मुस्कुराते हुए कहा, "पर हो सकता है मैं एक ही बार मृत्यु को प्राप्त करूँ, और दुबारा कभी नहीं।"

"आप तो पहेलियाँ बुझा रहे हैं," उलझन में पड़ी धर्मी ने कहा, "कृपया यह बताएँ कि आप अपने लक्ष्य की प्राप्ति में सफल हुए, जो भी आपका लक्ष्य था? वह एक बहाना बनाया था न, उस रात मेरे साथ नहीं ठहरने के लिए?"

अब बुद्ध को लगा कि उन्हें सबकुछ बताना चाहिए। फिर उन्होंने बताया कि कैसे कुछ समय उन्होंने उरुवेला में बिताए, गया जाने के पूर्व जहाँ उन्हें दिव्य-ज्ञान मिला।

"ओह, तो भगवान बुद्ध साक्षात् मेरे सम्मुख हैं," उन्होंने साँसें रोककर कहा, जैसे किसी अदम्य भावना को नियन्त्रित कर रही हों, "आपको पता है,

यहाँ सारनाथ से आए एक व्यक्ति ने आपके प्रथम उपदेश के विषय में कुछ बताया था।" वह ठहरकर बोलीं, "आप समस्त संसार के उद्धारक हो सकते हैं पर मेरे लिए हमेशा मेरे प्रियतम रहेंगे।" वह फिर रुककर बोलीं, "पर अफसोस, इस प्रेत नगरी में आपको सुनने वाला शायद ही कोई बचा हो...।"

"क्या अकेले आप ही मेरे लिए समस्त श्रोता नहीं हैं?"

विस्फारित नेत्रों से निहारते हुए वह बोलीं, "काश मैं संसार को बता पाती कि जिस बुद्ध को मैं जानती हूँ उन्हें फिर कोई कभी नहीं जान पाएगा।"

"सच कहा," उन्होंने हामी भरी, "पर क्या आज की रात अपने यहाँ ठहरने का अवसर नहीं देंगी, ताकि मैं अपना वचन पूरा कर सकूँ?"

"नहीं," उन्होंने उत्तर दिया, "इस बार मैं आपसे कहूँगी कि यथाशीघ्र यहाँ से चले जाएँ। यहाँ की हवा में मृत्यु है...इसलिए हे मेरे बुद्ध, कहीं अन्यत्र चले जाएँ, इस नरक से दूर।...किन्तु मेरे लिए प्रार्थना कीजिएगा...मेरे अन्तिम क्षणों में आप मेरे विचारों में होंगे।"

"निश्चय ही, मैं आपके लिए प्रार्थना करूँगा, धर्मी," उन्होंने कहा, "परन्तु मृत्यु से डरिएगा मत। यह बस एक घर से दूसरे घर में जाने जैसा है।"

प्रस्थान के पूर्व बुद्ध ने एक बार धर्मी के चेहरे पर फिर से मलहम लगाया।

"चूँकि आप एक दिव्यात्मा हैं इसलिए मुझे विश्वास है कि आपको कुछ नहीं होगा," उन्होंने कहा, "तथापि, अपना ध्यान रखिएगा, प्रिये।"

किसी तरह स्वयं को घसीटते हुए उन्होंने उनके चरणों पर अपना मस्तक रख दिया और फूट-फूटकर रोने लगीं।

ग्रेहा से प्रस्थान करते हुए धर्मी का यही अश्रुपूरित चेहरा बुद्ध की स्मृति में छाया रहा।

# सत्रह

अब बुद्ध जंगल में स्थित उस श्मशान तक जाना चाहते थे जहाँ उन्होंने कुछेक दिन उस साधू के साथ बिताए थे जो एक रूप में उनके प्रथम गुरु थे। लेकिन जंगल तक पहुँचते-पहुँचते देर शाम हो गई।

इधर-उधर देखा तो साधू का कहीं पता नहीं था। कहाँ गए होंगे, वह सोचने लगे। वहाँ बस नरमुंडों का एक ढेर पड़ा था। हो सकता है साधू की मृत्यु हो गई हो और उनका मुंड भी इसी ढेर में पड़ा हो। काश हर नरमुंड की अपनी अलग पहचान होती!...किन्तु मृत्यु तो बस मुट्ठी-भर राख छोड़ जाती है, किसी संगम पर प्रवाहित करने के लिए!

इन्हीं विचारों में खोए वह एक वृक्ष के नीचे सो गए। प्रातःकाल बुद्ध ने अपना पात्र उठाया और पोखरे से पानी लेने चले। ज्योंही उन्होंने पोखरे में पात्र डुबोया कि उन्हें दूसरी तरफ झाड़ी में कुछ हलचल लगी। तभी अपने शावक के साथ एक बाघिन निकली। पर पानी पीने के पहले उसने बुद्ध की तरफ देखा जो उसे एक अजनबी लग रहे थे। ऐसा आभास होते ही कि कोई खतरा नहीं है वह पानी पीकर घास पर लेट गई और अपने बच्चे के माथे, गर्दन और पंजों को चाटने लगी। फिर बच्चा माँ से लिपटकर दूध पीने लगा। बाघिन ने आँखें बन्द कर लीं मानो परम आनन्द की अनुभूति कर रही हो। बस एक वर्ष लगेगा इस शावक को वयस्क होने में, बुद्ध ने सोचा, और तब इसकी माँ इसे अकेले शिकार पर जाने देगी। परन्तु कुछ वर्ष बाद जंगल में यदि फिर मुलाकात हुई तो क्या वह अपनी माँ को पहचानेगा? अचानक उनके मानसपटल पर राहुल को वयस्क होते देखती यशोधरा का चित्र उभर आया। पर क्या आत्मज्ञान के लिए वह राहुल को अकेले जाने देंगी?

अपनी पत्नी और पुत्र के विषय में सोचकर उनका हृदय कचोटने लगा। पर तत्क्षण उन्होंने स्वयं को समझाया—नहीं यह तो आसक्ति का मार्ग है,

सभी दुःखों का स्रोत। उन्हें हर प्रकार की भावनात्मक दुर्बलता से बचना चाहिए। मार ने भी तो उन्हें सांसारिकता में फँसाने का प्रयास किया था।

विचारों में खोए वह सत्या नदी के किनारे पहुँच गए जो अब दो दुनिया में बँटी दिख रही थी—एक जो उन्होंने त्याग दिया था और दूसरी जिसका साक्ष्य उन्हें बोधिवृक्ष के नीचे ज्ञान प्राप्ति के बाद हुआ था।

विचारों के क्रम में उन्हें किसी चीज की उपस्थिति का एहसास हुआ। यह एक नाव थी पानी के थपेड़ों पर डोलती और नाविक खर्राटे ले रहा था। कुछ क्षण बाद जब उसे अपने नाव के निकट कोई पदचाप सुनाई पड़ी और उसने आँखें खोलीं तब सामने एक व्यक्ति को गेरुए वस्त्र में दाहिने हाथ में पीतल का पात्र लिये खड़ा देखा।

"ओह, राजकुमार सिद्धार्थ!" नाविक उन्हें पहचानते ही बोल पड़ा। फिर उन्हें गौर से देखते हुए कहा, "मैं जानता था कि आप एक-न-एक दिन अवश्य घर वापस आएँगे। लेकिन काफी समय बीत गया, युवराज।" एक क्षण रुककर उसने कहा, "आपको वापस नदी पार कराने का मेरा अहोभाग्य!"

"पर इस बार मेरे पास देने को कुछ भी नहीं है।" बुद्ध ने कहा।

"यह है न आपकी दी हुई स्वर्ण मुद्रिका," उसने उत्तर दिया, "सौ बार पार उतारने के लिए भी काफी है।"

जब नाव दूसरे किनारे पर लगी तो नाविक ने पूछा, "क्या लोगों को ज्ञात है कि आप वापस आ गए हैं?"

"नहीं," उन्होंने उत्तर दिया, "मैं अज्ञात रूप से ही नगर में प्रवेश करना चाहता हूँ क्योंकि मुझे ताम-झाम पसन्द नहीं।"

नाव से उतरकर बुद्ध शाही महल के द्वार की ओर बढ़ गए। अभी वह आगे बढ़ने ही वाले थे कि एक पहरेदार ने उन्हें रोका। पर पहचानते ही तुरन्त बोल पड़ा, "राजकुमार सिद्धार्थ!" वह जल्दी से दौड़ता हुआ अन्दर गया, पागलों की तरह चीखता हुआ, "राजकुमार लौट आए हैं!"

समाचार फैलते ही कपिलवस्तु के सभी लोग अग्रद्वार की ओर चल पड़े। बुद्ध की एक झलक पाने को सभी नर-नारी और बच्चे सड़क किनारे खड़े हो गए।

किन्तु लोगों के पहुँचने के पहले ही द्वार पर शाही रथ आ चुका था। बुद्ध को हाथ में भिक्षापात्र लिये नंगे पाँव देखकर महाराज शुद्धोदन रथ से उतरे।

किन्तु अभी वह अपने पुत्र के समक्ष झुकने ही वाले थे कि बुद्ध ने उन्हें गर्मजोशी से गले लगा लिया।

"नहीं, पिताश्री, मुझे लज्जित न करें," उन्होंने उनका चरण-स्पर्श करते हुए कहा, "आज चाहे जो भी होऊँ, मैं आपका पुत्र हूँ। मैं बता दूँ कि मेरी आध्यात्मिक यात्रा में आप सदा मेरे सहयोगी थे क्योंकि आप चाहते तो अपने दूत मेरे पीछे लगा सकते थे। किन्तु आपने मुझे निर्विघ्न अग्रसर होने दिया...।"

तभी बुद्ध को अपने पिता के ठीक पीछे राजपुरोहित असित की उपस्थिति का भान हुआ।

"क्या मैं भी अपनी भविष्यवाणी का श्रेय ले सकता हूँ?" राजपुरोहित ने हस्तक्षेप करते हुए पूछा। फिर महाराज की तरफ मुड़कर बोले, "आपने तो मेरी बातों को महज स्वैर कल्पना ही करार दिया था। किन्तु अब आप देखें कि कैसे वह सब सच साबित हुआ।" वह रुककर बोले, "अब मैं दूसरी भविष्यवाणी करता हूँ। अब से एक-दो शताब्दी बाद, एक महान भारतीय सम्राट भी युद्ध में हुई बर्बरतापूर्ण हत्याओं से दुःखित होकर अपना सिंहासन त्यागकर भिक्षु बन जाएगा—आपके पुत्र के उपदेशों में प्रबल आस्था रखने वाला बौद्ध भिक्षु। इसलिए सिद्धार्थ सम्राटों के सम्राट के रूप में याद किए जाएँगे, एक अनभिषिक्त सम्राट जिनका आध्यात्मिक साम्राज्य भारतवर्ष के बाहर दिग्दिगंत में फैला होगा।"

बुद्ध इस प्रशंसा से अभिभूत हो गए।

"यहाँ अपने प्रवास के दौरान मैं आपसे अकेले में मिलना चाहूँगा, गुरुदेव।" बुद्ध ने असित से कहा।

"किसी भी समय आपका स्वागत है।" असित ने उत्तर दिया। फिर उन्होंने जब छन्न को देखा, जो राजा के सलाहकारों में से एक के पीछे संकोची जैसे खड़े थे, तो उनके निकट जाकर उन्हें गले से लगा लिया।

"हे छन्न," उन्होंने पूछा, "ये विगत वर्ष किस तरह से बीते? मैं देख रहा हूँ कि आपके बाल सफेद होने लगे हैं। काफी दिन गुजर गए।"

"हाँ, हे राजकुमार, आपकी अनुपस्थिति खलती रही।" भावुकता से रुँधे स्वर में उन्होंने उत्तर दिया।

"जो सर्वाधिक करीब होते हैं सबसे अन्त में मौका पाते हैं," उन्होंने छन्न से कहा, "क्या आप मुझे अपनी कुटिया में अल्पाहार के लिए आमन्त्रित नहीं करेंगे? बस एक कटोरा चावल और थोड़ा दूध पर्याप्त होगा।"

"मेरा अहोभाग्य!"

"कनक कैसा है?" बुद्ध ने पूछा, क्योंकि अपने प्रिय अश्व की तस्वीर उनकी स्मृति में उभर आई थी।

"उसने शरीर त्याग दिया—आपके जाने के कुछ ही महीने बाद। शायद बिछुड़ने का दर्द सहन नहीं कर पाया।" बुद्ध को लगा जैसे उन्होंने अपना कोई अंग खो दिया हो। भावविह्वल होकर उन्होंने पूछा, "आपने उसे कहाँ दफनाया?"

"सत्या नदी के किनारे, जहाँ आपने उसे आखिरी बार देखा था। मैंने एक गहरा गड्ढा खोदकर उसे रेशमी वस्त्र में लपेटकर...।" इतना कहते-कहते वह रो पड़े।

बुद्ध भी अपने आँसू छिपाने के लिए बगलें झाँकने लगे।

महाराज शुद्धोदन ने अपने पुत्र और उनके प्रिय सारथी के बीच के वार्तालाप में हस्तक्षेप करना उचित नहीं समझा।

फिर बुद्ध ने पिताश्री की ओर मुड़कर पूछा, "वह नहीं दिखाई दे रही हैं।"

"मैंने आपके लौट आने की सूचना दे दी थी, किन्तु वह इस भीड़ का हिस्सा नहीं बनना चाहतीं। 'वह औरों के लिए बुद्ध हो सकते हैं पर अब भी मेरे पति और राहुल के पिता हैं। इसलिए उन्हें महल में आना होगा'—ऐसा उनका कहना है।"

"मैं समझ सकता हूँ।" बुद्ध ने कहा।

महाराज शुद्धोदन उन्हें रथ में बिठाकर उस महल तक ले गए जो उन्होंने अपने पुत्र को उनके विवाहोपरान्त उपहार में दिया था।

"वहाँ देखो, राहुल, शाही रथ की ओर।" यशोधरा ने कहा। उनके मुखमंडल पर प्रसन्नता साफ झलक रही थी। "वह जो गेरुआ वस्त्रधारी तुम्हारे दादाश्री के बगल में बैठे हैं, वही तुम्हारे पिता हैं।"

"ओह, वह तो बेहद आकर्षक हैं।" राहुल ने कहा।

"तुम्हारी तरह," यशोधरा ने हामी भरी, "तुम उन्हीं पर गए हो—वही रंग रूप, बुद्धि और हृदय।" फिर ठहरकर बोलीं, "यह झरोखा जहाँ से हम दोनों उन्हें देख रहे हैं उनका पसन्दीदा स्थान था—प्रकाश के परे अंधकार के अवलोकनार्थ...।"

"यह तो मेरा भी प्रिय स्थान है—आत्मनिरीक्षण के लिए।"

"जैसे पिता वैसे पुत्र।" यशोधरा ने मुस्कुराते हुए कहा।

द्वार पर रथ के रुकते ही दोनों उस ओर तेजी से बढ़े। रोमांच से भरी यशोधरा ने आगे बढ़कर अपने पति के चरण स्पर्श किए।

"हे स्वामी!" उनके मुँह से निकला, "वर्षों की प्रतीक्षा के बाद..." फिर राहुल को इंगित करती हुई बोलीं, "ये रहा आपका स्मृति-चिह्न...।"

इस बीच बुद्ध की दृष्टि उस आकर्षक युवक के मुखमंडल पर केन्द्रित हो चुकी थी। फिर गालों पर से बहती अश्रुधारा के साथ राहुल ने पिता के चरणों पर अपना मस्तक रख दिया। जब बुद्ध ने उन्हें उठाया तो दो जोड़ी आँखें एक-दूसरे को गहराई से पहचानने में लग गईं।

"एक क्षण के लिए भी आप मेरी स्मृति से ओझल नहीं हुए, पिताश्री," राहुल ने कहा, "पर मुझे भी ज्ञात था कि आप किसी खास लक्ष्य की प्राप्ति के लिए गए हैं। इसलिए धैर्यपूर्वक आपकी सकुशल वापसी के लिए प्रार्थना करता था।"

"आपको पता है," यशोधरा ने हस्तक्षेप करते हुए कहा, "यह भी आपके प्रिय वृक्ष की छाया में बैठा करता था और घंटों ध्यानस्थ रहता था।...इसलिए मुझे तो मेरा पुत्र भी अपनी सम्पूर्णता में नहीं मिला—अभागी जो ठहरी।"

महाराज शुद्धोदन ने एक-एक शब्द सुना यद्यपि वह बगल की दीवार पर टँगे चित्र में उलझे होने का स्वाँग करते रहे। फिर उन सबों की बातचीत में आए एक विराम का लाभ उठाते हुए बोले, "मैं एक बात बताता हूँ, सिद्धार्थ। इन विगत वर्षों में यशोधरा कभी पलंग पर नहीं सोईं। हमेशा नंगी धरती पर, सिरहाने बिना तकिए के। जहाँ तक आहार का सवाल है, केवल एक कटोरा चावल और एक गिलास दूध...और आपने इनके वस्त्र पर गौर किया? केवल एक साड़ी, और आभूषण कोई भी नहीं।"

बुद्ध ने अपनी धर्मपत्नी को करुणापूर्ण दृष्टि से देखा—महाराज सुप्रबुद्ध की कन्या और महाराज शुद्धोदन की पुत्रवधू और कपिलवस्तु के युवराज के साथ परिणय-सूत्र में बँधी, किसी भिक्षुक के साथ नहीं।

"हाँ, यही वह नारी हैं जिन्हें मैं ब्याहकर लाया था," बुद्ध ने कहा, "ऐसी नारी जिनका त्याग मुझसे तनिक भी कम कष्टदायी नहीं है...मैं इनका नमन करता हूँ।" फिर ठहरकर बोले, "मैं देख सकता हूँ कि इन्होंने हमारे पुत्र का किस प्रकार से लालन-पालन किया है...वास्तव में मैं तो इनसे भिक्षा की याचना करने वाला हूँ।"

हर कोई उनके मन की बात जानने के असमंजस में था। तभी अपना भिक्षापात्र यशोधरा के सामने बढ़ाते हुए बुद्ध ने कहा, "हे महान नारी, आप मेरे पात्र में क्या देंगी?"

"आप जो चाहें, स्वामी।" तत्काल उत्तर दिया।

"तो मुझे राहुल दे दें, यद्यपि मैंने आज तक कभी किसी दाता से अपनी पसन्द की भिक्षा नहीं माँगी है।"

"तो आप मेरे जीवन का आखिरी अवलम्ब भी ले लेना चाहते हैं...ठीक है, मैं आपको उसे ले जाने दूँगी। आखिर वह आपका भी पुत्र है।"

किन्तु इससे पहले कि वह कुछ और कहतीं, राहुल अपने पिता से लिपट चुके थे।

"मैं इनका शिष्य बनूँगा," उन्होंने कहा, "सांसारिक समृद्धि मेरे लिए नहीं है...और मैं अन्धकार के हृदय स्थल तक पहुँचना चाहता हूँ, सांसारिक जीवन की चकाचौंध से दूर।"

"तो पंछी मेरे हाथों से पहले ही उड़ चुका है," प्रसन्नचित्त यशोधरा ने कहा, "चूँकि मैं जानती थी कि ऐसा ही होने वाला है इसलिए मैं दुःखी नहीं हूँ।" एक लम्बी साँस भरकर बोलीं, "किन्तु मैं भी चाहती हूँ कि आप इसमें कुछ दें।" अपने आँचल की कोर फैलाते हुए उन्होंने कहा।

"कुछ भी जो मेरे वश में हो।" बुद्ध ने उत्तर दिया।

"मैं भी आपके संघ में सम्मिलित होना चाहती हूँ। क्या आप एक नारी को मठवासिनी बनाएँगे?"

"अवश्य। नर-नारी में भेद कैसा? एक सच्चे जिज्ञासु की कोई जाति नहीं होती, न कोई पेशा या रंग होता है—न उनमें लिंग-भेद होता है। पर मैं चाहूँगा कि आप और राहुल स्वतंत्र रूप से भ्रमण करें और संसार में प्रेम तथा शान्ति का मेरा सन्देश फैलाएँ।"

इस बात पर महाराज शुद्धोदन द्रवित हो गए और उनकी आँखें गर्व से चमक उठीं।

"क्या आप आज संध्या कपिलवस्तु में एक प्रवचन देना पसन्द करेंगे, पुत्र? सभी नगरवासी आपको सुनना चाहेंगे।"

"अवश्य, मुझे प्रसन्नता होगी, पिताश्री," बुद्ध ने स्वीकृति देते हुए कहा, "जो कुछ भी मैंने बोधिवृक्ष के नीचे जाना-सुना है उसे यहाँ अपने मूल

नगरवासियों के साथ साझा करने से अधिक आनन्द की बात और क्या हो सकती है?''

अल्प समय में ही महाराज के प्रमुख सलाहकार सुकुमदेव ने खुले मैदान में प्रवचन का आयोजन किया, दरबार कक्ष से बस कुछ ही दूरी पर।

ज्योंही बुद्ध का आगमन हुआ, जिनके पीछे महाराज, यशोधरा और राहुल थे, तो भीड़ ने जोरदार जय-जयकार किया।

फिर असित ने मंच तक बुद्ध की अगुआई की और कहा, ''बुद्ध का सम्मान करके हम अपना मान बढ़ा रहे हैं—अपने नगर कपिलवस्तु का, महाराज, यशोधरा और राहुल का। इस साम्राज्य के इतिहास में यह बात स्वर्णाक्षरों में लिखी जाएगी कि इसी नगर ने समस्त मानवता को बुद्ध का उपहार दिया। आपको भली भाँति ज्ञात है कि मुझे युवा राजकुमार सिद्धार्थ का शिक्षक होने का गौरव प्राप्त है। परन्तु अब बुद्ध के चरणों में बैठकर मानव अस्तित्व की पहेली को हल करने की कला सीखना मेरा परम सौभाग्य होगा। अतः ये रहे बुद्ध, सम्राटों के सम्राट...।''

अपने पूर्व गुरु के शब्दों से अभिभूत बुद्ध उठे और श्रोताओं का करबद्ध अभिनन्दन करने के पश्चात् बोले, ''कपिलवस्तु के नगरवासियों, मैं सम्राटों का सम्राट नहीं हूँ बल्कि आप सबों में से ही एक हूँ, एक सामान्य व्यक्ति जो सदा जिज्ञासु और प्रयत्नशील रहेगा। सर्वप्रथम मैं बता दूँ कि अपने जन्म-नगर में वापसी और आपको सम्बोधित करने के इस सुअवसर से मैं अत्यन्त प्रसन्न हूँ। मैं पाली भाषा में बोलूँगा जो सामान्यजन की भाषा है। संस्कृत तो उन विशिष्ट पुरोहितों की भाषा है जो धर्मग्रन्थों में निहित सत्य को सामान्य लोगों के साथ साझा करने से डरते हैं। परन्तु असली बात यह है कि दिव्य-आनन्द की अनुभूति अनुष्ठानों द्वारा सम्भव नहीं है, या तोते की तरह मंत्रोच्चार द्वारा, बल्कि केवल सम्यक् कर्म द्वारा ही सम्भव है। शब्द नहीं, कर्म, क्योंकि शब्द प्रायः एक ऐसा जाल बुन देते हैं जिसमें हम मकड़े की तरह फँस जाते हैं, उलझ जाते हैं।

''पहले मैं आपको बताऊँ कि यह हमारा मस्तिष्क ही है जो स्वर्ग को नर्क और नर्क को स्वर्ग में बदलने की क्षमता रखता है। मन एक मरकट की तरह है जो एक से दूसरे पेड़ पर छलाँग लगाता रहता है, एक भवन से दूसरे भवन के शीर्ष पर—बेचैनी से। और मनुष्य इतना सक्षम है, और भाग्यशाली भी, कि

वह मन के मनमौजीपन को नियन्त्रित कर सकता है। हमें एक निपुण तीरंदाज की तरह बनने का प्रयास करना चाहिए जो अपने लक्ष्य पर निशाना साधने के पूर्व अपना ध्यान केन्द्रित कर लेता है। इसके विपरीत, स्वेच्छाचारी मन हवा में उड़ते तिनके की तरह होता है, हर मनोवेगीय थपेड़े का गुलाम। इसलिए अपने विचारों को शरत्कालीन पत्तियों के समान फुदकने देने वाले लोग अविवेकी होते हैं। मनुष्य का अशान्त मन उसका सबसे बड़ा शत्रु है।

"और मैं आपसे एक और बात बताना चाहता हूँ। मैं मानने लगा हूँ कि सांसारिक उलझनों से छुटकारा मात्र ही हमें शान्ति और सुख दे सकता है। अतः निष्काम कर्म, अर्थात् बिना किसी पुरस्कार की अपेक्षा के किया गया कर्म ही परम आनन्द की प्राप्ति का एक मात्र मार्ग है। जब अज्ञात से भयभीत हम अपने भविष्य की उम्मीदों से बँधे होते हैं तभी हमें चिन्ता ग्रस लेती है जो हमारी शक्ति चूसकर हमें अवसादग्रस्त कर देती है।

"अन्त में सबसे महत्त्वपूर्ण है जीवन की गुणवत्ता। निष्कलंक जीवन का एक दिन भी लम्बे किन्तु विवेकहीन जीवन से कहीं अधिक लाभकारी है।"

फिर बुद्ध ने व्यक्तिगत बात कही जो सभी श्रोताओं के हृदय को गहरे छू गई। अग्रिम पंक्ति में बैठे अपने परिवार के सदस्यों की ओर देखते हुए उन्होंने कहा, "वह व्यक्ति भाग्यशाली है जिसके हर काम में उसके परिवार का सहयोग प्राप्त है और इस मामले में मैं अकेला भाग्यवान हूँ। आपको ज्ञात है कि मैं अपने परिवार से वर्षों दूर रहा—पिता, पत्नी और पुत्र से दूर। किन्तु चूँकि उनका आशीर्वाद और सहयोग मुझे मेरी सम्पूर्ण आध्यात्मिक यात्रा में प्राप्त था इसलिए मैं कभी लड़खड़ाया नहीं।

"मैं अपने गृह-नगर में यह बताना चाहूँगा कि अभी मुझे मीलों यात्रा करनी है और अपने लक्ष्य प्राप्त करने हैं। मेरी धर्मपत्नी और पुत्र ने मेरे ज्ञान के प्रचार-प्रसार का संकल्प लिया है। परन्तु वे सभी स्वतंत्र रूप से अपनी-अपनी दिशा में अग्रसर होंगे क्योंकि अन्ततः हर किसी को स्वयं का ही सहारा होता है।"

प्रवचन की समाप्ति पर जोरदार नारों से वायुमंडल गूँज उठा, "हमारे बुद्ध अमर रहें। ईश्वर उन्हें शाश्वत जीवन प्रदान करें।"

# अठारह

अगली सुबह जब बुद्ध छन्न के घर पहुँचे तो उनकी पत्नी ने दरवाजा खोला। उन्होंने उन्हें पति से कहते हुए सुना, ''राजकुमार आए हैं।''

जब छन्न कुछ चकराए से बाहर आए तो बुद्ध ने कहा, ''इतना सबेरे मैं इसलिए आया हूँ ताकि आपके साथ लम्बी बातचीत कर सकूँ। तो चलिए उसी चट्टान पर बैठते हैं जहाँ मैंने वर्षों पहले सबकुछ त्याग देने का निर्णय सुनाया था।''

अब सबेरा हो चुका था और सूर्य की किरणें रंग बदलने लगी थीं—हल्के भूरे से गेरुआ और फिर सुर्ख लाल। चूँकि सूर्योदय बुद्ध को हमेशा से आकर्षित करता था इसलिए उनकी दृष्टि कुछ देर तक उस सुनहरे कटोरे को निहारती रही जो सर्वत्र अपना स्वर्णिम प्रकाश बिखेर रहा था।

फिर छन्न की तरफ मुड़कर बुद्ध ने उनकी पुत्री सरोज के बारे में पूछा।

''एक वर्ष पूर्व उसका स्वर्गवास हो गया,'' उन्होंने बताया, ''एक तरह से मृत्यु उसे राहत दे गई। लम्बे समय से काफी तकलीफ में थी।''

''देर-सबेर हम सबों को यहाँ से विदा होना है,'' छन्न ने आहें भरते हुए कहा, ''पर उसके अपाहिज पैरों की मालिश करना एक पूजा ही थी।''

''और कनक का अन्त कैसे हुआ? मैं अपनी यात्रा के क्रम में प्रायः उसे याद करता था।''

''ओह, वह पशु!'' छन्न भावावेश में बोले, ''आपके प्रति उसकी आस्था कल्पनातीत थी। जब हम नदी किनारे बिछुड़े थे तो वह काफी देर तक वहाँ जड़वत खड़ा रहा। चूँकि मैंने कभी उस पर चाबुक नहीं चलाया था इसलिए मैं प्रतीक्षा करता रहा कि वह स्वयं प्रस्थान करे। और गति पकड़ने के बाद वह कई बार लड़खड़ाया भी था, मानो शक्तिहीन हो गया हो। एक तेजस्वी घोड़ा किसी बूड़े व्यक्ति की तरह मंथर गति से चल रहा था।

"ओह!" बुद्ध ने आह भरते हुए और हथेली से दोनों आँखें बन्द करते हुए कहा।

"अब देखिए, यही मेरे बुद्ध हैं जो दूसरों को अनासक्ति की शिक्षा देते हैं किन्तु...।" छन्न ने हँसते हुए कटाक्ष किया।

"शायद मैं भी पूर्णतः अनासक्त होने का दावा नहीं कर सकता क्योंकि आखिर हम सभी मनुष्य हैं। हम उस ओर बस अग्रसर होते रह सकते हैं।" वह रो पड़े, "आपने उसे किस प्रकार दफनाया?"

"मैं उसके शव को बैलगाड़ी पर लादकर नदी किनारे उसी स्थान पर ले गया जहाँ आप बिछुड़े थे और एक गड्ढा खोदकर उसमें हमेशा के लिए लिटा दिया।"

"पूर्वजन्म में आप अवश्य कोई ऋषि रहे होंगे, हे छन्न। अब आप समझ सकते हैं कि मैंने क्यों सदा आपको अपने ईश्वरीय सारथी के रूप में देखा, कृष्ण जैसा।"

छन्न के चेहरे पर प्रसन्नता फैल गई।

"हे छन्न, मैं हमेशा पशु-पक्षियों के बारे में मनन करता रहा हूँ। विचित्र प्राणी होते हैं ये। हमें इनसे सीखना चाहिए।" फिर उन्होंने बताया कि कैसे एक नागराज ने उनकी रक्षा की जब वह एक घने जंगल में सोए हुए थे। "और यहाँ आते समय मैंने एक बाघिन को अपने शावक को स्तनपान कराते देखा जब दोनों एक तालाब किनारे लेटे हुए थे—पारिवारिक प्रेम का अद्भुत दृश्य था वह।"

"किन्तु आपने तो अपने शावक को यहीं छोड़ दिया जब आप अपनी यात्रा पर जाने लगे।" छन्न ने चिढ़ाते हुए कहा।

"वह वास्तव में मेरा बेहद दुःखदायी निर्णय था, जैसे कलेजा निकालकर धरती पर रख दिया हो।" फिर वह मौन हो गए। कुछ क्षण बाद पूछा, "मेरी अनुपस्थिति में राहुल ने कैसे किया?"

"आप विश्वास नहीं करेंगे यदि मैं बताऊँ कि उन्होंने इस बिछुड़ने को बड़ी ही बहादुरी से लिया। ऋषिगण तो अनासक्ति का केवल उपदेश देते हैं पर उन्होंने उसे जीवन में उतारा। मैं उन्हें आपके पसन्दीदा वृक्ष के नीचे बैठा देखा करता था—घंटों ध्यानमग्न। महाराज के लाख प्रयास के बावजूद उन्होंने सांसारिक खेलों में कोई रुचि नहीं दिखाई। वह बस विचारमग्न रहा करते थे—हमेशा आत्मनिरीक्षण में खोए। एक दिन उन्होंने मुझे बाजार ले चलने के लिए कहा। पहले तो मैंने इनकार किया पर जब उन्होंने जोर दिया तो मुझे ले जाना पड़ा। परन्तु आपके विपरीत उन्होंने कभी कोई प्रश्न नहीं पूछा—बस अवलोकन

करते रहे और आह भरते रहे। दूसरे दिन भरी दोपहरी जब मैं उन्हें रथ में लेकर जा रहा था तो उन्होंने अचानक रुकने के लिए कहा। उन्होंने एक गौरैये को पेड़ के नीचे एक-एक साँस के लिए तड़पते देखा था। वह रथ से कूद पड़े और उसके निकट जाकर उसे अपने बाएँ हाथ में उठा लिया। फिर पास ही पानी से भरे गड्ढे तक ले गए और जल की कुछ बूँदों से उसका कंठ तर किया। कुछ ही मिनटों में वह पक्षी तरोताजा हो उठा—उसकी आँखें राहुल के चेहरे पर टिकी थीं मानो उन्हें धन्यवाद ज्ञापित कर रहा हो। फिर राहुल उसके दुर्बल शरीर को गर्दन से पूँछ तक तब तक सहलाते रहे जब तक कि वह पंख फैलाकर उड़ नहीं गया। रथ पर लौटकर उन्होंने मुझसे कहा, 'उस पक्षी से मेरी बात हुई और जब भी मैंने कुछ पूछा तो उसने आँखों-आँखों में ही उत्तर दिया। मुझे लगता है कि ये पक्षीगण आँखों और भंगिमाओं की भाषा बोलते हैं...' करुणा और संवेदना से भरे ऐसे नवयुवक को भला सामरिक खेलों में कहाँ से रुचि हो सकती है।" एक लम्बी साँस खींचकर छन्न ने आगे कहा, "वह आपकी सच्ची प्रतिछाया हैं—वही चौड़ा ललाट, वही गहरी आँखें...एक बार तो आपने मुझसे कहा था कि विवाह करके आपको पश्चाताप हो रहा है। परन्तु विवाह न करके क्या आप राहुल जैसे पुत्ररत्न से वंचित नहीं रह जाते?"

"अवश्य।" बुद्ध बुदबुदाए।

"पिछली शाम जब आपने अपने उपदेश में कहा कि किस प्रकार आपको अपने परिवार का सहयोग मिला तो वास्तव में राहुल ही आपके सच्चे सम्बल थे।"

अब सीधे छन्न को देखते हुए बुद्ध ने कहा, "क्या आप जानते हैं कि राहुल एक भिक्षु बनकर अत्यन्त प्रसन्न हैं—और वैसे ही उनकी माता भी भिक्षुणी बनकर?"

"आप परम भाग्यशाली हैं।" छन्न ने कहा।

"आपने मेरे पिताश्री के बारे में कुछ नहीं बताया, छन्न। उन्हें मेरा परित्याग कैसा लगा?"

"वह तो बिल्कुल टूट गए थे," छन्न ने बताया, "उन्होंने एक माह तक दरबार में आना ही बन्द कर दिया था। और न जाने कितने आँसू बहाए होंगे!"

"कलेवा परोसूँ?" प्रतीक्षारत छन्न की पत्नी ने पूछा।

"हाँ, सुप्रिया, हम लोग बस अभी अन्दर आते हैं।" छन्न ने उत्तर दिया।

# उन्नीस

छन्न के घर से निकलकर बुद्ध दरबार कक्ष के पास वाले केन्द्रीय फव्वारे के इर्द-गिर्द चहलकदमी करने लगे। फिर उसके गोल घेरे पर बैठकर वह हवा को वेधते पानी के फव्वारों को देखने लगे। बीच जल में मछलियाँ एक-दूसरे के पीछे दौड़ रही थीं। इनकी आयु कितनी लम्बी होती है! और क्या ये भी दुःख झेलती हैं—बीमारी या बुढ़ापा? क्या इनकी मृत्यु पर भी विलाप होता है? क्या लम्बी आयु ही सुख का मानक है?

वह इन्हीं विचारों में खोए थे कि तभी उनकी दृष्टि फव्वारे के निकट स्थित शिवमन्दिर से निकलते एक वृद्ध पर पड़ी। जब वह करीब आए तो बुद्ध ने उन्हें पहचान लिया। वह राजपुरोहित असित थे—पके बाल और काँपते कदम। यों तो कपिलवस्तु में प्रवेश के समय ही बुद्ध को उनकी एक झलक मिली थी पर अब जाकर वह करीब से उन्हें देख रहे थे। वह तुरन्त उठकर खड़े हो गए और अपने बूढ़े गुरु का झुककर अभिवादन किया।

"ओह, मेरे सिद्धार्थ," असित ने कहा, "किन्तु अब तो बुद्ध!" वह रुककर बोले, "अब हमारी भूमिकाएँ बदल गई हैं क्योंकि यहाँ मैं अपने शिष्य नहीं बल्कि अपने गुरु के समक्ष हूँ।"

"नहीं गुरुवर!" बुद्ध ने कहा, "आप सदा हमारे लिए आत्मज्ञान की ओर उन्मुख करने वाले ही रहेंगे।"

"यह तो आपका बड़प्पन है," असित ने कहा, "आपको ज्ञात है कि मैं अब अस्सी वर्ष का हो गया हूँ किन्तु सीखने की कोई उम्र नहीं होती।" वह ठहरकर बोले, "कृपया बताएँ कि आपको किस प्रकार ज्ञान प्राप्त हआ?...मुझे आपके बारे में भविष्यवाणी करने का गौरव हमेशा प्राप्त रहेगा—आप संसार के उद्धारक होंगे।"

"एक रात गया में जो कुछ मैंने जाना," बुद्ध ने कहना शुरू किया, "वह

बेहद सहज था—यही कि सम्यक् कर्म ही परम ज्ञान की प्राप्ति का मार्ग है, धार्मिक अनुष्ठान या ईश्वर सम्बन्धी किंकर्तव्यमीमांसा नहीं।"

एक क्षण के लिए असित की भवों पर बल पड़ गए मानो वह बुद्ध की बातों पर मनन कर रहे हों। फिर मुस्कुराते हुए उन्होंने कहा, "बिल्कुल सच! वास्तव में लोग ज्यादातर ईश्वरपरक दुरूह बातों के भूल-भुलैये में पड़ जाते हैं। एक अच्छा गुरु, अब मुझे लगता है, वही है जो जटिल बातों को भी सहज बना दे।"

बुद्ध के चेहरे पर एक मुस्कान फैल गई।

"क्या आप भविष्यवाणी में विश्वास करते हैं?" असित ने पूछा।

"नहीं," बुद्ध ने उत्तर दिया, "लेकिन आपकी भविष्यवाणी तो सच निकली।"

"मैं आपको एक ऐसी बात बताता हूँ जो कदाचित् आपको ज्ञात न हो," असित ने कहा, "मैंने तो बस उस स्वप्न का विश्लेषण किया था जो आपके जन्म के ठीक पूर्व आपकी माता ने देखा था।"

"क्या था वह स्वप्न?" बुद्ध ने उत्सुकता से पूछा।

"वह वसन्त की एक रात थी। मन्द पवन फूलों की क्यारियों से होकर सर-सर बह रही थी। बादल रहित आकाश में चाँद और तारे अपनी नैसर्गिक छटा बिखेर रहे थे। तभी एक षट्कोणीय तारा आसमान से गिरा और आपकी माता के गर्भ में समा गया। यह प्रतीक था छह गजदन्तों का—दूध के समान सफेद और कमल की तरह पवित्र। महारानी महामाया को स्वप्न की समाप्ति के साथ ही एक दैवी संगीत हवा में सुनाई पड़ा। फिर कुछ शब्द गूँजे—'गौर से देखो, शीघ्र ही एक नए दूत का आगमन होगा। चिताओं पर मृत भी जी उठेंगे, पृथ्वी का एक नया जन्म होगा और सौरमंडल की चाल बदल जाएगी।' मैंने आपके पिताश्री से कहा था कि वह दूत आपके पुत्र के रूप में जन्म लेगा...और इस प्रकार आपका प्रादुर्भाव हुआ।"

बुद्ध की दृष्टि असित के चेहरे पर टिकी थी—आँखों में हिरण की सी जिज्ञासा लिये—और राजपुरोहित ने अपनी बात जारी रखी।

"उलझन में पड़े आपके पिताश्री ने कुछ और प्रमाण माँगा। तब मैंने उनका ध्यान आपके शरीर पर के बत्तीस दिव्य-चिह्नों की ओर आकृष्ट कराया—देवत्व के चिह्न।" असित ठहरकर बोले, "परन्तु जब मैंने भविष्यवाणी की कि

यह शिशु निर्वाण की प्राप्ति के लिए संसार का परित्याग कर देगा तो आपके पिताश्री का चेहरा स्याह पड़ गया।" फिर एक गहरी साँस भरते हुए असित बुद्ध का हाथ पकड़कर बोले, "और आप यहाँ मेरे बगल में उद्धारक प्रभु बैठे हैं।"

बुद्ध उठे और असित के चरणों पर अपना मस्तक रख दिया।

"नहीं गुरुदेव," वह साँस लेते हुए बोले, "मैं कोई उद्धारक नहीं हूँ, बल्कि स्वयं एक जिज्ञासु हूँ जिसे अपनी आध्यात्मिक यात्रा जारी रखनी चाहिए। और इसके लिए मुझे आपके आशीर्वाद की आवश्यकता होगी।"

असित ने फिर कहना शुरू किया, "ऐसा प्रतीत होता है कि आपकी माता केवल आपको जन्म देने भर के लिए ही इस संसार में आई थीं क्योंकि आपके जन्म के ठीक एक सप्ताह बाद ही चल बसीं। पता नहीं आपको यह ज्ञात है या नहीं कि महाप्रजापति ने आपको अपना स्तनपान कराकर पाला, जिन्होंने स्वयं एक पुत्र को जन्म दिया था—आपके जन्म के बस दो दिन पूर्व। उनके प्रति अत्यन्त आभारी महाराज ने उन्हें दरबार कक्ष के ठीक पीछे एक आवास भेंट स्वरूप दिया था।"

अचम्भित और मूक बुद्ध को लगा जैसे कोई परिकथा सुन रहे हों।

"तो मेरी दो माताएँ थीं," बुद्ध बोले, "एक मेरी जननी और दूसरी मेरी धात्री, जैसे भगवान कृष्ण की माता यशोदा।"

मुस्कुराते हुए असित ने कहा, "हाँ।"

"यह तो मुझे ज्ञात है कि मेरा लालन-पालन शाही सेविकाओं के हाथों हुआ परन्तु मैंने माता महाप्रजापति के बारे में नहीं सुना।"

तब असित ने उन्हें बताया कि किस प्रकार महाप्रजापति को कपिलवस्तु छोड़कर जाना पड़ा था जब वह केवल दस वर्ष के थे क्योंकि उनके पति ने कहीं अन्यत्र नौकरी ढूँढ़ ली थी। परन्तु उनकी मृत्यु के पश्चात् वह पुनः कपिलवस्तु वापस आ गई थीं। वास्तव में वह वहाँ उपस्थित थीं जब नगर के प्रवेश द्वार पर आपका स्वागत हो रहा था, और यह जानकर अति प्रसन्न भी थीं कि उनका नन्हा सिद्धार्थ अब बुद्ध बन गया है।"

"तब वह सामने क्यों नहीं आईं?"

"आपकी धर्मपत्नी, यशोधरा की तरह वह भी भीड़ का हिस्सा नहीं बनना चाहती थीं। वह अपने घर में आपकी प्रतीक्षा कर रही हैं।"

“वह अपनी जगह ठीक हैं,” बुद्ध ने कहा, “मुझे शीघ्रताशीघ्र उनसे मिलना चाहिए। मुझे विश्वास है कि मैं उन्हें देखते ही पहचान जाऊँगा।”

“अवश्य।” असित ने कहा।

“कौन-सा है उनका आवास?” बुद्ध ने पूछा।

“वह नीले रंग का एकमंजिला मकान—दरबार कक्ष के ठीक पीछे।”

“और उनका अपना पुत्र?” बुद्ध ने पूछा।

“मुझे उनके बारे में कोई जानकारी नहीं है,” असित ने कहा, “जब आप उनसे मिलेंगे तो वही आपको सबकुछ बताएँगी। मैं केवल इतना जानता हूँ कि उन्होंने अपने पुत्र की तरह ही आपका भरण-पोषण किया, मानो दोनों जुड़वाँ भाई हों।”

बुद्ध इतने उत्साहित हुए कि तुरन्त उनसे मिलने के लिए चल पड़े।

# बीस

वह एक छोटा-सा घर था किन्तु महल जैसा लालित्य लिये—मेहराबी अग्रभाग, कछुए-सा गुम्बज और संगमरमर के स्तम्भों पर खड़ा ढाँचा। बाहर चंदन की लकड़ी पर एक नाम खुदा था—महाप्रजापति। घर के सामने सुन्दर मैदान से होकर एक खुरदरा पथ प्रवेश द्वार तक जाता था जिस पर गायत्री मंत्र स्वर्णाक्षरों में लिखा था :

**॥ ॐ भूर्भुवः स्वः तत्सवितुर्वरेण्यं भर्गो देवस्य धीमहि धियो योनः प्रचोदयात ॐ॥**

बुद्ध के प्रवेश करते ही एक स्तम्भ के पीछे से मोर का एक जोड़ा निकलकर आया—बेहद खूबसूरत और बहुरंगी पंखों वाला। नर मोर का त्रिमुकुट गुलाबी था और मादा की शिखा नीली थी। नर मोर इठलाता हुआ और शोर मचाता हुआ आगे बढ़ा, मानो नवागंतुक का स्वागत कर रहा हो, जबकि मादा पीछे-पीछे शर्माई हुई-सी थी। बुद्ध ने दोनों को गले लगाया—पशु-पक्षियों के प्रेमी जो ठहरे। फिर वह प्रवेश द्वार की ओर बढ़े। धीरे-से खटखटाते ही दरवाजा खुला। अब उनकी धात्री, महाप्रजापति, उनके सम्मुख थीं—स्वेत साड़ी में लिपटी। वह तुरन्त उनके चरणों में लेट गए।

बुद्ध को उठाते हुए महाप्रजापति ने कहा, "ओह मेरा पुत्र!" उनकी आँखों से खुशी के आँसू बह निकले। फिर उनके चेहरे का स्पर्श करते हुए उन्होंने कहा, "हाँ, मैं आपको पहचान गई—वो उत्सुकता से भरी गहरी आँखें और गुलाब की पंखुड़ियों जैसे होंठ।" फिर ठहरकर बोलीं, "पर अब आप बड़े हो गए हैं—लम्बे और आकर्षक। अब आप मेरे नन्हे-से सिद्धार्थ नहीं रहे, बल्कि बुद्ध हो गए हैं—मानवता के उद्धारक। मैं कपिलवस्तु के मुख्यद्वार पर आपके स्वागतार्थ अवश्य आती, परन्तु वहाँ की वह भीड़...पर मुझे विश्वास था आप मुझसे मिलने अवश्य आएँगे।"

"मेरी पत्नी यशोधरा की तरह," बुद्ध ने कहा, "जिन्होंने भी भीड़ से दूर

रहना ही श्रेयस्कर समझा और अपने महल में मेरे आगमन की प्रतीक्षा करती रहीं।''

फिर प्रजापति उन्हें अन्दर ले गईं।

''बड़ा सुन्दर घर है, माता।'' बुद्ध ने कहा।

''हाँ! महाराज शुद्धोदन का उपहार, उनकी मातृविहीन सन्तान को स्तनपान कराने के बदले।''

''पर मैं तो भाग्यवान था कि मुझे दूसरी माँ मिलीं जिनका दूध आज भी मेरी रगों में रक्त बनकर दौड़ रहा है, अमृत की तरह।'' वह रुककर बोले, ''कृपया बताएँ माता, मैं किस तरह का बालक था?''

''हंस की तरह विनम्र,'' उन्होंने उत्तर दिया, ''मेरे सगे पुत्र, समीर से बिल्कुल भिन्न। वह तो कभी-कभी मेरे स्तन के अग्रभाग में दाँत भी काट लेता था पर आप बस कोमलता से दुग्धपान करते थे। आप दोनों को अपनी बाँहों में लेकर एक साथ स्तनपान कराना मेरे लिए अत्यन्त आनन्ददायक था, मानो दोनों लोकों का खजाना मिल गया हो।'' वह ठहरकर बोलीं, ''किन्तु समीर प्रायः रोता रहता था जबकि आप हमेशा शान्त रहते थे—आपकी आँखें जैसे कुछ ढूँढ़ रही हों।...मुझे समझ जाना चाहिए था कि किसी अशान्त पक्षी की तरह आप अवश्य एक दिन फुर्र हो जाएँगे।...पर अब वह पक्षी घर वापस आ गया है, अपनी पालक माता के पास, यद्यपि मेरा मन कहता है कि यह आगमन अल्पकालिक है।''

''समीर कहाँ है, प्रिय माता?'' उन्होंने पूछा।

''हस्तिनापुर के समीप एक छोटे-से कस्बे, वेनीपट में। वह वहाँ के कृष्ण मन्दिर का एक पुजारी है।''

''तो आपने अपने दोनों पुत्र गवाँ दिए—दोनों ईश्वरीय धर्मज्ञान की ओर उन्मुख,'' उन्होंने मुस्कुराते हुए कहा, ''लगता है आपके दूध में ही कुछ ऐसा दैवी प्रभाव था जिसने हम दोनों को इस भौतिक संसार से विमुख कर दिया।'' वह ठहरकर बोले, ''अब मुझे लगता है कि आपके दूध ने ही मुझे मेरे सम्पूर्ण भ्रमणकाल में सम्पोषित रखा। और निश्चित रूप से वही मेरा कवच था, मार के विरुद्ध जिसने मुझे पथभ्रष्ट करने की चेष्टा की थी जब मैं गया में बोधिवृक्ष के नीचे ध्यानस्थ था।''

''हाँ, सारा देश जानता है कि आपने किस प्रकार दिव्य-ज्ञान प्राप्त किया।''

थोड़ी देर के लिए चुप्पी छा गई। फिर बुद्ध ने पूछा, "आपके प्रवेशद्वार पर गायत्री मंत्र किसने अंकित किया माता?"

"समीर ने," उन्होंने उत्तर दिया, "काष्ठ-कला में उसकी विशेष रुचि है और वह प्रायः यह मंत्र बुदबुदाया करता था।"

"मैंने यह मंत्र अपनी माता के गर्भ में सीखा," बुद्ध ने कहा, "अभिमन्यु की तरह जिन्होंने चक्रव्यूह भेदन का रहस्य अपनी माता, सुभद्रा के गर्भ में ही जान लिया था।"

"आश्चर्यजनक।"

"मैं आपको बताऊँ, मुझे आज भी आपकी नारंगी गोटे वाली साड़ी याद है जिसके पल्लू से आप मेरा मुँह स्तपान कराते समय ढक देती थीं। मुझे हमेशा बड़ा ही शीतल और सुरक्षित महसूस होता था।"

"अद्‌भुत!" वह विस्मय से बोलीं, "हाँ, मैं प्रायः नारंगी गोटे वाली साड़ी पहनती थी...मैं तो आपकी स्मरणशक्ति पर विस्मित हूँ।" थोड़ा ठहरकर बोलीं, "मैं आपको बुरी नजर से बचाने के लिए साड़ी से ढक देती थी।"

"काश आप मेरे बचपन और मेरी युवावस्था में मेरे पास होतीं। मुझे तो राजपुरोहित असित से पता चला कि जब मैं एक वर्ष का था तभी आपको कपिलवस्तु छोड़कर जाना पड़ा था।"

"मेरे पति को अन्यत्र सेना में काम मिल गया था इसीलिए हमें यहाँ से जाना पड़ा। पर जब वह युद्ध में वीरगति को प्राप्त हुए और मैं अकेली हो गई तो मैंने वापस कपिलवस्तु आने का निर्णय किया।"

"आपके पति की मृत्यु के बारे में जानकर दुःख हुआ। परन्तु जो भी जन्म लेता है, माता, उसकी मृत्यु निश्चित है। एक तरह से मैं भी अपनी वापसी से प्रसन्न हूँ अन्यथा आपसे मुलाकात नहीं होती।"

"नियति अपना जटिल ताना-बाना बुनती रहती है।" महाप्रजापति ने कहा।

अचानक बुद्ध की दृष्टि सामने दीवार पर टँगे चित्र पर पड़ी।

"यह चित्र किसने बनाया, माता?"

"समीर ने। जब भी वह ध्यान-क्रिया में निमग्न नहीं होता तो चित्रकारी करता था।"

"मुझे अपने भाई से अवश्य मिलना चाहिए," उन्होंने कहा, "वह निश्चय ही अत्यन्त आकर्षक होंगे।"

"आपके समान नहीं," उन्होंने खंडन किया, "आप तो मानव के रूप में देवता जैसे तराशे हुए थे...आपके शरीर पर बत्तीस चिह्न थे—देवत्व के प्रतीक चिह्न। इसलिए मैं तो भाग्यवान थी कि मुझे एक नन्हे देवता को स्तनपान कराने का गौरव प्राप्त हुआ।" उन्होंने मुस्कुराते हुए कहा।

"पर मेरे पैरों पर के निशान और पाँव के छालों के बारे में आप क्या कहेंगी, माता?" बुद्ध ने पूछा, "वह बेहद तकलीफदेह यात्रा थी, नंगे पाँव चलना और धरती पर सोना।"

"सीधे आत्मज्ञान का मार्ग।" उन्होंने नम्रतापूर्वक हस्तक्षेप किया।

"आप अपने बारे में बताएँ, माता," बुद्ध ने आग्रह किया, "क्या आप अकेली ही रहती हैं—अपने इकलौते बेटे से दूर...?"

गहरी साँस भरते हुए उन्होंने उत्तर दिया, "क्या आत्मज्ञान के लिए नीरवता और एकान्त पूर्व-अपेक्षित नहीं है?" फिर ठहरकर बोलीं, "और मैं पूरी तरह अकेली भी नहीं हूँ, क्योंकि मेरे मित्रगण हैं—मोर का वह जोड़ा। वे मेरे लिए नाचते गाते हैं। मैं उन्हें अपने बैठककक्ष में भी आने देती हूँ...इसलिए मेरा जीवन एक शान्त धारा की तरह चल रहा है।"

"ठीक कहा आपने," बुद्ध बोले, "आपके मोर बड़े ही स्नेही प्राणी हैं। अग्रद्वार पर ही उन्होंने मेरा स्वागत किया।"

"ऐसा वे सभी आगन्तुकों के लिए नहीं करते। आप अवश्य उन्हें विलक्षण व्यक्ति लगे होंगे। और वास्तव में आप हैं भी—बुद्ध।"

"यदि मुझमें कुछ विशिष्ट है, माता, तो वह आपके कारण। मैं औरों के लिए बुद्ध हो सकता हूँ परन्तु आपके लिए हमेशा सिद्धार्थ ही रहूँगा।"

जब वह उन्हें अग्रद्वार तक छोड़ने आईं तो मोर भी पीछे-पीछे आए, इस उम्मीद से कि वह फिर उन्हें सहलाएँगे। तब बुद्ध ने उन्हें फुसफुसाकर कहा, "इसी तरह मेरी माता का ध्यान रखना।"

बुद्ध को विदा करते हुए महाप्रजापति की आँखें भर आईं।

# इक्कीस

बुद्ध का अगला गन्तव्य वेनीपेट था जहाँ वह समीर से मिलना चाहते थे। यह एक लम्बी यात्रा थी। हृदय में गहरी पीड़ा लिये वह अपने परिवार से विदा हुए—पत्नी, पुत्र और पिताश्री से। पर वह जानते थे कि परिवर्तन और मिलन-बिछुड़न मानव अस्तित्व के अभिन्न अंग हैं। क्या आसक्ति सभी दुःखों का कारक नहीं है? किन्तु उन्हें यह देखकर सन्तोष था कि उनके परिवार ने उनके श्रेष्ठ उद्देश्य को समझा और उन्हें अपनी यात्रा जारी रखने दिया।

एक बार फिर वह कपिलवस्तु से चुपचाप निकल जाना चाहते थे—बिना किसी ताम-झाम के। इसलिए उन्होंने मध्यरात्रि में ही प्रस्थान का निर्णय लिया—केवल छन्न को सत्या नदी तक साथ लेकर।

"परन्तु इस बार मैं आपकी आँखों में आँसू नहीं देखना चाहता," बुद्ध ने कहा, "इस बार हम प्रसन्नचित्त विलग होंगे, यद्यपि सम्भव है हम फिर न मिल सकें।"

जब छन्न ने अपने आँसू छिपाने के लिए मुँह दूसरी तरफ घुमाया तो बुद्ध ने टोका, "आप फिर...लेकिन कौन जाने हम फिर मिल भी सकते हैं—इस संसार में नहीं तो..." वह अचानक रुक गए। "मैं आपके निर्वाण प्राप्ति की प्रार्थना करूँगा जिसके आप सर्वथा योग्य हैं?" फिर उनके मस्तिष्क में कुछ कौंधा। यदि जन्म-मृत्यु के चक्र से मुक्ति ही निर्वाण है तो स्वर्ग में उन दोनों की आत्माओं का मिलन सम्भव है।

इस बार फिर नाविक को झकझोरकर जगाना पड़ा। पर ज्योंही उसने बुद्ध को उनके सारथी के साथ देखा, वह हड़बड़ाकर उठते हुए बोला, "क्या बात है, राजकुमार, आप अपने रथ पर नहीं आए?"

"अब मुझे पैदल चलना अधिक पसन्द है," बुद्ध ने उत्तर दिया, "किन्तु तुम्हारी नाव में यात्रा करना अलग बात है।"

"मेंरा अहोभाग्य, स्वामी।" नाविक ने कहा। फिर अपने बाएँ हाथ में पहनी स्वर्ण-मुद्रिका दिखाते हुए बोला, "यह तो आपको अनगिनत बार नदी पार कराने के लिए भी काफी है।"

"नहीं, मित्र, बस यह आखिरी बार...।"

"ऐसा न कहें, हे राजकुमार।" नाविक ने कातरता से कहा।

"अगली बार तो हमेशा होता है।"

तत्पश्चात् छन्न की ओर हाथ हिलाते हुए बुद्ध नाव में सवार हो गए। एक बार फिर वह डबडबाई आँखों वाले छन्न को नदी किनारे खड़े तब तक देखते रहे जब तक कि नाव दूसरे किनारे तक न पहुँच गई और छन्न दृष्टि से ओझल न हो गए।

इस बार बुद्ध जंगल की राह नहीं गए। उन्होंने एक दूसरा मार्ग चुना। चूँकि पूर्णमासी की रात थी इसलिए यात्रा में कोई कठिनाई नहीं हुई। वह एक छोटे-से गाँव में पहुँच गए जहाँ से एक दिन के विश्राम के बाद वह फिर चल पड़े।

एक पूरी रात चलने के बाद उन्हें लगा कि वह गंगा के तटीय क्षेत्र, जिसकी यात्रा वह पूर्व में कर चुके थे, से भिन्न किसी स्थान पर पहुँच गए थे। हिमालय की तराई में बसे कपिलवस्तु का वासी होने के कारण उन्हें देश के इस उत्तरी भाग में रहना ज्यादा सहज लग रहा था—पर्वत घाटियों और नदियों के बीच—मकई, गेहूँ और ईख के खेतों से घिरे। चूँकि वह प्रकृति के करीब रहना चाहते थे इसलिए उन्होंने मुख्य मार्ग छोड़ दिया और खेतों की पगडंडियों से होकर चलने लगे।

अभी वह मकई के खेत के किनारे-किनारे कुछ ही दूर गए थे कि वर्षा की फुहारें गिरने लगीं। इधर-उधर किसी ठौर के लिए दृष्टि डाली तो देखा कि एक व्यक्ति हाथ में दुशाला लिये उनकी तरफ दौड़ता चला आ रहा है। वह एक लम्बा, मजबूत कद-काठी का व्यक्ति था—कन्धे चौड़े और दाढ़ी लम्बी।

"आप भीग जाएँगे, स्वामीजी," उसने कहा, "क्योंकि हो सकता है यह बूँदा-बाँदी शीघ्र ही भारी बारिश में बदल जाए।"

खेतों के बीच एक विशाल फैले बरगद के पेड़ की ओर दिखाते हुए उसने कहा, "कृपया मेरे साथ वहाँ आएँ। इस वृक्ष ने वर्षा और तेज धूप में मुझे हमेशा आश्रय दिया है।" फिर बुद्ध को दुशाले से सर ढकने के लिए कहते हुए अपने पीछे आने का संकेत किया।

वृक्ष की छाया में बुद्ध ने एक महिला को देखा—खुले सिर। सामने चटाई पर भोजन की सामग्री परोसी हुई थी। फिर उस व्यक्ति ने बुद्ध से दुशाला लेकर अपनी पत्नी को दे दिया जिसने उससे अपना सर ढक लिया।

"मैंने उनके सर से ले लिया था, स्वामीजी, क्योंकि दूसरा कुछ मिला नहीं।" वह ठहरकर बोला, "महिलाओं के अतिरिक्त वस्त्र प्रायः बड़े काम आते हैं।"

"समझ में नहीं आता, प्रिय मित्र, कि आपकी इस कृपा के लिए कैसे आभार व्यक्त करूँ?" बुद्ध ने कहा।

"बल्कि," उस व्यक्ति ने कहा, "बड़ी कृपा होगी यदि आप हमारे साथ भोजन ग्रहण करें। एक पुण्यात्मा की उपस्थिति हमेशा एक वरदान होती है।"

इस आतिथ्य से अभिभूत होकर बुद्ध उनके साथ भोजन करने बैठ गए। सामने अनेक प्रकार के पकवान रखे थे—मक्खन लगी रोटी, कई प्रकार की सब्जियाँ, दही और एक बड़ा कटोरा छाँछ से भरा।

"लगता है आप दोनों शाकाहारी हैं।" बुद्ध ने कहा।

"हाँ," उसने स्वीकार किया, "अपना पेट भरने के लिए दूसरे जीव की हत्या तो पाप है न?" फिर पास के ही मक्के के खेत को दिखाते हुए बोला, "जब ईश्वर की धरती इतना सारा ताजा भोज्य पदार्थ उगा रही है तो फिर मृत मांस के पीछे क्यों जाएँ?"

"बिल्कुल ठीक।" बुद्ध ने सहमति जताई।

"क्या बैल गाय या बकरे के मांस का सेवन करते हैं?" उस व्यक्ति ने कहा। पास ही एक पेड़ में बँधे बैल को इंगित करते हुए उसने कहा, "वह मेरा बैल है जो मकई, घास और गुड़ खाकर खुश है। बीच-बीच में मैं उसे कटोरा-भर दूध भी पिलाता हूँ।"

जब बुद्ध ने गौर किया तो पाया कि उस बैल के सींग पर हल्दी पुती थी और उसके गले में छोटी-छोटी घंटियों की माला थी।

उनके मानस पटल पर उस युवा साँड़ का चित्र उभर आया जिसे गोल घेरे में लेकर कुछ उद्दंड लड़के उस पर तीर चला रहे थे। यदि उन्होंने बचाया नहीं होता तो उसकी क्रूर हत्या निश्चित थी।

"कितना सुन्दर था वह साँड़!" बुद्ध बोल पड़े।

"मैं इसका पूरा ध्यान रखता हूँ, स्वामीजी, क्योंकि यह तो एक प्रकार से मेरे व्यापार में सहभागी है। यह मेरा खेत जोतता है, शाम को मुझे गाड़ी में ढोकर घर वापस लाता है और मेरी पत्नी इसके गोबर के उपले जलावन के रूप में चूल्हे में जलाती है।"

"वास्तव में एक सच्चा सहभागी।" बुद्ध ने टिप्पणी की। भोजन समाप्त कर वह किसान अपने खेत से एक ताजा भुट्टा तोड़कर ले आया। उसका हरा छिलका उतारते ही चमकदार रेशों की लड़ियाँ किसी परी के रेशमी बालों की तरह दिखीं। और भीतर से निकले मोती से चमकदार दाने। एक दाना निकालकर जब उँगलियों के बीच दबाया तो दूध फूट पड़ा।

"देखिए, स्वामीजी, प्रकृति का यह उपहार—खाने और पीने दोनों के लिए।"

फिर उसकी पत्नी ने बरगद के नीचे कुछ सूखी लकड़ी इकट्ठा की और भुट्टा पकाकर अपने अतिथि को दिया।

"धन्यवाद, बहन।" बुद्ध ने कहा। अब उनके लिए इस दम्पती का दिया सब कुछ स्वीकार्य था।

"कृपा कर हमारे साथ चलें, स्वामीजी," किसान ने आग्रहपूर्वक कहा, "क्योंकि हमारा गाँव यहाँ से बस तीन मील दूर है और रास्ता काफी गीला है।"

बैलगाड़ी पर सवार होते ही बुद्ध ने गौर किया कि किसान के हाथ में न चाबुक था न छड़ी थी। जब भी बैल को तेज चलने के लिए हाँकना पड़ता तो वह बस अपनी जिह्वा चटकाता था और प्यार से उसकी पीठ थपथपाता था।

"तेज दौड़ते हुए मेरे बैल को गले में टँगी घंटियों की मधुर ध्वनि पसन्द है," किसान ने कहा, "वास्तव में मैं भी गुनगुनाता हूँ ताकि उसे गाड़ी खींचने का उबाऊपन महसूस न हो।"

और तभी वह गाने लगा, और उसकी पत्नी ताली बजा-बजाकर उसका साथ देने लगी। यह कोई प्रेमगीत नहीं बल्कि एक लोकगीत था—धरती माता की महिमा का वर्णन करने वाला।

जब करें पक्षी स्तुतिगान तुम्हारा
तो हे धरती माँ, मैं क्यों नहीं?
सम्पदा अपार गर्भ में तेरे—
सोना, हीरा, लोहा, पानी।
पर सबसे बढ़कर वनस्पति

जो रखते हमें रक्त-संपोषित।
एक बीज धरती में बोया
तुमने दी मक्के की ढेर—
दाना, धान व गेहूँ।
जब भी विफल होता आकाश
बुझाने में पेड़ की प्यास
तेरे गर्भ की संचित निधि से
पूरी होती सबकी आस।
हूँ तेरा कण, है मुझे ज्ञात
मैं लौटूँगा तेरे कण में।
पर एक है इच्छा, धरती माता,
हो न विसर्जित राख किसी संगम पर मेरी
बल्कि उड़ा ले जाए पवन
बीज बदलने को पौधे में।

इस गीत को सुनते हुए बुद्ध मानो किसी दूसरी दुनिया में पहुँच गए। कितना तत्त्वज्ञान छिपा है इस लोकगीत में! वह सोचने लगे, इस किसान को भला किस दीक्षा की आवश्यकता है? यह तो पहले से ही पहुँचा हुआ है। उन्हें पूरा विश्वास हो गया कि सुख का नीला पंछी इस किसान की पकड़ में आ चुका है क्योंकि इसके जीवन में शान्ति और सन्तोष दोनों हैं।

जब उसने बैलगाड़ी दरवाजे पर रोकी तो उसका पन्द्रह वर्ष का बेटा अपने माता-पिता के स्वागत में दौड़ता हुआ बाहर आया।

"रास्ते में आप लोग भीग तो नहीं गए, पिताजी?" उसने पूछा।

"नहीं, हम बूँदा-बूँदी रुकने के बाद ही चले।" किसान ने उत्तर दिया।

किसान ने अपने पुत्र से स्वामीजी का चरणस्पर्श करने को कहा। उसके सर पर हाथ रखते हुए बुद्ध ने पूछा, "क्या तुम किसी विद्यालय में शिक्षा ग्रहण करने जाते हो?"

पर किसान ने बीच में ही स्पष्ट करते हुए कहा कि उसका बेटा गाँव में ही एक पंडितजी द्वारा संचालित स्कूल में जाता है।

"मैं इसे ललवानी नहीं भेजना चाहता था, यहाँ से लगभग दो मील दूर स्थित नगर में। ये नगर, स्वामीजी, केवल लोभ का बीज बोते हैं और कष्ट की

फसल काटते हैं। और वहाँ स्कूल की फीस भी काफी होती है, और बदले में मिलता कुछ नहीं।''

''सही निर्णय किया।'' बुद्ध ने कहा।

''आखिर इसे तो हमारा पुश्तैनी पेशा ही अपनाना है, खेती।'' किसान ने कहा।

अभी वे बातें कर ही रहे थे कि एक व्यक्ति आया।

''मैं यह बताने आया हूँ कि आज स्कूल में पढ़ाई नहीं होगी क्योंकि मैं अपने एक बीमार मित्र को देखने ललवानी जा रहा हूँ।''

''ये पंडित किशोरीलाल हैं,'' किसान ने बुद्ध से कहा, ''जो स्कूल चलाते हैं।''

पंडितजी ने बुद्ध का हाथ जोड़कर अभिवादन किया। फिर उत्साहपूर्वक देखते हुए पूछा कि क्या वह उस गाँव में कुछ दिन ठहरेंगे।

''नहीं, पंडितजी, मुझे आज ही प्रस्थान करना होगा।'' बुद्ध ने कहा।

''आप कहाँ से पधारे हैं, स्वामीजी?'' उन्होंने पूछा।

''कपिलवस्तु से।'' बुद्ध ने उत्तर दिया।

''तब तो आप वहाँ भगवान बुद्ध से अवश्य मिले होंगे,'' उन्होंने पूछा, ''ललवानी में मेरा एक रिश्तेदार है जिसने उस महान ऋषि के बारे में बहुत कुछ सुना है। अब वह सारे देश में भ्रमण करता हुआ उनके प्रेम और शान्ति के उपदेश का प्रचार करता है।''

तभी पंडितजी के मस्तिष्क में कुछ कौंधा जिसे भाँपकर बुद्ध मुस्कुराए। पंडितजी सोचने लगे कि यह अजनबी स्वामी आखिर हैं कौन। उनकी आँखों में एक दैवी चमक देकर पंडितजी ने पूछा, ''हे स्वामीजी, कहीं आप ही तो भगवान बुद्ध नहीं हैं?''

जब बुद्ध ने अपना सर स्वीकारोक्ति में हिलाया और पुनः मुस्कुराए तो पंडितजी किसान की ओर मुड़कर बोले, ''ओ, रामदेव, यह तो स्वयं भगवान बुद्ध हैं जिनके सानिध्य में तुम सारा दिन रहे। यह तो स्वयं बुद्ध हैं, सम्राटों के सम्राट।''

तत्क्षण सभी उनके चरणों में लेट गए और आशीर्वाद की याचना करने लगे।

''भला मैं कैसे जान सकता था,'' रामदेव ने हकलाते हुए कहा, ''कि देवता भी कभी-कभी इन्द्रलोक से उतरकर नश्वर प्राणियों के बीच घुल-मिल

जाते हैं...हे प्रभु, क्या आप मुझे क्षमा कर देंगे यदि मुझसे कुछ अनुचित हुआ हो?''

''इसके विपरीत, हे मित्र, आपका साथ एक सुखद अनुभव था,'' बुद्ध ने कहा, ''मैंने आपसे बहुत कुछ सीखा...मेरा आशीर्वाद हमेशा आपके साथ रहेगा। इस वर्ष आपकी अच्छी फसल के लिए मैं प्रार्थना करूँगा।''

जब रामदेव ने प्रस्ताव रखा कि वह उन्हें आगे कहीं भी अपनी बैलगाड़ी में ले चलने के लिए तैयार हैं तो बुद्ध ने विनम्रतापूर्वक मना कर दिया, ''नहीं, अब यहाँ से आगे मुझे पैदल ही जाना चाहिए।''

# बाईस

वेनीपेट जाते हुए, जहाँ समीर भगवान कृष्ण के मन्दिर में पुजारी थे, बुद्ध ने एक दिन के लिए ऐतिहासिक नगरी कुरुक्षेत्र में ठहरने का निर्णय किया। पर जब वह कुछ मील दूर एक जंगल से गुजर रहे थे तो उन्हें अपने आगे एक शोर सुनाई पड़ा। दो आदिवासी समूहों के बीच लड़ाई हो रही थी—दोनों भाले, बरछे और तीर-धनुष से लैस। जब उन्होंने एक बूढ़े आदिवासी से पूछा तो उसने बताया कि वह एक पारिवारिक विवाद था जंगल के एक विशाल भूभाग के लिए जिसे दोनों ही पक्ष अपनी पुश्तैनी जायदाद बता रहे थे।

"तो एक दूसरा कुरुक्षेत्र हो रहा है," बुद्ध ने टिप्पणी की, "कदाचित् यहाँ की मिट्टी का ही असर है।"

"ठीक ही कहा आपने। दोनों पक्ष एक दूसरे को मिटा देने पर आमादा हैं।"

"दुःखद है।" बुद्ध ने कहा। अचानक उनके मन में कोई विचार आया और वह दोनों समूहों के बीचोबीच आकर खड़े हो गए। जब आदिवासियों ने एक गेरुआ वस्त्रधारी साधू को देखा, जिनके हाथ में बस एक पीतल का कटोरा था, तो कुछ देर के लिए वार करना रोक दिया। फिर एक पक्ष के प्रधान मुल्लापति की जोर की आवाज गूँजी, "हट जाइए, स्वामीजी"

"पागल है क्या?" दूसरे पक्ष के प्रधान, भुल्लापति ने कहा।

किन्तु बुद्ध तनिक भी नहीं हिले। वह बस दोनों प्रधानों को देखते रहे। फिर बोले, "आप मुझे क्यों नहीं मार गिराते?...मैं निःसन्देह इस पीतल के कटोरे से अपनी रक्षा नहीं कर सकता। इसलिए बाण चलाना जारी रखिए, मित्रो!"

आखिर क्या चाहता है यह व्यक्ति—दोनों प्रधान सोचने लगे। एक निहत्था व्यक्ति प्रतिकार करता हुआ मूर्ति की तरह अडिग खड़ा है।

तब मुल्लापति अपना धनुष तानते हुए आक्रामकता के साथ उनकी ओर बढ़े। किन्तु बुद्ध ने मुस्कुराते हुए कहा, "आपके हाथ में तो बड़ा ही शक्तिशाली अस्त्र है, क्या मैं इसे आजमा सकता हूँ?"

उन्हें पागल समझते हुए मुल्लापति ने कहा, "कभी धनुष देखा है?"

"लेकिन तीरंदाजी तो कभी भी सीखी जा सकती है," बुद्ध ने मुस्कुराते हुए कहा, "आप मुझे कोशिश तो करने दीजिए।"

बुद्ध की योजना उस आदिवासी को बातचीत में उलझाकर उसके क्रोध को शान्त करने की थी। इस बीच भुल्लापति भी वहाँ आ गए यह जानने के लिए कि उनका प्रतिद्वन्द्वी उस साधू से क्या बात कर रहा है।

तब तक बुद्ध मुल्लापति का धनुष हाथ में लेकर एक आम के पेड़ पर निशाना लगाने लगे थे।

"बताएँ, मैं उस कच्चे आम को निशाना बनाऊँ या उसकी टहनी को?"

दोनों आदिवासी प्रधानों को लगा कि वह पागल आदमी उन दोनों को बेवकूफ बना रहा है।

"टहनी की बात तो दूर, आप पेड़ के मोटे तने पर भी निशाना नहीं लगा सकते।"

पर तीर तब तक कमान से निकल चुका था और वह कच्चा आम धरती पर आ गिरा। उसकी टहनी को बुद्ध ने मध्य भाग में ही वेध दिया था।

मुल्लापति और भुल्लापति दोनों तीरंदाजी के इस कमाल पर अचम्भित रह गए। कुछ क्षणों तक मूक देखते रहे। फिर मुल्लापति बोले, "यह तो सच में कमाल हो गया। आप घुम्मकड़ साधू हैं या निपुण धनुर्धर?"

"क्या अन्तर पड़ता है, प्रिय मित्र?" बुद्ध ने पूछा, "पर हाँ, आप दोनों से भिन्न हूँ क्योंकि मैंने कभी किसी विवाद के निपटारे के लिए धनुष-बाण का प्रयोग नहीं किया। यदि आप दोनों के बीच कोई विवाद है तो मिल-बैठकर बातचीत से उसका हल क्यों नहीं ढूँढ़ते?" फिर थोड़ा रुककर बोले, "क्या आपको एहसास है कि आपके इस द्वन्द्व का एक तीसरा पक्ष भी है?"

यह सुनकर मुल्लापति और भुल्लापति दोनों विस्मय में पड़ गए। 'तीसरा पक्ष, इस साधू की मंशा क्या है'—वे सोचने लगे।

"मेरा मतलब पशु-पक्षियों से है," बुद्ध ने अपनी बात जारी रखते हुए कहा, "वे भी इस जंगल के वासी हैं, वे भी इसे अपनी पुश्तैनी जायदाद मान

सकते हैं। इसलिए मित्रो, बिना युद्ध किए इस समस्या का सौहार्दपूर्ण हल क्यों नहीं ढूँढ़ते।''

अभी बुद्ध ने अपनी बात समाप्त भी नहीं की थी कि एक लम्बे बालों वाला आदिवासी भीड़ से निकलकर आया और बोल पड़ा, ''आह, भगवान बुद्ध!''

बुद्ध चौंक गए और उससे उसका परिचय पूछा।

''कुछ दिन पूर्व मैं एक विवाह समारोह में भाग लेने मगध गया था,'' उसने कहना शुरू किया, ''जहाँ राजा बिम्बिसार ने आपका प्रवचन आयोजित किया था।'' फिर आदिवासी प्रधानों की ओर मुड़कर बोला, ''यही हैं कपिलवस्तु के युवराज जो अपने पिता के सिंहासन पर बैठते यदि सबकुछ त्याग नहीं दिया होता। परन्तु अब यह सम्पूर्ण मानवता के उद्धारक हैं—बुद्ध।'' ऐसा कहते हुए वह उनके चरणों में लेट गया। चारों ओर एक नीरवता छा गई।

''आप हम दोनों के बीच मध्यस्तता क्यों नहीं करते, हे देव?'' मुल्लापति ने झुककर निवेदन किया।

एक लम्बी चुप्पी के बाद आँखों में प्रसन्नता की चमक लिये बुद्ध बोले, ''आप दोनों इस वन क्षेत्र को आपस में बराबर -बराबर बाँट क्यों नहीं लेते?'' उन्होंने परामर्श दिया, ''हृदय में शान्ति और सौहार्द रखें, वैमनस्य नहीं जो आत्मा को दुर्बल करता है।''

बुद्ध के सम्मुख नतमस्तक होकर दोनों प्रधानों ने विवाद का निपटारा बातचीत से करने का निर्णय किया।

जब समाचार फैला कि बुद्ध कुरुक्षेत्र में हैं तो लोगों ने उस शाम उनसे प्रवचन के लिए आग्रह किया। बुद्ध शान्ति, करुणा और अहिंसा के विषय पर बोले। किन्तु दिन-भर वह उस नगर का भ्रमण करते रहे जो कभी कौरवों और पांडवों की युद्धभूमि थी। उन्होंने देखा कि नगर में आगन्तुकों का ताँता लगा था जो इस कल्पना से अभिभूत थे कि यह मिट्टी उन असंख्य सैनिकों के रक्त से रंजित थी जिन्होंने युद्ध में प्राण गँवाए।

अपराह्न काल मौसम उग्र हो गया। बिजली की चमक और बादलों की गर्जना के साथ बारिश होने लगी। किन्तु आश्चर्यजनक रूप से शाम होते-होते शान्ति छा गई जिससे नगरवासियों के लिए बुद्ध को सुनने के लिए इकट्ठा होना सहज हो गया।

मंच पर आते ही बुद्ध ने गौर किया कि मुल्लापति और भुल्लापति दोनों

अग्रिम पंक्ति में ही बैठे थे। जब दोनों ने सर झुकाकर अभिवादन किया तो बुद्ध ने मुस्कुराकर उत्तर दिया।

"आज शाम मैं एक ऐसे विषय पर बात करूँगा जिसमें सभी नगरवासियों के लिए एक विशेष सन्देश छिपा होगा। वह विषय है हिंसा। मानवों में मानवों और पशु-पक्षियों की हत्या करने की प्रवृत्ति क्यों रहती है? जब मृत्यु पर हमारा वश नहीं है तो हम निर्णायक क्यों बनें? सर्जक के बजाय संहारक क्यों बनें?

"जब हम किसी की हत्या करने के लिए तलवार उठाते हैं तो भूल जाते हैं कि हमारा विरोधी भी हमें मार सकता है। इसी ऐतिहासिक नगर की धरती पर ऐसा युद्ध हो चुका है जिसमें अट्ठारह दिनों तक रक्त की नदी बहती रही थी। असंख्य सैनिकों की नृशंस हत्या हुई जिससे औरतें विधवा हुईं और बच्चे अनाथ हुए। पूरा भारतवर्ष विनाश के कगार पर पहुँच गया था। यह एक ऐसा युद्ध था जिसमें दोनों पक्षों की पराजय हुई।

"सुनने में तो ईशनिंदात्मक लगेगा किन्तु मैं बताना चाहता हूँ कि अर्जुन को न्यायोचित कारणों से ही सही पर शस्त्र उठाने और प्रहार करने की प्रेरणा देना गलत था। हम साध्य की प्राप्ति के साधन को बन्धक नहीं बना सकते। भगवान कृष्ण को दोनों पक्षों को आपसी बातचीत के लिए राजी कराने का प्रयास जारी रखना चाहिए था। मुझे यह सोचकर दुःख होता है कि उन्होंने अर्जुन को अपने परिजनों के संहार के लिए उकसाया। किसी भी युद्ध का कठोर सत्य यही है कि उससे मानव में घृणा, क्रोध और प्रतिशोध की भावना ही बलवती होती है।

"जैसे कुरुक्षेत्र के युद्ध ने युधिष्ठिर, अर्जुन, द्रोण और यहाँ तक कि कृष्ण जैसे महान योद्धाओं के अन्दर की दरार को उजागर किया उसी तरह किसी भी प्रकार की हिंसा हमारे कुरूप चेहरे को ही प्रदर्शित करती है। वासना की तरह हिंसा और क्रोध भी मानव के घोर पाप हैं। इनसे ग्रसित मानव लकड़ी के सूखे कुन्दे की तरह होता है जिसे कोई भी ज्वार बहा ले जा सकता है। या फिर हम एक पतवार रहित नाव की तरह हो जाते हैं जो तूफान की दया पर आश्रित होती है।

"युद्धरत मनुष्य क्या पशुओं से भी बदतर नहीं होता? क्योंकि पशु न तो व्यूह-रचना के अनुसार व्यवस्थित रहते हैं और न दुश्मन को अचम्भित

करने वाली युद्धनीति के अनुकूल आचरण करते हैं। न तो उनके हाथों में विनाश का कोई अस्त्र होता है और न वे किसी ढाल के पीछे अपना बचाव करते हैं।

"मेरी मान्यता है कि हर विवाद का शान्तिपूर्ण हल सम्भव है। बस हमें घृणा पर प्रेम से और युद्ध पर समझौता और क्षमा से विजय प्राप्त करना होगा। हम सबों के हृदय में एक दैवी ज्योति प्रज्वलित है। हमें हिंसा के झोंकों से उसकी सुरक्षा करनी चाहिए। पृथ्वी पर शान्ति स्थापित रहनी चाहिए। नहीं भूलना चाहिए कि हमें मानव जन्म मिला है जो सृष्टि का सर्वोत्तम रूप है, और हर प्रकार की हिंसा के परित्याग द्वारा इस वरदान को सार्थक करना हमारी जिम्मेदारी है।

"अन्त में मैं बताना चाहता हूँ कि हिंसा वाचिक और दैहिक दोनों प्रकार की होती है। यदि खड़ग के एक वार से सर काटा जा सकता है तो अपशब्दों के प्रयोग से भी गम्भीर रूप से आहत किया जा सकता है। वास्तव में गन्दे शब्द तलवार से भी अधिक घातक होते हैं। इसलिए हमें अपनी भुजाओं और जिह्वा से केवल शान्ति, प्रेम और करुणा की भाषा ही बोलनी चाहिए।"

बुद्ध के प्रवचन समाप्त करते ही चारों तरफ एक शान्ति छा गई। आदिवासियों के दोनों प्रधान, मुल्लापति और भुल्लापति, सबसे पहले मंच पर आए और बुद्ध का चरणस्पर्श किया।

"हे देव!" मुल्लापति ने कहा, "आपके अमृत वचन ने हमारी आँखें खोल दीं। आपको यह जानकर प्रसन्नता होगी कि हम दोनों ने अपने सारे विवाद हल कर लिए हैं। जंगल के पूर्वी क्षेत्र पर भुल्ला का स्वामित्व होगा और शेष आधे पश्चिमी क्षेत्र पर मेरा।"

"यह सुनकर मैं अत्यन्त प्रसन्न हूँ," बुद्ध ने कहा, "तो आपने देखा कि मेरे वाण ने सब कुछ कैसे पलट दिया। बिना किसी की हत्या किए दो हृदय एकजुट हो गए।"

तब भुल्लापति ने पूछा, "क्या आप कुरुक्षेत्र में कुछ दिन ठहरेंगे?"

"नहीं," बुद्ध ने उत्तर दिया, "कल प्रातःकाल मुझे प्रस्थान कर जाना चाहिए। परन्तु वापसी में मैं एक दिन ठहर सकता हूँ।"

"यह तो शुभ समाचार है," भुल्लापति ने कहा, "हो सकता है आप जंगल में हमारे साथ कुछ समय व्यतीत करने की कृपा करें।"

"अवश्य," बुद्ध ने कहा, "संयोग से मैं नगर की अपेक्षा जंगल में अधिक सहज महसूस करता हूँ।"

एक संक्षिप्त चुप्पी के बाद मुल्लापति ने पूछा, "तब तक वह कच्चा आम जिसे लक्ष्य कर आपने बाण चलाया था वह पक भी जाएगा। इसलिए आप उसे ग्रहण भी कर सकेंगे, हमारे आदिवासी भोज में जो हम आपके सम्मान में आयोजित करेंगे।"

# तेईस

कुरुक्षेत्र से निकलकर बुद्ध ने हस्तिनापुर का मार्ग पकड़ा। उन्होंने देखा कि रास्ते के दोनों ओर कहीं कोई हरा-भरा खेत नहीं था। किन्तु सड़क किनारे के पेड़ों की छाया में धूप से बचते हुए चलने में उन्हें कोई दिक्कत नहीं हुई।

वह जिस किसी गाँव या नगर में विश्राम के लिए रुकते थे, लोग भोजन-पानी और विश्रामस्थल की व्यवस्था में स्वतः लग जाते थे और हृदय से उनकी मेजबानी करते थे। अभी वह हस्तिनापुर से कुछ ही मील दूर गए थे कि उन्होंने एक शवयात्रा गुजरते देखी। मर्द दुःखी और उदास थे और औरतें छाती पीटकर विलाप कर रही थीं। पूछने पर पता चला कि एक सात वर्ष के बालक की झील में डूबने से मृत्यु हो गई है।

"पर लोग इतना विलाप क्यों कर रहे हैं?" बुद्ध ने पूछा।

उस व्यक्ति ने बुद्ध को गुर्राकर देखा क्योंकि वह उसे बड़े ही कठोर हृदय लगे।

"आपकी मति तो नहीं मारी गई है, स्वामीजी," वह प्रतिकार करते हुए बोला, "यहाँ हमलोग दुःख में डूबे हैं और आप इतनी कठोर बात कर रहे हैं।"

"दुःख की इस घड़ी में इस कठोरता के लिए मैं क्षमाप्रार्थी हूँ," बुद्ध ने कहा, "परन्तु मैं तो बस इतना कहना चाहता था कि जब किसी सन्तान के जन्म को, जो अप्रत्याशित होता है, हम जीवन का उपहार मानकर प्रसन्न होते हैं, तो उसी उपहार के छिन जाने पर हम इतनी हाय-तौबा क्यों मचाते हैं जबकि इसका कारण हमारी समझ से परे है? क्या यह वैसा ही नहीं है जैसा कि किसी उधार देने वाले व्यक्ति के ऋण वसूली के लिए आने पर हम भुनभुनाने लगते हैं?"

यों तो बुद्ध की बातों ने उस व्यक्ति को सोचने के लिए बाध्य कर दिया पर उसने कहा, "मैं आपको दुबारा कहता हूँ कि यह अवसर उपदेश देने का

नहीं है बल्कि दूसरों के दुःख के प्रति संवेदनशील होने का है।" वह ठहरकर बोला, "मैं आपको बता दूँ कि मैं उस बच्चे का चाचा हूँ। इसलिए कृपा कर...।" उसकी आवाज लड़खड़ा गई। "कभी-कभी मुझे लगता है कि आप स्वामीजी लोग ईश्वर की तरह बात करना पसन्द करते हैं, मनुष्य की तरह नहीं।" फिर ठहरकर पूछा, "क्या आपका विवाह हो गया है, स्वामीजी, और आपको पुत्र है?" इन शब्दों ने बुद्ध को झकझोर दिया और उन्हें राहुल की याद आ गई।

"हाँ, प्रिय मित्र, मैं विवाहित हूँ," बुद्ध ने विनम्रता से कहा, "और मुझे एक पुत्र भी है। तो क्या आप अब भी मुझे कठोर और अमानवीय कहेंगे?"

"हे भगवान!" वह व्यक्ति बोल पड़ा, "तब तो मुझे आपसे क्षमा माँगनी चाहिए। और हाँ, आपने पूर्व में जो कुछ कहा मैं उसे स्मरण रखूँगा।"

चूँकि शवयात्रा अब श्मशान के करीब पहुँच चुकी थी इसलिए उस व्यक्ति के मन में जिज्ञासा हुई कि आखिर स्वामीजी हैं कौन।

"आप हैं कौन, स्वामीजी?" उसने पूछा।

"मैं एक घुमक्कड़ भिक्षु हूँ।" बुद्ध ने उत्तर दिया। किन्तु वह व्यक्ति उनके चेहरे को गौर से देखता रहा, विस्मित-सा। फिर बुद्ध को लगा कि सच बता देना चाहिए।

"आपने बुद्ध के बारे में सुना है?" उन्होंने रहस्यमय मुस्कान के साथ पूछा।

"ओह, भगवान बुद्ध!" वह व्यक्ति उद्गार के साथ बोला, "आपके बारे में भला किसने नहीं सुना, हे देव? हमारे गाँव में एक भिक्षु हैं जो आपके अनन्य शिष्य हैं।" वह व्यक्ति बुद्ध के चरणों पर गिर पड़ा।

फिर बुद्ध ने हस्तिनापुर की अपनी यात्रा जारी रखी। यमुना नदी के पास पहुँचकर उन्होंने देखा कि नाव में कुछ लोग सवार हैं। बुद्ध को देखकर नाविक ने कहा, "आप भी आ जाइए, स्वामीजी—और आपसे कोई खेवा नहीं लूँगा।"

"आपकी बड़ी कृपा होगी।" बुद्ध ने नाविक के पास ही नाव के अग्रभाग में बैठते हुए कहा।

किन्तु जब नाव चलने ही वाली थी कि तीन और सवारियाँ दिखीं। उन्होंने भी बिठा लेने का आग्रह किया। यद्यपि नाव भरी हुई थी पर नाविक ने उन्हें भी बिठा लिया।

"क्या क्षमता से अधिक बोझ नहीं ले रहे हो, हे नाविक?" पार्श्वभाग में बैठे एक बूढ़े व्यक्ति ने टोका, "यदि नाव बीच नदी में डूब गई तो क्या होगा?"

"ऐसा कुछ नहीं होगा," नाविक ने खंडन करते हुए कहा, "मौसम शान्त है और यमुना भी। हम सभी सुरक्षित उस पार पहुँच जाएँगे। चिन्ता न करें।"

किन्तु एक अन्य सवारी ने, जो उस बूढ़े के पास बैठा था, उसके कानों में फुसफुसाकर कहा, "यह नशे में तो नहीं है, या फिर अत्यधिक लोभ में?"

नाव चल पड़ी और आराम से बढ़ने लगी, जैसे कोई हंस झील में तैर रहा हो। सुबह का सूरज क्षितिज पर उग आया था और यमुना की सतह पर अपनी छटा बिखेर रहा था। जल में उसकी छवि काँसे की गोल चकती-सी दिख रही थी।

नाविक को चप्पू चलाते देख बुद्ध मोहित थे—पानी में डूबते-निकलते चप्पू की आवाज की लय में खोए। अभी नाव बीच नदी में ही थी कि क्षितिज से हवा का एक जोर का झोंका उठा और नदी को तरंगित कर गया। किन्तु पतवार पर नाविक की पकड़ वैसी ही मजबूत थी जैसे किसी कबूतरबाज की उस डोर पर जिससे वह अपने पक्षी की उड़ान को नियन्त्रित करता है।

बीच में बैठी दो महिलाएँ बातचीत में व्यस्त थीं। बाएँ गाल पर मस्से वाली औरत ने अपनी सखी से कहा, "यह स्वामीजी तो बड़े आकर्षक हैं—चेहरा सुबह के सूरज-सा दमकता हुआ और कंधों तक लटकते घुँघराले बाल।" वह रुककर बोली, "मेरा अनुमान है कि यह अक्षतवीर्य हैं, यों हमने साधुओं के बारे में सुना है कि...।" वह अचानक रुक गई।

"कहीं तुम्हें इनसे प्रेम तो नहीं हो गया?" उसकी सहेली ने पूछा, "मैं देख रही हूँ कि तुम्हारे मुँह से लार टपक रही है। यदि कोई और स्थान इनके ठहरने का नहीं हो तो वेनीपेट स्थित अपने घर में आमन्त्रित क्यों नहीं कर लेती?"

दूसरी औरत ने मुस्कुराते हुए कहा, "वह तो सपना पूरा होने जैसा होगा। लेकिन यदि यह किसी मन्दिर में भी ठहरना चाहें तो मुझे इनकी देवदासी बनने में एतराज नहीं होगा—रात्रि में इनका साथ तो मिलेगा, जब मन्दिर की घंटियाँ शान्त हो जाएँगी और देवी-देवता भी नींद में खो जाएँगे।"

"क्या खूबसूरत परिकल्पना है! किन्तु इन्द्रधनुष की तरह नाजुक।" दूसरी औरत ने टिप्पणी की।

अचानक हवा ने तूफान का रूप ले लिया और सारी सवारियाँ घबरा गईं।

"हे कृष्ण, हमारी रक्षा करें...।" वह बूढ़ा व्यक्ति बोल पड़ा।

"हमें चिन्तित नहीं होना चाहिए," दूसरे व्यक्ति ने कहा, "हमारा नाविक बड़ा ही निपुण है। वह हमें किसी-न-किसी तरह निकाल ले जाएगा।"

किन्तु पतवार पर नाविक की पकड़ ढीली पड़ती देख सवारियाँ भयभीत हो गईं। बुद्ध ने देखा कि नाविक की आँखें आधी बन्द थीं मानो वह अचेतावस्था में जा रहा हो। कहीं इसे चक्कर तो नहीं आ रहा, बुद्ध सोचने लगे। अचानक वह नाव में गिर पड़ा—मरणासन्न-सा। तत्क्षण बुद्ध ने पतवार अपने हाथों में थाम ली और नाव के पार्श्वभाग में टकराने वाले ज्वार से जूझने लगे। सवारियाँ तो चीखने-चिल्लाने लगीं, परन्तु बुद्ध मजबूती से चप्पू थामे नाव खेते रहे। अपनी क्षमता पर वह स्वयं अचम्भित थे।

"यही स्वामीजी हमें यमुना पार कराएँगे," एक व्यक्ति ने कहा, "वासुदेव की तरह जिन्होंने अपने दिव्य-बालक कृष्ण को सुरक्षित पार कराया था।"

उसकी बातों से अन्य लोगों में आशा का संचार हुआ। सबों ने देखा कि उग्र धारा के बीच से नाव बढ़ती जा रही है। उधर बुद्ध का ध्यान पतवार पर केन्द्रित था। उन्होंने स्वयं को अपनी उस धनुर्धर वाली स्थिति में पाया जब उनके तीर ने सीप पर अंकित काले धब्बे को वेधकर उनके प्रतिद्वन्द्वियों—नन्द, अर्जुन और देवदत्त—पर उनकी श्रेष्ठता स्थापित की थी।

जब नाव दूसरे किनारे पर लगी तो सबों ने देखा कि नाविक अभी तक चेतना शून्य था। तब बुद्ध ने सभी से एक-एक कर नाव से धीरे से उतरने को कहा, ताकि नाव डगमगाए नहीं। नीचे उतरकर सभी अपने परित्राता, स्वामीजी के उतरने की प्रतीक्षा करने लगे ताकि उनके चरणों में गिरकर अपना आभार प्रकट कर सकें। उन्होंने अंजलि भर जल लेकर उसके चेहरे पर छींटा। शनैः-शनैः नाविक की आँखें खुलीं मानो किसी दुःस्वप्न से उबर रहा हो।

"मैं कहाँ हूँ?" उसने बुद्ध को विस्मित नेत्रों से देखते हुए पूछा।

"हम लोग नदी के पार आ चुके हैं, प्रिय मित्र।" बुद्ध ने बताया।

किसी तरह खड़े होते हुए उसने पूछा, "परन्तु नाव को किसने खेया?"

"मैंने," बुद्ध ने कहा, "जब आपको बेहोश होते देखा तो मैंने पतवार थाम ली।"

"परन्तु आप तो एक स्वामी हैं, नाविक नहीं।"

"कदाचित् मैं दोनों हूँ," बुद्ध ने मुस्कुराते हुए कहा, "मैं काफी देर से आपको चप्पू चलाते देख रहा था, और उतना काफी था।" वह ठहरकर बोले, "मैं एक अच्छा नौसिखिया हूँ।"

"सच में।" नाविक ने कहा।

"पर क्या एक बात मैं पूछ सकता हूँ, प्रिय मित्र? क्या पहले भी ऐसा दौरा आपको पड़ चुका है?"

"कभी नहीं," नाविक ने तुरन्त उत्तर दिया, "किन्तु पिछली रात मैंने 'तिगुनी' मात्रा में मदिरा पी ली थी—मेरी बुरी लत। मैं क्षमा चाहता हूँ, स्वामीजी,...कल्पना कीजिए, यदि मैंने आपको नहीं बिठाया होता तो?"

"पर अब आपको समझ लेना चाहिए कि एक नाविक की जिम्मेदारी बहुत बड़ी होती है," बुद्ध ने कहा, "अनेकों जीवन—बचाए या डुबो दे।"

शर्म से सर झुकाकर नाविक ने कहा, "मैं शपथ लेता हूँ कि अब कभी मदिरा को हाथ भी नहीं लगाऊँगा।"

"यह सुनकर मुझे प्रसन्नता हुई।" बुद्ध ने कहा।

जब सभी लोग उनके चरणों में साष्टांग लेट गए तो उस बूढ़े व्यक्ति ने कहा, "हे महान उद्धारक, ईश्वर आपको अपना आशीष दें।"

"हाँ! मुझे आपके आशीर्वाद की आवश्यकता है।" बुद्ध ने कहा। पर ज्योंही वह वहाँ से जाने लगे कि गाल पर मस्से वाली उस जवान औरत ने पूछा, "क्या वेनीपेट में आपके लिए ठहरने का कोई स्थान है, स्वामीजी?"

"हाँ, यहाँ मैं अपने भ्राता से मिलने आया हूँ जो एक स्थानीय मन्दिर में पुरोहित हैं।"

"ओह!" निराश स्वर में उस औरत ने कहा और बुद्ध को नगर की ओर जाते एकटक देखती रही।

# चौबीस

जब बुद्ध वेनीपेट पहुँचे तो देखा कि वह एक छोटा-सा नगर था जिसमें राम, कृष्ण, हनुमान और शिव के अनेकों मन्दिर थे जिनके शीर्ष भाग सूर्य के प्रकाश में चमक रहे थे। उन्हें पता चला कि वह एक पौराणिक महत्त्व का स्थान था क्योंकि भगवान कृष्ण ने पांडवों का पक्ष रखने के लिए हस्तिनापुर जाते समय एक दिन वहाँ विश्राम किया था। इसीलिए कृष्ण मन्दिर पूजा का सबसे प्रसिद्ध स्थान बन गया था, न केवल स्थानीय लोगों के लिए बल्कि तीर्थयात्रियों के लिए भी। कोई आश्चर्य नहीं कि वहाँ की अधिकांश दुकानों में पूजा की सामग्री बिकती थी, और कृष्ण की बाल्यावस्था और युवावस्था की तस्वीरें भी। किन्तु उन्हें यह देखकर आश्चर्य हुआ कि उनमें शायद ही कोई तस्वीर अर्जुन को कुरुक्षेत्र के युद्ध के लिए प्रेरित करते हुए कृष्ण की थी। कदाचित् इसलिए कि सामान्य लोगों की कल्पना में तो कृष्ण का मटकों से मक्खन चुराने वाला रूप ही रचा-बसा था, या फिर गोपियों पर गुलाबजल छींटते या उन्हें अपने बाँसुरी वादन से मुग्ध करते हुए कृष्ण का रूप। इसलिए बुद्ध के मन में यह प्रश्न उपजा कि इनमें से कौन-सा रूप वेनीपेट के लिए सत्य था—हँसी-ठिठोली करते आकर्षक कृष्ण का या योगीराज कृष्ण का जिन्होंने फल की चिन्ता किए बिना निष्काम कर्म का उपदेश दिया।

बुद्ध को कृष्ण मन्दिर ढूँढ़ने में कठिनाई नहीं हुई, जहाँ वह समीर से मिलना चाहते थे। वह वास्तुकला का एक अनूठा नमूना था—कछुए के आकार वाला स्वर्ण-जड़ित गुम्बदयुक्त। द्वार पर एक पुजारी को देखकर उन्होंने समीर के बारे में पूछा।

"वह हम में से ही एक हैं। किन्तु चूँकि आज उनका मौन-व्रत है इसलिए आपको कल सुबह तक प्रतीक्षा करनी होगी।" उस पुजारी ने कहा। फिर बुद्ध को गौर से देखते हुए पूछा, "क्या आप उनके सगे-सम्बन्धियों में से हैं?"

"वह मेरे भ्राता हैं और मैं उनसे मिलने सीधे कपिलवस्तु से आया हूँ।"

"तब आप मन्दिर के पार्श्वभाग में बनी उनकी कुटिया में जाएँ और अपने आगमन का संवाद एक कागज पर लिखकर भेज दें।"

किन्तु कुटिया तक जाने के पूर्व बुद्ध ने मन्दिर के अवलोकन का निर्णय किया। गर्भ-गृह में कृष्ण की स्वर्णजड़ित मूर्ति स्थापित थी—बाएँ पैर पर खड़े और होंठों से बाँसुरी लगाए। बाहर प्रांगण में भक्तगण भजन गा रहे थे और मन्दिर की दीवारों पर कृष्ण के बाल्यावस्था और युवावस्था के अनेक भित्ती-चित्र प्रदर्शित थे।

मन्दिर का चक्कर लगाने के बाद वह समीर की कुटिया तक गए। एक युवा पुजारी ने उन्हें रोकते हुए रूखेपन से कहा, "आज वह उपलब्ध नहीं हैं, स्वामीजी।" यह बताने के बाद भी कि वह उनके भ्राता हैं उस पर कोई असर नहीं हुआ।

"भ्राता, पिता या चाचा—आप कोई भी हों उनका मौन-व्रत और ध्यान भंग नहीं किया जा सकता।...यदि आप भी एक पुजारी हैं तो आपको स्वयं समझना चाहिए। क्या आप कल सुबह तक प्रतीक्षा नहीं कर सकते?...आप खुले मन्दिर-प्रांगण में कहीं भी सो सकते हैं।"

यद्यपि बुद्ध आहत और अवमानित महसूस कर रहे थे किन्तु उन्होंने विनम्रता से कहा, "हाँ, मैं प्रतीक्षा कर सकता हूँ। मेरी अधीरता के लिए कृपया क्षमा करें।"

मन्दिर के पूर्वी भाग में उन्होंने एक शान्त स्थान चुना। परन्तु मंत्रोच्चार और घंटियों की आवाज से उन्हें नींद नहीं आई। दो पुजारियों—एक जिसकी आँखें भेंगी थीं और दूसरा जिसकी भँवें घनी थीं—का श्लोक पाठ मध्यरात्रि तक गूँजता रहा, और कुछ नर-नारी ध्यान से सुनते रहे यद्यपि उनकी आँखें झपकी जा रही थीं।

ठीक मध्यरात्रि को मन्दिर में शान्ति छा गई मानो भगवान कृष्ण के लिए भी थोड़ा सो लेने का समय आ गया हो, क्योंकि अगली सुबह वही पूजा-पाठ। बुद्ध एक खम्भे के पीछे पसरकर लेट गए। परन्तु बगल के खम्भे के पास से उन्हें फुसफुसाहट की आवाज सुनाई पड़ी। पड़े-पड़े ही उन्होंने तिरछे देखा कि वह भेंगी आँखों वाला पुजारी एक युवती को चूम रहा था जो शायद कोई देवदासी थी। फिर उसने अपनी चोली खोल दी और पुजारी उसके उरोजों को सहलाने लगा।

स्तब्ध और क्रोधित बुद्ध ज्योंही उठे कि वह युवती अपने वस्त्र ठीक करते हुए दीवार के पीछे तेजी से गुम हो गई। पर बुद्ध स्वयं को रोक नहीं पाए और

उस पुजारी के पास जाकर बोले, "क्या वासना में लिप्त होना पाप नहीं है, वह भी अपने देवता के समक्ष?"

किन्तु निर्लज्जता और ढिठाई के साथ उस पुजारी ने उत्तर दिया, "हम ऐसा कुछ नहीं कर रहे थे, साधू महाराज।...वह तो एक देवदासी है जो मेरे चरणों में पड़कर मेरा आशीर्वाद माँग रही थी।"

बुद्ध समझ गए कि उनका सामना एक ऐसे झूठे और कामुक-लम्पट से हुआ है जो नैतिक रूप से इतना भ्रष्ट हो चुका है कि पुनः सत्यनिष्ठ नहीं हो सकता। इससे पहले कि वह कुछ और कहते वह पुजारी भी वहाँ से खिसक गया। पर बुद्ध अब की सन्न थे।

तभी उनकी दृष्टि गर्भ-गृह में स्थापित कृष्ण की मूर्ति पर पड़ी जो एक दीप की लौ में चमक रही थी। उनके चरणों में ढेर सारी गुलाब की पंखुड़ियाँ पड़ी थीं और भक्तों द्वारा चढ़ाए गए फल भी पड़े थे। आस-पास कोई नहीं था, इसलिए चूहों ने कुतरना शुरू कर दिया था। एक मोटा चूहा मूर्ति के बाएँ कन्धे पर चढ़कर बैठा था।

बेचारे कृष्ण, बुद्ध ने सोचा, कितने निःसहाय हैं ऐसे चूहों और पुजारियों के सामने जो उनके क्षेत्र में घुस आए हैं। यही है पाखंडपूर्ण धर्म का वह चेहरा जो लोगों की दृष्टि से ओझल है। यदि समीर के द्वार पर वाले पुजारी ने उन्हें नहीं लौटाया होता तो निश्चय ही वह इन बातों से अनभिज्ञ रह जाते। फिर वह अनुमान लगाने लगे कि यदि चार आर्य सत्यों पर उनका प्रवचन यहाँ हुआ तो मन्दिर के पुजारियों की प्रतिक्रिया कैसी होगी। यहाँ तो सुधार की कोई आशा नहीं दिखती।

उनके मन में एक शंका पैदा हुई। यदि यह स्थान इतना भ्रष्ट हो चुका है तो समीर यहाँ कैसे रह पाए? या फिर वह भी इसी चट्टी-बट्टी के हैं? कहीं वह पुजारी भी अपने गुरु को बचाना तो नहीं चाहता था जो किसी देवदासी संग अपनी कुटिया में ही थे। पर तुरन्त उन्होंने उन विचारों को झटक दिया। अपनी माता के दिव्य-दूध पर पला समीर भला वासना में कैसे डूब सकता है?

जब वह समीर की कुटिया की ओर बढ़ रहे थे तो उनकी दृष्टि मन्दिर-प्रांगण में झाड़ू लगाते हुए व्यक्ति पर पड़ी। यों तो वह काला-कलूटा था और मैली धोती पहने था पर काफी आकर्षक लग रहा था—चौड़ा ललाट, घने बाल, गहरी भूरी आँखें और नाजुक होंठ। वह झाड़ू लगाने में इतना व्यस्त था

कि बुद्ध को खाँसकर अपनी उपस्थिति का एहसास कराना पड़ा। पीछे मुड़ा तो एक गेरुआ वस्त्रधारी को देखा जिनके हाथ में पीतल का एक भिक्षापात्र था। उन्हें साधू समझते हुए वह घुटनों के बल झुका पर उनके पाँव नहीं छूए।

"प्रणाम, स्वामीजी।" उसने विनम्र स्वर में कहा।

"मैंने समझा आप भी मेरा चरणस्पर्श करेंगे।" बुद्ध ने मुस्कुराते हुए कहा।

"पर मैं तो अछूत हूँ। इसलिए मैं आपके शरीर को अपवित्र करने की धृष्टता कैसे कर सकता हूँ?"

बुद्ध ने न केवल उसका दाहिना हाथ कसकर पकड़ा बल्कि उसे गर्मजोशी से गले भी लगाया।

"अब देखो, मैंने अपना हाथ ही नहीं बल्कि अपना पूरा शरीर ही अपवित्र कर लिया।" बुद्ध ने मुस्कुराते हुए कहा, "मानव-मानव के बीच फर्क कैसा? जब जन्म बस एक घटना मात्र है तो फिर इस बात से क्या अन्तर पड़ता है कि हम ब्राह्मण पैदा हुए या शूद्र?"

पूरी तरह भ्रमित वह भंगी बुद्ध को एकटक देखता रहा।

"यह कोई विभ्रम तो नहीं है, स्वामीजी?" वह हकलाते हुए बोला और उनके चरणों में साष्टांग लेट गया।

"आप यह सफाई का काम इस असमय के बजाय दिन में क्यों नहीं करते?" बुद्ध ने पूछा।

"क्योंकि मन्दिर के क्रिया-कलापों के समय हमें दिखना नहीं चाहिए," उसने उत्तर दिया, "इसलिए जब कोई नहीं रहता है तब मैं यह काम करता हूँ।"

बुद्ध उलझन में पड़ गए।

"आप यहाँ के पुजारियों को जानते हैं?" बुद्ध ने पूछा।

"सच पूछें तो नहीं।" भंगी ने उत्तर दिया।

"मेरा मतलब है भक्तों के चले जाने के बाद आपने उन्हें देवदासियों संग देखा है?"

"शायद मैंने उन्हें लिप्त देखा है...।" भंगी अचानक चुप हो गया।

"आप विवाहित हैं?"

"हाँ, स्वामीजी।"

"बाल-बच्चे?"

"दो बेटे हैं—दोनों किशोरवय।" उसने बताया।

"क्या वे किसी विद्यालय में जाते हैं?"

"नहीं, स्वामीजी। उन्हें कौन करने देगा विद्यालय में प्रवेश? इसलिए वे भी रात्रि के समय सफाई का काम करते हैं—एक राममन्दिर में और एक शिवमन्दिर में। परिवार के सहारे के लिए उन्हें काम करना पड़ता है।"

"तो इन मन्दिरों की सारी गन्दगी आपका ही परिवार साफ करता है।" बुद्ध ने मुस्कुराते हुए कहा।

बातचीत और आगे बढ़ती इससे पहले ही भंगी झाड़ू उठाकर अपने काम में लग गया। बुद्ध समझ गए कि उसके लिए बातचीत से अधिक काम प्रमुख था।

"किन्तु इस समय तो आपको कोई देख नहीं रहा है, प्रियमित्र," बुद्ध ने कहा, "सारे पुजारी और भक्तगण जा चुके हैं। यहाँ तक कि भगवान कृष्ण भी गर्भ-गृह में सो चुके लगते हैं।"

"नहीं स्वामीजी, भगवान तो हमेशा जाग्रत और सतर्क रहते हैं...मैं तो सन्नाटे में भी उनकी उपस्थिति महसूस करता हूँ।"

"आप सच्चे भक्त हैं, प्रिय मित्र।" बुद्ध ने कहा।

"स्वामी समीर के बारे में आपकी क्या राय है? क्या वह भी अन्य पुजारियों जैसे ही हैं?"

तत्क्षण भंगी का चेहरा खिल उठा।

"वह तो कीचड़ में कमल की तरह हैं।"

फिर झाड़ू को मजबूती से पकड़कर वह अपने काम में लग गया। वहाँ से हटने से पहले बुद्ध ने कहा, "आपके काम में खलल डालने के लिए क्षमाप्रार्थी हूँ।"

"नहीं स्वामीजी, मैं एक घंटा अतिरिक्त काम करके क्षतिपूर्ति कर दूँगा...पर मैं कहना चाहता हूँ, स्वामीजी, कि जब आपने मुझे गले लगाया तो मुझे स्वर्ग मिल गया।"

समीर की कुटिया की तरफ मुड़ते हुए बुद्ध ने स्वयं से कहा, "यह व्यक्ति नेक कर्म में लगा हुआ है, चार आर्य सत्यों के बारे में जाने बिना ही।"

समीर का कनिष्ठ पुजारी कहीं दिखा नहीं। इसलिए बुद्ध ने धीरे से दरवाजा खटखटाया। द्वार खुलते ही उनके सम्मुख उन्हीं के कद एवं वय का

एक व्यक्ति सामने दिखा—आँखों में तारों की चमक लिये। पर बुद्ध ने उन्हें उनके बाएँ गाल पर के मस्से से पहचान लिया जो उन्हें प्रायः आकर्षित करता था जब वह दोनों एक ही खटोले में लेटे हुआ करते थे।

"भ्राता समीर, मुझे पहचाना?" बुद्ध ने पूछा। एक ही माँ का दूध पीने वाले को देखकर वह बेहद उत्साहित थे।

"नहीं, स्वामीजी," समीर ने उत्तर दिया, "आपको अपना परिचय देना होगा।"

"मैं सिद्धार्थ हूँ, महाराज शुद्धोदन का पुत्र जिसका पालन आपकी माता ने किया था। तो क्या मैं आपको भ्राता कहकर बुला सकता हूँ, खून का रिश्ता भले न हो।"

"अब तो सिद्धार्थ नहीं, बुद्ध," समीर ने उल्लसित होकर कहा, "भारतवर्ष के उद्धारक।" परन्तु जब वह उनके चरणस्पर्श के लिए झुके तो "मुझे लज्जित न करें, प्रिय भ्राता" कहते हुए बुद्ध पीछे हट गए।

"निःसन्देह आप मेरे भ्राता हैं," समीर ने कहा।

"ओह, आपके बारे में मैं माताश्री से कितना कुछ सुना करता था, जब हम सेलवन स्थानान्तरित हो गए थे जहाँ मेरे पिताश्री शाही सेना में अधिकारी बने थे। युद्ध में उनकी मृत्यु के बाद माताश्री बिल्कुल टूट गई थीं। पता है, मैंने ही उन्हें कपिलवस्तु लौटकर आपके पिताश्री द्वारा दिए गए घर में रहने के लिए कहा था।"

"हाँ, उन्होंने इस बारे में मुझे बताया था जब मैं कपिलवस्तु में कुछ दिन पूर्व उनसे मिला था," बुद्ध ने कहा, "जब मुझे उनसे ज्ञात हुआ कि आप वेनीपेट के कृष्ण मन्दिर में हैं तो मैंने यहाँ आने का निर्णय किया।"

तब समीर ने उन्हें अन्दर पधारने के लिए कहा और चारपाई पर बैठने का आग्रह किया।

"पहले मैं आपके लिए कुछ नाश्ते का प्रबन्ध करता हूँ," समीर ने कहा, "मैं एक अच्छा रसोइया भी हूँ, और हम भोजन के साथ-साथ बातें करेंगे।"

कुछ ही देर में समीर कमरे में वापस आए—हाथ में चावल की थाली और दूध का कटोरा लिये। सामग्री पर दृष्टि डालते हुए बुद्ध ने कहा, "भोजन तो अच्छा लग रहा है। आप सच ही एक अच्छे रसोइया हैं। बहुत दिनों बाद मुझे लग रहा है कि मैं घर का भोजन कर रहा हूँ। तो समीर, आप इस मन्दिर में प्रसन्न हैं?"

"यह मन्दिर है या वेश्यालय?" रूखा सा जवाब मिला, "यहाँ रोज रात को जो होता है उसे जानकर आप स्तब्ध रह जाएँगे।...मैं यहाँ अप्रिय इसलिए हूँ क्योंकि मैंने उन्हें अनेकों बार दुत्कारा है।" वह रुककर बोले, "संयोग से, मेरे द्वार पर बैठा वह नौजवान कोई पुजारी नहीं बल्कि मेरा कारापाल है।"

"उसने मुझे कल बताया था," बुद्ध ने कहा, "कि चूँकि आप मौन-व्रत में हैं इसलिए मुझे अगली सुबह तक प्रतीक्षा करनी होगी।"

"वह झूठा है," समीर ने प्रतिक्रिया व्यक्त करते हुए कहा, "मैं तो यहाँ एकान्तवासी हूँ और अपना अधिकांश समय ध्यान में ही बिताता हूँ।"

"मैंने उसे यह भी बताया था कि मैं आपका भाई हूँ किन्तु तब भी उसने मुझे लौटा दिया।"

"दुर्भाग्यपूर्ण," समीर ने कहा, "अब आप मेरी स्थिति समझ गए होंगे।" उन्होंने ठहरकर कहा, "मैं प्रायः माताश्री को स्मरण करता हूँ और जब भी कोई तीर्थयात्री कपिलवस्तु से आता है तो संवाद भी भेजता हूँ। परन्तु पिछले कुछ महीनों से मेरा कोई सम्पर्क नहीं है। पता नहीं वह कैसी होंगी..."

तब बुद्ध ने उन्हें बताया कि कैसे अपनी पिछली यात्रा के दौरान उन्होंने उनके साथ कुछ समय बिताया था। "उन्होंने ही मुझे बताया कि आपसे वेनीपेट के कृष्ण मन्दिर में मुलाकात हो सकती है।"

"वह बेहद अकेली महसूस कर रही होंगी।" समीर ने दुःखद स्वर में कहा।

"नहीं," बुद्ध ने बताया, "क्योंकि उनके साथ मोर का एक जोड़ा है।"

एक अल्प चुप्पी छा गई। फिर समीर बोले, "उन्हें नहीं पता कि मैंने देश के इस भाग में काफी भ्रमण किया है और साधुओं और पुरोहितों से मिला हूँ। मैं यहाँ केवल इसलिए आ गया क्योंकि भगवद्गीता से मुझे बड़ी शान्ति मिलती है।"

"तो हम दोनों ही आध्यात्मिक जीवन की यात्रा करते रहे हैं," बुद्ध ने कहा, "कदाचित् हमारी माता के दूध में ही कुछ ऐसा दैवी प्रभाव था कि हम दोनों भिक्षुओं की तरह भटकते रहे।"

"ठीक कहा आपने।" समीर ने हामी भरी।

"पर क्या इस मन्दिर में रहकर आपको भगवद्गीता या श्रीकृष्ण का सानिध्य मिला?" बुद्ध ने पूछा, "यहाँ तो पुजारीगण भी रास रचाने में ही व्यस्त प्रतीत होते हैं।"

फिर बुद्ध ने उन्हें सब कुछ बताया जिसका साक्षात्कार उन्हें पिछली रात हुआ था—ठीक गर्भ-गृह के सामने।

"हाँ, पुजारी को," समीर ने सहमति में कहा, "खुले में ऐसा नहीं करना चाहिए था क्योंकि पुजारीगण प्रायः अपनी कुटिया में ही देवदासियों के साथ होते हैं।"

"अति दुःखदायी।" बुद्ध ने कहा।

उनकी बातचीत में एक लम्बा विराम आ गया। फिर समीर ने कहा, "यों तो मगध और अन्य जगहों से आने वाले तीर्थयात्रियों से मैंने आपके बारे में बहुत कुछ सुना है परन्तु अब मैं सीधे आपसे जानना चाहता हूँ कि गया में आपको ज्ञान की प्राप्ति किस प्रकार से हुई।"

बुद्ध ने संक्षेप में बताया कि कैसे एक लम्बे ध्यान के पश्चात् उन्हें दिव्य-ज्योति के दर्शन हुए। "किन्तु यह सब मार के प्रलोभनों से बचने के बाद ही सम्भव हो पाया। अन्त में उसे परास्त होकर मुझे छोड़ना पड़ा।" फिर बुद्ध ने बताया कि किस प्रकार एक दिव्यात्मा ने उनके समक्ष चार आर्य सत्यों और निर्वाण प्राप्ति के अष्टांग मार्ग का रहस्योद्घाटन किया। थोड़ा रुककर उन्होंने कृष्णमन्दिर में उस भंगी से हुई मुलाकात के बारे में भी बताया।

"यहाँ एक व्यक्ति मिला जिसे चार आर्य सत्यों के ज्ञान की आवश्यकता ही नहीं है," बुद्ध ने कहा, "क्योंकि वह तो अपने धर्मनिष्ठ कर्तव्यपालन द्वारा पहले से ही वहाँ तक पहुँचा हुआ है। संयोग से वह आपका बड़ा आदर करता है।"

"उसका नाम नामिआहा है," समीर ने बताया, "बेहद अच्छा व्यक्ति है। यदि मुझे अधिकार होता तो मैं उसे इस मन्दिर का प्रधान पुजारी बना देता। पर यहाँ तो उसकी छाया भी अपवित्र मानी जाती है।"

फिर समीर मानो आत्मनिरीक्षण में डूब गए—पलकें आधी बन्द और ललाट पर लकीरें। फिर जब वापस हुए तो मधुर किन्तु दृढ़ स्वर में बोले, "आपने तो, भ्राता, मुझे एक नई जीवन-दृष्टि दे दी। मैंने अभी-अभी निर्णय किया है कि कपिलवस्तु लौटकर एक मठ की स्थापना करूँगा और आपके धर्म का प्रचार-प्रसार करूँगा।"

बुद्ध ने उनके ललाट को चूमकर अपनी सहमति व्यक्त कर दी।

"तो मेरा यहाँ आना बेकार नहीं गया।" बुद्ध ने कहा। उनकी आँखें खुशी से चमक रही थीं। "कपिलवस्तु में आप अपनी माताश्री का भी ध्यान रख सकेंगे, और मेरे पिताश्री का भी। जहाँ तक मेरी धर्मपत्नी यशोधरा और पुत्र

राहुल का प्रश्न है तो अब तक वे नवीन पथगामी हो चुके होंगे—मेरे प्रेम, शान्ति और करुणा का सन्देश फैलाते हुए।''

एक संक्षिप्त चुप्पी के बाद समीर ने प्रस्ताव किया, ''यदि तत्काल आपकी कहीं जाने की योजना न हो तो आज आप यहीं विश्राम क्यों नहीं कर लेते? इससे अधिक प्रसन्नता मुझे और किसी बात से नहीं होगी।'' फिर चारपाई को इंगित कर मुस्कुराते हुए बोले, ''मैं इसे वह खटोला समझूँगा जिसमें कभी हम दोनों साथ-साथ लेटा करते थे।'' फिर रुककर बोले, ''माताश्री ने बताया था कि मैं हमेशा रोता रहता था जबकि आप मूर्ति की तरह मूक रहते थे।''

''उसी खटोले में समीर, मैं आपके गाल पर के मस्से को निहारता रहता था—वही मस्सा जिससे मैं आपको यहाँ देखते ही पहचान गया।''

''अविश्वसनीय!...हाँ! मैं आज आपके पास ही ठहरूँगा, प्रिय भ्राता। और हम इस चारपाई पर अगल-बगल ही लेटेंगे ताकि बचपन की अनुभूतियों को फिर से जी सकें।''

अभिभूत समीर ने बुद्ध की गोद में अपना सर रख दिया। उनकी आँखें गीली थीं।

अगली सुबह समीर यमुना किनारे तक बुद्ध के साथ गए जहाँ नाविक ने उन्हें तुरन्त पहचान लिया।

''पधारिए, स्वामीजी,'' उसने उत्साह के साथ कहा, ''इस बार अतिरिक्त बोझ नहीं लूँगा। और आपसे बताऊँ, मैंने मदिरापान त्याग दिया है।''

''बहुत अच्छा।'' बुद्ध ने कहा।

फिर समीर की तरफ मुड़कर उन्होंने बताया किस प्रकार उन्होंने नाव खेते हुए नदी पार किया था जब यह नाविक बेहोश हो गया था।

अचानक समीर भावुक हो उठे और रोने लगे।

''फिर कब मुलाकात होगी, भ्राता?'' उन्होंने अश्रुपूरित नेत्रों से पूछा।

''कदाचित फिर कभी नहीं, समीर,...किन्तु इससे क्या अन्तर पड़ता है? स्मरण रखें कि आसक्ति ही सभी दुःखों का स्रोत है, क्योंकि तभी परिवर्तन या बिछुड़न से पीड़ा होती है।''

समीर नदी किनारे तब तक खड़े रहे जब तक नाव गहरी यमुना में दृष्टि से ओझल नहीं हो गई।

# पच्चीस

इस बार यमुना पार करते समय न वर्षा हुई न हवा का झोंका आया। सारी सवारियाँ बात-चीत में व्यस्त थीं और नाविक गंगा, यमुना और सरस्वती नदियों से सम्बन्धित एक लोकगीत गुनगुना रहा था। चूँकि बुद्ध उसके पास ही बैठे थे इसलिए उन्होंने ध्यान से सुना। उसमें कृष्ण के पिता, वासुदेव द्वारा उस दिव्य-बालक को नदी पार ले जाने का विवरण था जिसे स्वयं शेषनाग ने अपने फण काढ़कर हवा और वर्षा से बचा रखा था। जब गीत समाप्त हुआ तो बुद्ध ने पूछा, "क्या आपको विश्वास है कि गंगा और यमुना के साथ मिथकीय सरस्वती अन्तःसलिला होकर बहती हैं?"

"हाँ।" उसने उत्तर दिया।

"पर हो सकता है यह कोरी कल्पना हो क्योंकि आज तक उस नदी को किसी ने देखा नहीं।"

"यह तो आस्था की बात है, स्वामीजी। हमारे हृदय को जो कुछ अन्दर से उद्वेलित करता है वह अदृश्य और अस्पृश्य ही तो होता है।"

बुद्ध को लगा कि यह व्यक्ति स्वाभाविक ज्ञान से युक्त है।

"मैं आपसे सहमत हूँ, प्रिय नाविक।" बुद्ध ने कहा। फिर बोले, "क्या आप वेनीपेट के कृष्ण मन्दिर में गए हैं?"

"बस एक बार," उसने उत्तर दिया, "किन्तु वह कोई सुखद अनुभव नहीं था। भीड़, भजन और घंटियों की ध्वनि से बड़ा शोर था। मुझे लगता है, शब्दों से ज्यादा प्रबल अभिव्यक्ति का माध्यम मौन है। मुझे तो यमुना जल को सुनना बड़ा प्रिय लगता है जो अपनी लहरियों की भाषा में बात करती हैं।"

नाविक की बात सुनकर बुद्ध बड़े प्रभावित हुए। उसके लिए यमुना एक देवी थीं जिनके साथ सवारियों को नदी पार कराते समय उसका संवाद होता था।

जब नाव दूसरे किनारे से लगी और सब लोग उतर गए तो बुद्ध ने नाविक से कहा, "मुझे दोनों बार आपके साथ अच्छा लगा। पर सबसे अधिक मैं इस बात से प्रभावित हूँ कि आपने मदिरा का त्याग कर दिया। जानते हैं, किसी भी प्रकार का परित्याग मोक्ष का मार्ग प्रशस्त करता है—केवल मन्दिरों में जाना या मंत्रोच्चार ही नहीं।"

बुद्ध को दो दिन लग गए कुरुक्षेत्र पहुँचने में जहाँ उन्होंने आदिवासी प्रधानों, मुल्लापति और भुल्लापति, को पुनः मिलने का वचन दिया था। क्या सच में उन दोनों ने अपने विवाद सुलझा लिए जिसने उन्हें खूनी युद्ध के कगार पर ला खड़ा किया था? जब वह नगर से होते हुए जंगल में पहुँचे तो आदिवासियों को ढोल बजाकर नाचते-गाते देखा। पूछने पर पता चला कि भुल्लापति की पुत्री, कोशल्या और मुल्लापति के पुत्र, सुबन्नी के परिणय-सूत्र में बँधने का शुभ आयोजन हो रहा था। अर्थात् घृणा पर प्रेम विजयी हुआ—बुद्ध ने स्वयं से कहा। उन्हें यह जानकर प्रसन्नता हुई कि वह एक शुभ घड़ी में आए थे जब दो जानी दुश्मन प्रेम-बन्धन में बँधने वाले थे। जब बुद्ध पर आदिवासी प्रधानों की दृष्टि पड़ी तो दोनों दौड़ते हुए उनके पास आ गए।

"हमें युवा-दम्पती के लिए आपका आशीर्वाद चाहिए, स्वामीजी," भुल्लापति ने कहा, "आपने अपना वचन पूरा किया।"

"मेरा यहाँ आकर उन्हें शुभाशीष देना नियत था।"

फिर उनका परिचय वर-वधू से कराया गया।

"दोनों निपुण धनुर्धर हैं, स्वामीजी।" मुल्लापति ने कहा।

"किन्तु मेरे जैसे सटीक निशानेबाज नहीं।" बुद्ध ने मुस्कुराते हुए कहा।

बुद्ध के धनुकौशल की याद करके मुल्लापति ने स्वीकार किया, "निःसन्देह, आपसे श्रेष्ठ कोई नहीं।"

फिर एक लम्बी चुप्पी के बाद बुद्ध बोले, "क्यों नहीं धनुष भी त्याग देते क्योंकि यह भी तो विनाश का ही अस्त्र है? किसी भी प्रकार की हिंसा क्यों रहे?"

इस पर युवा वर ने हस्तक्षेप करते हुए कहा, "स्वामी जी, हमारी शान्ति तो नगरवासी भंग करते हैं। वे हमारी भूमि पर कब्जा कर लेते हैं, हमारे पशुओं का शिकार करते हैं, चन्दन के हमारे पेड़ काट ले जाते हैं...इन्हीं शिकार-चोरों के कारण हमें धनुष उठाना पड़ता है।"

बुद्ध यह सब सुनकर बड़े परेशान हुए।

"मैं आपकी समस्या समझता हूँ," उन्होंने कहा, "किन्तु फिर भी मैं मानता हूँ कि उन नगरवासियों से वार्ता का कोई न कोई मार्ग अवश्य होगा।"

"लोभ-ग्रसित लोगों के सामने तर्क काम नहीं आता, स्वामीजी।" भुल्लापति ने कहा।

"ऐसा भी हो सकता है कि आप केवल उन्हें तीर-धनुष से डरा दें और रक्तपात न होने दें।"

"काश यह सम्भव होता!" भुल्लापति ने कहा।

फिर बुद्ध प्रीतिभोज में सम्मिलित हुए। यों तो तरह-तरह के पकवान परोसे गए थे किन्तु उनमें अधिकतर मांसाहार ही थे। बुद्ध ने केवल थोड़ा चावल और दूध ग्रहण किया।

जब उत्सव समाप्त हुआ तो आदिवासी प्रधानों ने बुद्ध को अपनी बैलगाड़ी में बिठाकर कम-से-कम कुरुक्षेत्र की सीमा तक पहुँचा देने का विचार रखा।

किन्तु चूँकि बुद्ध ने आनन्द को वचन दिया था कि वह इस क्षेत्र की यात्रा के बाद उनसे सारनाथ में अवश्य मिलेंगे इसलिए वह पूरब दिशा की ओर चल पड़े। यह एक थका देने वाली कठिन यात्रा थी जिसमें दो महीने लग गए। वह तो उनकी आध्यात्मिक ख्याति चारों तरफ इतनी फैल चुकी थी हर गाँव-नगर में उन्हें हृदय से आतिथ्य मिला। वह शरद ऋतु का मध्य काल था जब बुद्ध काशी पहुँचे जहाँ एक-दो दिन विश्राम करने के बाद वह सारनाथ गए। काशी में स्थानीय साधुओं और पंडितों ने बुद्ध का घोर विरोध किया क्योंकि वे समझते थे कि बुद्ध के जीवन-दर्शन से उनकी अनुष्ठानों पर आधारित धार्मिक व्यवस्था और उनके संस्कृत भाषा के प्रयोग को भारी चुनौती मिल रही थी। दूसरी ओर बुद्ध एक ऐसे उपदेशक थे जो पालि भाषा में बोलते थे। उनका घरेलू भाषा तथा सहज उपमाओं और बिम्बों का प्रयोग सामान्यजन के लिए आसानी से ग्राह्य था।

सारनाथ की सीमा में पहुँचने पर आनन्द ने अन्य अनुयायियों के साथ बुद्ध का जोरदार स्वागत किया। अरसा पहले जो प्रथम प्रवचन उन्होंने यहाँ दिया था वह आज भी वातावरण में जैसे गूँज रहा था—खासकर वह बात कि आसक्ति ही सभी दुःखों का स्रोत है और किसी भी कुल में जन्मा कोई भी व्यक्ति निर्वाण प्राप्त कर सकता है यदि वह उन चार आर्य सत्यों तथा आत्मज्ञान के अष्टांगमार्ग का अनुसरण करे।

# छब्बीस

एक दिन जब बुद्ध की ध्यान-क्रिया समाप्त हुई तो आनन्द उनके पास जाकर बोले, "एक शाही दूत आया था जिसके राजा पसेनदि आपसे मिलने का समय चाहते हैं।"

"परन्तु आप तो जानते हैं कि मैं किसी के लिए, चाहे राजा हो या रंक, कोई निर्धारित समय नहीं देता क्योंकि मुझसे तो कोई भी कभी भी मिल सकता है।"

जब आनन्द ने बताया कि पसेनदि वही खूँखार शासक है जिसने अपने दुश्मनों को सूली पर चढ़ा दिया, या फिर एकान्त कारागार में भूखे मरने के लिए छोड़ दिया तो बुद्ध की उसमें रुचि जगी।

"तब तो पर्याप्त कारण हैं कि ऐसे अत्याचारी को शान्त किया जाए। उन्हें आज शाम के प्रवचन के बाद बुला लीजिए।"

उस शाम बुद्ध ने अग्रिम पंक्ति में बैठे एक रेशमी वस्त्रधारी व्यक्ति को देखा। उन्होंने अपने धर्म के एक खास पक्ष, संवेदनशीलता पर चर्चा करने का निर्णय किया।

"आज मैं धर्म की एक मौलिक अवधारणा के महत्त्व की व्याख्या करूँगा। यदि मनुष्य परम आनन्द की प्राप्ति चाहता है तो उसे दूसरों के हितों का ध्यान रखना चाहिए और उन्हें समझते हुए उनके प्रति करुणा का भाव रखना चाहिए। परानुभूति के लिए सबसे उत्तम मार्ग है स्वयं को दूसरों की दशा में रखकर देखना। स्वयं अपनी उँगली में सूई चुभोकर जानना चाहिए कि दूसरों को वेधने पर उसे क्या पीड़ा होती है।

"साथ ही कल्पना कीजिए कि आप स्वयं किसी कमरे में पूरी तरह बन्द हैं तब आपको किसी कारागार में अकेले बन्द कैदी की दशा का अनुमान होगा। यदि किसी दुःखित पीड़ित व्यक्ति को सांत्वना देंगे तो आपको अपने दर्द से मुक्ति मिलेगी।

"केवल विनम्रता से ही व्यक्ति आध्यात्मिक शिखर पर पहुँच सकता है। हम किसी भी परिपक्व पके फल से यह सीख सकते हैं कि वह कैसे झुका रहता है, जबकि कच्चे फल गुमान से तने रहते हैं।"

प्रवचन की समाप्ति के बाद रेशमी वस्त्रधारी व्यक्ति उठकर बुद्ध के पास आया और बोला, "हे देव, मैं कोशल नरेश पसेनदि हूँ। आपके उपदेश से मुझे एक नई जीवन-दृष्टि मिली है।"

बुद्ध ने उनके दाहिने कन्धे पर स्नेह का हाथ रखा और बोले, "आपसे मिलकर मैं अत्यन्त प्रसन्न हूँ और यह जानकर भी कि आपने मेरे प्रवचन से कुछ सीखा। सुखी और शान्तिमय जीवन के लिए आपको मेरा आशीर्वाद है।"

फिर कुछ देर बुद्ध उस राजा के चेहरे को गौर से देखते रहे जो किसी जल्लाद सा कठोर था—आँखें अभिमान और क्रोधाग्नि से भरी, बाल रूखे नुकीले, साही के काँटे की तरह। पर बुद्ध ने उसमें एक परिवर्तन देखा। क्या यह तत्क्षण हुआ कायाकल्प था?

"हे देव। क्या मैं आपसे एक निवेदन कर सकता हूँ?" राजा ने विनम्रतापूर्वक पूछा।

"बताएँ...।"

"क्या आप मेरे कोसल प्रदेश में एक प्रवचन देना स्वीकार करेंगे? मेरा अहोभाग्य होगा।"

"अवश्य," बुद्ध ने कहा, "ऐसा करके मुझे बेहद प्रसन्नता होगी।"

अगले दिन मठ के सामने एक रथ आकर रुका। उसमें सवार होकर जब बुद्ध राजमहल पहुँचे तो वहाँ राजा पसेनदि स्वयं उनके स्वागतार्थ खड़े थे।

फिर बुद्ध को राजकीय स्वागत कक्ष में लाया गया जिसकी सजावट विलासितापूर्ण थी—मखमली गद्देदार आसन, दीवारों पर स्वर्णजड़ित चौखटों वाली तस्वीरें और अनेकों सेवक, पंक्तिबद्ध खड़े। जब राजा बुद्ध के साथ आसन पर बैठे तो एक सेवक चाँदी के गिलास में फलों का रस लेकर आया।

"यह मेरे आम के बगीचे का है।" राजा ने कहा।

"यदि आप ज्यादा थके नहीं हों तो मैं आपको जेता स्थित अपने बाग की सैर के लिए ले जाना चाहूँगा।" फिर रुककर पूछा, "क्या आप घोड़े की सवारी कर सकते हैं?"

"प्रयास कर सकता हूँ।" बुद्ध ने मुस्कुराते हुए उत्तर दिया।

जब राजा उन्हें अपने घुड़साल में ले गए तो बुद्ध ने वहाँ बहुत सारे घोड़े देखे। एक सफेद घोड़े को दिखाते हुए राजा ने कहा, "वह जूलन है, मेरा पसन्दीदा घोड़ा, बेहद हिंसक और मनमौजी। पर आपके लिए कोई शान्त घोड़ा ठीक रहेगा। पीपल के नीचे खड़ी वह काली घोड़ी भी ठीक नहीं होगी क्योंकि वह भी काफी गुस्सैल और वहशी है।"

"आपको आपत्ति न हो तो मैं उस काली घोड़ी की सवारी करना चाहूँगा।" बुद्ध ने मुस्कुराते हुए कहा।

अचम्भित राजा ने पूछा, "आपको पक्का विश्वास है, स्वामीजी?"

"बिल्कुल।" तुरन्त उत्तर मिला। जब बुद्ध घोड़ी के निकट गए तो उसने लात मारने की कोशिश की। किन्तु तब तक बुद्ध का दायाँ हाथ उसकी गर्दन और पीठ सहलाने लगा था। इस अजनबी के स्पर्श मात्र से शान्त हो चुकी घोड़ी ने उन्हें बिना किसी विरोध के सवार होने दिया।

"आश्चर्य है।" पसेनदि बोल पड़े। जब दोनों बाग से होते हुए बढ़े तो राजा ने देखा कि बुद्ध के नियन्त्रण में घोड़ी टाप मारती हुई दौड़ रही है।

"मैं कभी सोच भी नहीं सकता था कि एक भिक्षु इतनी निपुणता से एक वहशी जानवर की सवारी कर सकता है।"

"हर तरह के भिक्षु होते हैं...।" बुद्ध ने फिर मुस्कुराते हुए कहा।

वह बाग मीलों में फैला हुआ था। पेड़ों पर पके पीले आम दिन की रोशनी में चमक रहे थे। पेड़ों के बीच की खाली जगहों पर पानी के झरने थे जहाँ पानी हवा में उछल रहा था। बुद्ध ने कुछ हिरणों को भी इधर-उधर दौड़ते देखा। एक तो उनके सामने ठिठककर उन्हें देखने लगा।

"यह तो स्वप्न-लोक जैसा है।" बुद्ध ने कहा।

"यदि यह बाग आपको पसन्द है," राजा ने कहा, "तो इसे आपको भेंटस्वरूप देकर मुझे प्रसन्नता होगी। मेरे पास ऐसे और भी बाग हैं।...आप चाहें तो इन झरनों में से किसी एक के निकट आपके लिए एक आश्रम भी बनवा दूँगा।"

"आपके प्रस्ताव से मैं अभिभूत हूँ।" बुद्ध ने कहा। फिर मन ही मन सोचने लगे—इसी व्यक्ति को न आनन्द ने एक रक्तपिपासु अत्याचारी बताया था? लगता है एक संक्षित प्रवचन ने पत्थर से दूध निचोड़ दिया।

"मैं विचार करूँगा।" बुद्ध ने कहा। इतने कम समय में इतना कुछ काफी है, उन्होंने सोचा।

उस शाम बुंद्ध ने अपने प्रवचन के लिए समय और स्थान के अनुरूप जिस विषय का चुनाव किया वह था 'काया़कल्प।'

"प्रत्येक व्यक्ति," उन्होंने कहना शुरू किया, "कभी भी अपना नया रूप ग्रहण कर सकता है। मानव हृदय में नए मार्ग ढूँढ़ने की अपार सम्भावनाएँ निहित हैं। कभी भी कोई नई भाषा सीखी जा सकती है, किसी नए स्वर का अनुश्रवण या नए तारे का अवलोकन किया जा सकता है।" फिर रुककर बोले, "मृत्यु दो प्रकार की होती है। एक जिसमें नश्वर शरीर का अन्त होता है और दूसरा जिसमें हम स्वयं में बदलाव लाने या कुछ नया सीखने या ग्रहण करने से हठधर्मितापूर्वक मना कर देते हैं। यों तो जीवन एक निरन्तर परिवर्तनशील प्रक्रिया है परन्तु उसमें स्थिरता के क्षण भी होते हैं। ये वही क्षण हैं जब हमें लगता है कि हमारी आत्मारूपी नाव स्थिर हो गई है—इतना स्थिर और दृढ़ कि कोई तूफान भी उसे डिगा न सके।

"यह न भूलें कि यदि परिवर्तन या बिछुड़न से दुःख होता है तो धम्मपद अर्थात् धर्म के पथ का अनुसरण करने से मुक्ति भी सम्भव है।"

एक नीरवता छा गई और लोगों को लगा जैसे बाग से निकली हवा के ताजे झोंके ने वातावरण में एक नवजीवन का संचार कर दिया हो। प्रवचन की समाप्ति पर राजा मंच पर आए और आदरपूर्वक सर झुकाया।

"नहीं, नहीं...।" बुद्ध ने उनके सद्व्यवहार से द्रवित होकर कहा।

"क्यों नहीं," राजा ने पूछा, "यदि मैं कोसल का राजा हूँ तो आप तो राजाओं के राजा हैं। और क्या एक राजा अपने सम्राट के सामने श्रद्धावनत नहीं हो सकता?"

बुद्ध ने पसेनदि को उठाकर गले लगा लिया।

"क्या मुझे आप अपना शिष्य स्वीकार करेंगे, हे देव?"

"मुझे प्रसन्नता होगी।" बुद्ध ने उत्तर दिया।

"और यह बाग, आपके शिष्य का एक विनम्र उपहार?" राजा ने पूछा

"हाँ, यह अनुपम उपहार भी मुझे सहर्ष स्वीकार है।" बुद्ध ने उत्तर दिया।

"मैं अत्यन्त आह्लादित हूँ," राजा ने कहा, "अब मैं आपके लिए एक आश्रम बनवाऊँगा, जिसे आप अपना मुख्यालय बना सकते हैं—नगर के कोलाहल से दूर।" फिर रुककर बोले, "मुझे विश्वास है कि मेरे गुरुदेव और मेरे बीच का यह बन्धन अटूट होगा।"

"दो मित्रों के बीच का बन्धन।" बुद्ध ने हस्तक्षेप करते हुए कहा। इस प्रकार एक अन्तरंग मित्रता की गाँठ पड़ी जो वर्षों चली।

बुद्ध ने जेता स्थित इस बाग वाले आश्रम का उपयोग सारिपुत्त, मोग्गल्लान और आनन्द जैसे विशिष्ट और विश्वसनीय शिष्यों को निर्देश देने के लिए किया। इन शिष्यों ने न केवल संघ की स्थापना में मदद की बल्कि अपने गुरु के उपदेश का भी प्रचार-प्रसार किया।

जब बुद्ध का जीवन-दर्शन देश के कोने-कोने में फैला तो अनेक स्थानों पर उसका विरोध भी हुआ, खासकर जैनियों और सनातनी ब्राह्मणों द्वारा।

किन्तु सबसे बड़ा अवरोध देवदत्त बने जिन्होंने संघ को विघटित करने का षड्यंत्र किया। उनकी योजना पहले भिक्षु के रूप में मठ में प्रवेश पाने और फिर बुद्ध के विरुद्ध विद्रोह भड़काने की थी। पर उनकी मंशा भाँपते ही आनन्द ने अपने गुरुदेव को सतर्क कर दिया।

किन्तु बुद्ध सर्वथा अविचलित रहे और यात्राएँ करते हुए अपना धर्म-प्रचार जारी रखा। उनके प्रमुख समर्थक मगध के राजा बिम्बिसार थे जिनकी निष्ठा असंदिग्ध थी। कदाचित इसीलिए बुद्ध को यह जानकर अत्यन्त दुःख हुआ कि राजा बिम्बिसार को उनके पुत्र अजातशत्रु ने सिंहासन छोड़ने पर मजबूर कर दिया। इतना ही नहीं उसने उन्हें कैद भी कर लिया और भूखा मार दिया।

अतः बुद्ध को अपनी यात्राओं के पश्चात् जेता स्थित बाग में वापस आने पर सच्चा विश्राम मिलता था। यहाँ पसेनदि के साथ उनके जीवन के कुछ बेहद सुखद पल बीते। राजा पसेनदि उनके लिए एक ठोस ढाल की तरह थे। ज्यों-ज्यों उनकी आत्मीयता अंतरंग होती गई, बुद्ध उनके भोजनादि के बारे में भी परामर्श देने लगे। एक दिन जब आश्रम में दोनों साथ-साथ भोजन कर रहे थे तो उन्होंने देखा कि राजा की खुराक किसी राक्षस जैसी थी—भर-भर थाली चावल और कई कटोरा दूध।

"नहीं राजन," बुद्ध ने कहा, "अत्यधिक भोजन हानिकारक हो सकता है। शरीर को जरूरत से ज्यादा पोषण देना भी एक प्रकार की हवस है, और यह कई प्रकार की बीमारियाँ ला सकती हैं।" इस बात ने पसेनदि को झकझोर दिया और वह अपने आहार को नियमित करने लगे।

एक सप्ताह बाद बुद्ध का दाहिना हाथ बड़ी भावुकता से पकड़ते हुए पसेनदि ने कहा, "कितना अच्छा होता यदि हमारी मित्रता रिश्तेदारी में बदल

जाती!" फिर रुककर बोले, "मैंने कभी विवाह के बारे में नहीं सोचा। किन्तु यदि आप अपने वंश की कोई कन्या मेरे लिए चुन दें तो...।"

राजा का प्रस्ताव सुनकर बुद्ध मुस्कुराए।

"यदि ऐसा संयोग हो तो मुझे प्रसन्नता होगी।"

किन्तु जब यह बात कपिलवस्तु पहुँची तब तक वहाँ का परिदृश्य बदल चुका था। महाराज शुद्धोदन की मृत्यु हो चुकी थी और बुद्ध के चचेरे भाई महानाम ने राज-काज सँभाल लिया था। इस प्रस्ताव से शाक्य समुदाय में काफी रोष पैदा हुआ। पहला कारण तो यह था कि शाक्य स्वयं को अन्य सबों से श्रेष्ठ मानते थे और इसीलिए अपनी कन्या किसी अन्य कुल में देना उन्हें स्वीकार नहीं था। और दूसरा इसलिए कि कपिलवस्तु में पसेनदि को एक अत्याचारी राजा के रूप में घृणा की दृष्टि से देखा जाता था। वह किसी भी नारी के लिए आत्महत्या की स्थिति पैदा कर सकता था। अतः एक षड्यंत्र के तहत महानाम की अवैध पुत्री, दासी-कन्या वासभ को उनकी अपनी पुत्री और शाक्य वंश की राजकुमारी बताकर पसेनदि के साथ विवाह कर दिया गया।

चूँकि वासभ लम्बे काले बालों, चमकीली आँखों और मोहक आवाज वाली एक सौन्दर्यवान कन्या थी इसलिए राजा पसेनदि उस पर मुग्ध हो गए। उनके साथ सहवास ने राजा को हर्षोन्माद से भर दिया। साथ ही उनके मिलनसार स्वभाव के कारण कोसल में उन्हें सबका सम्मान मिला। उधर अपने वंशजों द्वारा सम्पन्न छलपूर्ण विवाह से अनभिज्ञ बुद्ध यह सोचकर प्रसन्न थे कि वासभ और उसकी सन्तान के माध्यम से अब वह भी राजा पसेनदि के रिश्तेदार हो गए थे।

कालान्तर में शाही दम्पती का पुत्र, विडूडभ, एक आकर्षक राजकुमार के रूप में बड़ा हुआ। वह कई कलाओं में निपुण था जैसे धनुर्विद्या, आखेट, घुड़सवारी इत्यादि। किन्तु जब भी अपने ननिहाल से सम्बन्धित प्रश्न के उत्तर देने होते तो वह उन्हें टाल जाता था। सोलह वर्ष की आयु में पहली बार उसकी माता ने उसे कुछ सैनिकों के साथ कपिलवस्तु की यात्रा की अनुमति दी। वहाँ वह एक-दो दिनों तक राजकीय अतिथिशाला में ठहरा। पर कुछ ऐसा हुआ कि महाराज महानाम के षड्यंत्र का राज खुल गया। जब राजकुमार विडूडभ वापस कोसल के लिए प्रस्थान करने लगे तभी उनके एक सैनिक, विपुल ने बताया, "हे राजकुमार, मैं अपनी तलवार अतिथिगृह में ही भूल आया हूँ। इसलिए क्या आप मुझे उसे ले आने की अनुमति देंगे?"

"अवश्य," राजकुमार ने कहा, "किन्तु शीघ्र आना क्योंकि हमें लम्बी यात्रा करनी है।"

"मैं तुरन्त लौटूँगा, महोदय।"

जब उसने अतिथिगृह में प्रवेश किया तो देखा कि एक महिला उस आसन को दूध से धो रही थी जिस पर राजकुमार विराजे थे। वह आसन को रगड़ते हुए कुछ भुनभुना रही थी।

यहाँ विराजे थे राजकुमार,
पुत्र मेरी पुत्री के,
कभी एक दासी-कन्या पर अब एक रानी।
इसे रहस्य ही बना रहना चाहिए
क्योंकि अन्धकार भी उन धब्बों को नहीं मिटा सकता
जो दिन के उजाले में दिखते हैं।
केवल दूध वह कर सकता है
जो पानी नहीं...

उसकी भुनभनाहट से उत्सुक विपुल ने उससे पूछा, "हे नारी, वह दासी-कन्या कौन है? क्या वह रानी वासभ हैं?"

भयभीत महिला ने हकलाते हुए कहा, "हाँ!"

विपुल यह सुनकर सन्न रह गया। उसने यह रहस्य राजकुमार विडूडभ से तो छिपा लिया किन्तु राजा पसेनदि को बताने का निश्चय किया।

जब विपुल ने राजा से वह सब कुछ बताया जो उसने कपिलवस्तु में देखा और जाना था तो पसेनदि आग-बबूला हो गए। क्रोध से भरे वह किसी जंगली साँड़ की तरह डकराने लगे। रानी वासभ और उनके पुत्र की तरफ मुड़कर वह गरजे, "ऐ राक्षसो, मैं तुम दोनों को फाँसी चढ़ा दूँगा।"

घबराकर वासभ एक दीवार से टिक गईं और विडूडभ उनके पास ढाल बनकर खड़े हो गए। वे दोनों किसी शिकारी के हाथ में झूलते दो खरगोशों की तरह लग रहे थे। पसेनदि की गर्जना इतनी तेज थी कि बुद्ध को भी उनके आश्रम तक सुनाई पड़ी।

फिर उन्होंने अपने एक सेवक को आदेश दिया, "महात्मा बुद्ध को तुरन्त बुलाकर लाओ। मुझे उनसे कुछ सवाल करने हैं।"

उधर बुद्ध स्वयं महल की ओर चल पड़े थे।

"हे देव," सेवक ने कहा, "राजा ने आपको तत्काल याद किया है।"

जब बुद्ध ने केन्द्रीय कक्ष में प्रवेश किया तो दो असहाय लोगों को दीवार से सटे देखा। सेवकगण और दरबारी मूक दर्शक बने हुए थे। बुद्ध को देखते ही राजा उनसे बोले, "मेरा अनुमान है कि अपने चचेरे भाई, महानाम के द्वारा मेरे साथ किए गए धोखे का ज्ञान आपको था।"

यह सुनकर भौचक बुद्ध बोले, "मुझे नहीं पता आप क्या कह रहे हैं।"

"तो क्या आप इस बात से पूरी तरह अनभिज्ञ हैं कि महानाम ने अपनी अवैध पुत्री, दासी-कन्या वासभ को शाक्य कुल की राजकुमारी बताकर मुझे ब्याह दिया?"

यह सुनकर बुद्ध स्तब्ध रह गए। उन्होंने कहा, "मुझे इन बातों का रत्तीभर भी ज्ञान नहीं। मैं तो जानता था कि आपका विवाह एक शाक्य राजकुमारी से हुआ है। मैं आश्चर्यचकित और हत्प्रभ हूँ।"

"आपकी अनभिज्ञता पर मैं चकित हूँ," पसेनदि ने ऊँची आवाज में कहा, "तो आपको नहीं पता कि आपके वंशजों ने मेरे साथ धोखा किया?"

मामले को समझते हुए बुद्ध ने कहा, "सर्वप्रथम तो मैं आपको बताऊँ कि मैं अब शाक्य वंश का सदस्य नहीं हूँ क्योंकि सम्पूर्ण मानव जाति मेरा परिवार है। और दूसरी बात कि मेरी दृष्टि में एक राजा या दास के बीच कोई अन्तर नहीं होता क्योंकि जन्म तो बस एक घटना है। और अन्त में, आखिर इसमें विडूडभ का क्या दोष है कि आप उसे अस्वीकार करें या दंड दें? क्या आपका रक्त उसकी रगों में नहीं प्रवाहित हो रहा?"

बुद्ध की बातों में कुछ ऐसा था कि पसेनदि सोचने पर बाध्य हो गए।

"पर क्या आप यह नहीं देख रहे कि किस तरह मैं सोलह वर्षों तक अन्धकार में रहा?"

"मैं आपकी मनोदशा समझ सकता हूँ," बुद्ध ने कहा, "परन्तु क्या इन वर्षों में वासभ ने पूरी निष्ठा, समर्पण और उत्तरदायित्व के साथ आपकी सेवा नहीं की? यदि आप इन दोनों को दंड देते हैं तो वह घोर अन्याय होगा।" फिर ठहरकर बोले, "लगता है आपका पुराना स्वरूप पुनः जाग्रत हो उठा है।"

"मेरे अनेकों स्वरूप हो सकते हैं," राजा ने व्यंग्यात्मक लहजे में कहा, "किन्तु मैं इस औरत और उसके पुत्र को सबक सिखाऊँगा...और जहाँ तक आपका प्रश्न है, हे बुद्ध, आप मेरा बाग अविलम्ब छोड़ दें क्योंकि इस बात

से कोई अन्तर नहीं पड़ता कि आप अपने वंशजों के छल में सम्मिलित थे या नहीं।''

''जैसी आपकी इच्छा, राजन,'' बुद्ध ने कहा, ''मैं तो एक घुमक्कड़ भिक्षु हूँ और मेरे लिए सारा देश खुला है।''

अगली सुबह जब बुद्ध सारनाथ प्रस्थान की तैयारी में जुटे थे तो उन्हें पता चला कि राजा ने वासभ और विडूडभ दोनों को राजसी अधिकारों से वंचित कर सिर मुड़वाकर कोसल प्रदेश से निर्वासित कर दिया।

जेता के बाग से हटने के कारण सारनाथ में बुद्ध कुछ दिनों तक अवसाद में डूबे रहे। यह एक निर्वासन की तरह था। परन्तु चूँकि दुःख-तकलीफ झेलना उनकी नियति थी इसलिए उन्होंने केवल इतना समझा कि जेता का बाग छोड़ने से उन्हें संघ में रहने का अवसर मिला। किन्तु उन्हें प्रायः ऐसा लगता था कि उनकी घर वापसी किसी मरुउद्यान में आने जैसी थी। पर शीघ्र ही वह अपनी सामान्य स्थिति में लौट आए और धर्मोपदेश देना जारी कर दिया।

एक सुबह जब वह सारिपुत्त, मोग्गल्लान और आनन्द के साथ बैठे थे तो उन्हें यह जानकर सुखद आश्चर्य हुआ कि आनन्द की स्मरणशक्ति विस्मयकारी थी।

''आपको पता है, हे देव,'' मोग्गल्लान ने कहा, ''कि आपके उपदेशों का एक-एक शब्द आनन्द की स्मृति में संकलित है?''

आनन्द का सर स्नेहपूर्वक स्पर्श करते हुए बुद्ध ने कहा, ''तब इनकी स्मरणशक्ति ही मेरी उत्तराधिकारी होगी, कोई भिक्षु नहीं होगा।''

एक सुबह जब बुद्ध का ध्यान-सत्र समाप्त हुआ तो आनन्द ने कहा, ''हे देव, क्या मैं अपनी एक जिज्ञासा व्यक्त कर सकता हूँ जो अन्य कई भिक्षुओं को भी परेशान कर रही है।''

''हाँ, पूछिए।'' उन्होंने अनुमति दी।

''हे गुरु, नारी के साथ किस प्रकार संवाद किया जाना चाहिए?''

''ध्यान रखें कि आपकी दृष्टि उन पर केन्द्रित न हो।'' बुद्ध ने उत्तर दिया।

''किन्तु यदि उन्हें देखना अपरिहार्य हो तो?'' आनन्द ने पूछा।

''तब आप संवाद ही न करें अन्यथा आप आवेष्टित हो जाएँगे।''

इस उत्तर से असन्तुष्ट आनन्द ने फिर पूछा, ''लेकिन यदि कोई संवाद में रत हो जाए तो?''

"तो उसे सचेष्ट रहना होगा," बुद्ध ने कहा, "क्योंकि अन्ततः उसका मन ही मुक्ति का मार्ग दिखा सकता है।"

एक दिन आनन्द और मोग्गल्लान एक पंसारी की दुकान से मठ के लिए खरीदारी कर रहे थे तो उन्हें कुछ जैनियों ने घेर लिया और गाली-गलौज करने लगे, "तुम भिक्षु लोग टिड्डियों की तरह आकर इस नगर को तबाह कर रहे हो।" एक लम्बे-चौड़े जैनी ने कहा।

आनन्द तो चुप रहे किन्तु मोग्गल्लान प्रतिकार करने से स्वयं को रोक नहीं पाए, "तुम जैनी लोग बात तो अहिंसा की करते हो किन्तु तुम्हारी जिह्वा तलवार की तरह चलती है...क्या यही अपने गुरु, भगवान महावीर से सीखा है?"

जब उनमें से एक जैनी मोग्गल्लान का गला घोंटने लगा तो आनन्द ने हस्तक्षेप करते हुए कहा, "मैं इनके बदले आपसे क्षमा माँगता हूँ। मेरे गुरु किसी भी प्रकार के प्रतिकार की स्वीकृति नहीं देते।"

यों तो आनन्द की बात से जैनियों का क्रोध शान्त हुआ किन्तु उनमें से एक अभी भी चीखता रहा, "इसकी तो मैं किसी दिन खबर लूँगा...तुम्हारा धर्म एक छलावा और तुम सब एक ढोंगी हो।"

आनन्द मोग्गल्लान की बाँह पकड़कर वहाँ से ले गए। उनके कानों में फुसफुसाकर कहते हुए, "पागलों से तर्क नहीं किया जा सकता। हमें चलना चाहिए।"

किन्तु एक सप्ताह के पश्चात कुछ ऐसा हुआ जिससे पूरा मठ तबाह हो गया। वह एक काली रात था—चाँद तारों से विहीन। मन्द पवन बह रही थी और मोग्गल्लान सामने के प्रांगण में सोए थे। मध्य रात्रि को एक नकाबपोश चहारदीवारी फाँदकर अन्दर आया और सुप्तावस्था में ही मोग्गल्लान के सीने में चाकू घुसेड़कर भाग गया। आवाज सुनकर जब भिक्षुगण बाहर आए तो देखा कि मोग्गल्लान रक्त में सने पड़े थे।

जब बुद्ध को ज्ञात हुआ कि उनके एक प्रिय शिष्य की हत्या हो गई है तो वह सन्न रह गए।

"मेरा एक प्रमुख स्तम्भ गिर गया।" उन्होंने अश्रुपूरित नेत्रों से स्वयं से कहा।

बुद्ध को इस बात का तनिक भी अनुमान नहीं था कि जल्द ही उन्हें दूसरा झटका भी लगने वाला है। एक सप्ताह के बाद सारिपुत्त की बारी आई। उन्हें

एक ब्राह्मण ने विष दे दिया क्योंकि उसे लगा कि बुद्ध के उपदेशों से उसकी पुरोहिताई खतरे में थी। एक सुबह जब सारिपुत्त ने अपना ध्यान समाप्त किया तो उस ब्राह्मण ने उन्हें एक गिलास दूध यह कहते हुए दिया कि "यह अमृत की तरह शुद्ध है, हे भिक्षु महाराज।"

परन्तु एक-दो घूँट पीते ही सारिपुत्त चक्कर खा कर गिर पड़े। इससे पहले कि अन्य भिक्षु उन तक पहुँचते, वह ब्राह्मण वहाँ से भाग गया।

बुद्ध ने सारिपुत्त की मृत्यु को एक और आघात के रूप में लिया, "दुर्भाग्य कभी अकेला नहीं आता।"

बुद्ध के जीवन के आखिरी कुछ महीने बेहद पीड़ादायक बीते। संघ में मतभेद उभरने लगे थे और उन्हें लगा कि वह विघटन के कगार पर था। केवल आनन्द ही थे जो पूरे भ्रातृसंघ को संगठित रखने के लिए सतत प्रयत्नशील थे। अपने गुरु के धर्म-दर्शन में उनका विश्वास कभी कम नहीं हुआ क्योंकि उसे ही वह संसार की रुग्णता की समाप्ति के लिए एक मात्र रामबाण मानते थे।

अब बुद्ध के पास केवल आनन्द ही एक घनिष्ट अनुयायी बचे थे जो हमेशा छाया की तरह उनके साथ रहते थे। आनन्द को आशंका होती थी कि यदि बुद्ध को कुछ हो गया तो कदाचित बुद्ध धर्म का अन्त हो जाएगा क्योंकि बुद्ध धर्म-दर्शन केवल उनकी स्मृति में ही संचित था।

# सत्ताईस

एक दिन बुद्ध ने आनन्द को यह कहकर चकित कर दिया कि वह मृत्यु विषय पर प्रवचन देना चाहते हैं। इसलिए वह यह समाचार प्रसारित करवा दें।

"किन्तु हे गुरु, आपकी काया अब दुर्बल हो गई है और आपके पाँव..." इतना कहते-कहते उनकी आवाज लड़खड़ा गई।

"नहीं आनन्द," बुद्ध ने कहा, "मुझमें एकाध घंटे तक बोलने की क्षमता है। जब आत्मा इच्छुक है तो काया साथ देगी ही। ऐसे भी अवसर होते हैं जब आदमी का हृदय बोलता है उसकी जिह्वा नहीं।"

आनन्द को लग गया कि उनके पास गुरु की बात मानने के सिवा कोई विकल्प नहीं है।

उस शाम सारनाथ के केन्द्रीय उद्यान में एक बड़ी भीड़ इकट्ठा हुई। सबों ने देखा कि एक दुर्बल आकृति मंच पर चढ़ रही है। फिर जब शान्ति छा गई तब बुद्ध ने बोलना प्रारम्भ किया। किन्तु आवाज फटी-फटी सी थी। यों तो उनके हाथ-पाँव भी काँप रहे थे, किन्तु नेत्रों में एक दिव्य-ज्योति चमक रही थी।

"हो सकता है यह मेरा अन्तिम सम्बोधन हो, क्योंकि इसके पश्चात् मैं केवल ध्यान करूँगा। आज की शाम मेरा उद्देश्य आप सबों के साथ एक ऐसे विषय पर अपने विचार साझा करने का है जिस पर हाल के दिनों में मैं चिन्तन-मनन करता रहा हूँ। वह विषय है मृत्यु। मृत्यु हमारे सांसारिक अस्तित्व का समापन है। जिसका प्रारम्भ होता है उसका अन्त भी निश्चित है। पर हमें मृत्यु से भयभीत नहीं होना चाहिए क्योंकि यही हमारे अगले जीवन का द्वार खोलता है। स्मरण रखें, जो व्यक्ति अभी-अभी मरा है उसका कहीं अन्यत्र जन्म भी हुआ होगा।

"हमें कभी नहीं भूलना चाहिए कि परिवर्तन और बिछुड़न हमारे जीवन के मूलभूत तथ्य हैं। केवल आत्मा ही अपरिवर्तनीय है। इसका कोई अन्त नहीं

होता, क्योंकि इसका कोई आदि नहीं होता। यह अविनाशी है क्योंकि न तो अग्नि इसे जला सकती है न जल भिगो सकता है। यह स्थूल शरीर के नाश तक इसमें वास करता है और फिर ब्रह्मांड में विलुप्त हो जाता है। तदोपरान्त वह किसी नए शरीर में प्रवेश कर जाता है। इसलिए आत्मा ही है जो जीवन-मृत्यु के चक्र को सदा चलायमान रखती है। जहाँ तक मानवों का प्रश्न है, वे एक गतिमान प्रक्रिया में उलझे रहते हैं, उस नदी की तरह जो कभी बहना बन्द नहीं करती। हम कभी भी एक ही धारा में दो बार पाँव नहीं डाल सकते क्योंकि पानी बह चुका होता है।

"अतः जब मृत्यु अवश्यम्भावी है तो हम इसके साथ किस प्रकार सामंजस्य बिठा सकते हैं? निर्भय होकर इसका सामना करने का एक मात्र मार्ग है अपनी इच्छाओं पर नियन्त्रण एवं सत्यनिष्ठ और अर्थपूर्ण जीवनयापन। तभी हम मुस्कुराते हुए यम का सामना कर सकते हैं। मनुष्य की सच्ची पहचान मृत्यु-शय्या पर उसके विचारों से प्रकट होती है। क्या उस समय भी उसकी सोच में वही बातें हैं जिनके निमित्त पूर्व में वह जीवन जीता रहा है—धन और परिवार? वैसी स्थिति में उससे वंचित होने और बिछुड़ने का दर्द उसे सताएगा। तब उसकी आत्मा को अगले जीवन में भला क्या शान्ति मिलेगी?

"अब मैं आपको विभिन्न प्रकार की मृत्यु के बारे में बताता हूँ। एक मृत्यु महीनों-वर्षों की लम्बी बीमारी के उपरान्त आती है। पर एक मृत्यु ऐसी भी है जो सुप्तावस्था में ही वरदान की तरह आती है—जीवन के दुःख-तकलीफ से शान्त, दर्दविहीन मुक्ति के रूप में।

"मृत्यु की घड़ी आत्मनिरीक्षण की भी घड़ी होती है क्योंकि जब हम अन्तिम साँस लेते हैं तो हमारे मानस पटल पर पूर्व के सारे कर्म किसी शोभायात्रा की तरह एक क्रम से उभर आते हैं। यह इस बात पर निर्भर है कि आपकी आत्मा आपके अच्छे-बुरे कर्मों का कितना बोझ लिये प्रस्थान करती है। इसलिए व्यक्ति का कर्म ही उसके अगले जन्म का निर्धारक होता है।"

इतना कहकर बुद्ध खाँसने लगे, मानो साँस फूल रही हो। आनन्द ने तुरन्त पानी का गिलास बढ़ाया जिसकी कुछ घूँट लेकर उन्होंने अपना प्रवचन जारी रखा।

"दर्द का मूल कारण यह है कि हम जीवन-मृत्यु के चक्र में फँसे हैं। हमारा जीवन एक भँवर की तरह है जिसकी स्याह उफनती धार में हम भटकते रहते

हैं। या फिर यह झूमा-झूमी के खेल जैसा है जिसके एक छोड़ पर जन्म है और दूसरे पर मृत्यु। पुनर्जन्म भी, जैसा कि मैंने कहा, अपने आप में एक सजा है, क्योंकि मानव का अस्तित्व और दुःख का अन्त एक दूसरे से जुड़ा है। हम अपनी माता के दर्द में जन्म लेते हैं और स्वयं की पीड़ा में मृत्यु को प्राप्त करते हैं।

"निःसन्देह, मानव के रूप में पुनर्जन्म एक सौभाग्य है क्योंकि हम बैल के रूप में भी जन्म ले सकते हैं—जीवन पर्यन्त कन्धे पर जुए का बोझ लिये हाँफते और पसीने-पसीने। या फिर सर्प हो सकते हैं—पेट के बल रेंगते, खतरों से बचने के लिए झाड़ी या बिल ढूँढ़ते हुए।

"अतः मैं दुःख-दर्द के विषय पर वापस लौटता हूँ जिससे मुक्ति का मार्ग केवल उन चार आर्य सत्यों और निर्वाण प्राप्ति के अष्टांग मार्ग के अनुसरण में है। निर्वाण केवल भिक्षुओं के लिए नहीं है। कोई भी व्यक्ति, चाहे ब्राह्मण हो या शूद्र, सांसारिक मोह से विरत होकर इसकी प्राप्ति कर सकता है। ऐसे व्यक्ति की मृत्यु बस एक बार होती है, फिर कभी नहीं।"

अचानक उनकी आवाज बेहद धीमी पड़ गई। जब उन्होंने अपने दोनों हाथ आशीर्वाद की मुद्रा में उठाए तो हर कोई उनके चरण स्पर्श के लिए आने लगा। फिर बुद्ध ने अपना बायाँ हाथ आनन्द के दाहिने कन्धे पर रख दिया ताकि वह उन्हें सहारा देकर मंच से उतार सकें।

जब आनन्द उन्हें ले जा रहे थे तो एक व्यक्ति पास आया—लगभग चालीस-पैतालीस वर्ष की आयु और साँवला रंग। सर के मध्य भाग के बाल झड़ चुके थे और नाक तोते की तरह थी। आनन्द ने कुछ असमानताओं पर गौर किया—बायाँ कान दाएँ से थोड़ा बड़ा और ऊपरी होंठ निचले से मोटा। उसकी आवाज स्पष्ट नहीं थी। कदाचित वह जो कहना चाहता था वह कह नहीं पा रहा था।

"हे देव," उसने हकलाते हुए कहा, "क्या मैं आपसे एक निवेदन कर सकता हूँ? क्या आप अपने पदार्पण से मेरा घर पवित्र करने की कृपा करेंगे?" फिर वह ठहर गया जैसे समझ नहीं पा रहा हो कि अगली बात कैसे कहे। "और क्या आप मेरे संग भोजन ग्रहण करेंगे? मैं एक सुनार हूँ और मेरा नाम चुन्द है।"

वह बड़ी आशा लेकर आया था इसलिए बुद्ध ने स्वीकृति में सर हिला दिया।

"मैं भी आपके साथ चलूँ?" आनन्द ने कहा।

"अवश्य," बुद्ध ने कहा, "आपको तो ज्ञात है कि मैं चाहता हूँ कि आप हमेशा हर जगह मेरे साथ रहें।"

वह एक अलग मकान था जिसके द्वार पर चुन्द का नाम लिखा था। बुद्ध और आनन्द को चटाई पर बिठाकर उस व्यक्ति ने अन्दर जाकर अपनी पत्नी से भोजन तैयार करने के लिए कहा। कुछ देर बाद चुन्द ने केले का पत्ता बिछाया और उस पर कुछ भोजन परोसा जो पहचान में नहीं आ रहा था कि आखिर वह है क्या। यह मांस है या कोई सब्जी—बुद्ध सोचने लगे। किन्तु उससे जब एक विचित्र गंध आई तो बुद्ध उलझन में पड़ गए। किन्तु चूँकि उन्होंने सामने परोसे गए किसी भी भोजन को कभी अस्वीकार नहीं किया था इसलिए उन्होंने इसे भी ग्रहण करने का निर्णय किया। पर जब चुन्द थोड़ा चावल और दूध लेकर आए तो बुद्ध ने उनसे कहा, "मित्र, जो आपने पहले परोसा उसे मैं खा लूँगा पर मेरे साथी को चावल और दूध ग्रहण करने दें।"

जब चुन्द फिर कुछ लाने के लिए अन्दर गए, शायद पानी या फल, तो आनन्द ने बुद्ध से पूछा, "आप मुझे भी वही क्यों नहीं खाने देते जो आपको पहले परोसा गया है? मेरी समझ में नहीं आ रहा...।"

एक रहस्यमय मुस्कान के साथ बुद्ध ने कहा, "अब आप ही मेरा सम्पूर्ण संसार हैं, आनन्द। यदि आपको कुछ हो गया तो अनर्थ हो जाएगा।"

बुद्ध ने ज्योंही एक निवाला लिया कि उनके उदर में एक विचित्र संवेदना हुई। वह किसी तरह उठकर बाहर गए। जब उन्हें उल्टी हुई तो आनन्द चिन्तित हो गए।

"आप स्वस्थ नहीं लग रहे, गुरुदेव," उन्होंने कहा, "मुझे चिन्ता हो रही है।"

"मैं ठीक हूँ।" बुद्ध ने कहा। पर जब उनका मेजबान वापस आया तो उन्होंने उससे एक गहरा गड्ढा खोदकर उस शेष भोजन को उसमें गाड़ देने के लिए कहा।

"परन्तु भोजन में कुछ भी खराब नहीं है, हे देव," चुन्द ने कहा, "मेरी पत्नी ने आपके लिए कुछ खास बनाया था...।"

"मैं जानता हूँ," बुद्ध ने कहा, "और मैं आपको और आपकी पत्नी दोनों को आपके आतिथ्य के लिए धन्यवाद देना चाहता हूँ।"

पर तभी उन्होंने फिर उल्टी की। आनन्द उनकी दाईं बाँह पकड़कर वहाँ से ले गए। उन्होंने क्रोधित होकर पूछा, "उसने वैसा भोजन आपको क्यों परोसा?"

"नहीं आनन्द, हमें उनके बारे में बुरा नहीं सोचना चाहिए।...हो सकता है उनकी मंशा ठीक रही हो।"

"क्षमा करने की आपकी प्रवृत्ति अदमनात्मक है।" आनन्द ने कुछ चिड़चिड़ाकर कहा।

उस सारी रात बुद्ध बेचैनी से करवटें बदलते रहे। आनन्द ने एक झपकी भी नहीं ली। सारी रात चिन्तित अपने गुरु को कराहते देखते रहे। जब सबेरा हुआ तो बुद्ध ने उनसे कहा, "आप इतने चिन्तित क्यों हैं? क्या वह सब याद नहीं जो मैंने अपने अन्तिम सम्बोधन में कहा था? और कदाचित मेरा समय आ गया है और मैं प्रस्थान के लिए तैयार हूँ।"

सिसकते हुए आनन्द ने कहा, "मैं आपको नहीं...।"

"क्या कभी कोई मृत्यु से बच सका है, आनन्द?"

"मैं यह सब आपके मुँह से सुनना नहीं चाहता।" आनन्द ने कहा और अपने आँसू छिपाने के लिए दूसरी दिशा में देखने लगे।

"अधिक चिन्तित न हों, प्रिय आनन्द।" बुद्ध ने अपने प्रिय शिष्य को सांत्वना देने की कोशिश की। हो सकता है मैं कुछ दिन और टिक जाऊँ।" फिर ठहरकर बोले, "किन्तु चूँकि मैं अपनी मृत्यु पर जन-शोक नहीं चाहता, हमें पावा से प्रस्थान कर जाना चाहिए। मैं किसी अज्ञात स्थान पर अपनी आँखें मूँदना चाहता हूँ—किसी छोटे-से अपरिचित गाँव में।"

"जैसी आपकी इच्छा।" आनन्द ने अत्यन्त दुःखी मन से कहा।

बाहर सूरज घने काले बादलों में ढका था। चारों ओर एक धुँध फैल गई थी और सर्द हवा साँय-साँय बहने लगी थी।

बुद्ध ने दुर्बल स्वर में कहा, "कुशिनारा जाना कैसा रहेगा?"

"किन्तु वह तो यहाँ से चार मील दूर है।"

"मुझे लगता है मैं यह दूरी तय कर लूँगा, आनन्द।"

# अट्ठाईस

अद्भुत रूप से बुद्ध के शरीर में इतनी शक्ति आ गई कि वह अपने अन्तिम खंड की यात्रा पर निकल पड़े। वह किसी तरह कुशीनारा पहुँच गए—शाल वृक्षों के बीच उस स्थान पर जिसे उन्होंने अपने अन्तिम विश्राम के लिए चुना था।

आनन्द अपने गुरुदेव के लिए चिन्तित थे। उन्हें रास्ते भर खाँसते हुए और फूली साँसों से घसीटकर चलते हुए देखकर उनका हृदय खून के आँसू रोता रहा। बीच-बीच में वह किसी पेड़ के सहारे टिककर अपनी साँसें बटोर लेते थे और अपने अदम्य जीवन के साथ धीरे-धीरे बढ़ते जाते थे। वह जब भी लड़खड़ाए आनन्द ने आगे बढ़कर सहारा दिया।

"हे आर्य, मैं अब और आपको कष्ट में नहीं देख सकता...मुझे घबराहट होती है।"

"मेरा शरीर, प्रिय आनन्द, अब एक ढहते हुए मिट्टी का घर है जो समय के थपेड़ों को और सहन नहीं कर सकता। अब इसकी दीवारों और इसकी छत को ढह जाने दें...इसलिए मेरी चिन्ता न करें, प्रिय...हो सकता है मैं समय से अधिक टिक गया हूँ।"

"ऐसा न कहें," आनन्द बुदबुदाए, "हम सभी आपके बिना अनाथ महसूस करेंगे।"

"आप फिर वही...मैं दुहराता हूँ कि जब मैं इस संसार से विदा हो जाऊँ तो मेरे वचनों को अपने मित्र और मार्गदर्शक के रूप में अपनी चेतना में बरकरार रखें।"

आगे चलते हुए आनन्द अपने गुरु के और समीप आ गए तथा उनके कानों में भयभीत स्वर में बोले, "एक बाघ हमारे पीछे लगा है।"

बुद्ध ने पीछे मुड़कर देखा तो एक विशाल बाघ था जिसके बदन पर की

धारियाँ सूरज की रोशनी में चमक रही थीं।...उसकी चमकीली नीली आँखें आगे-आगे चलते दोनों मानवों पर टिकी थीं।

"मुझे भय लग रहा है।" आनन्द ने कँपकँपाती आवाज में कहा।

"भय किस बात का?" बुद्ध ने कहा, "हो सकता है यह जानवर किसी तलाश में हो—भोजन की या इस प्रचंड धूप से बचने के लिए आश्रयस्थल की।...नहीं, यह हमें नुकसान नहीं पहुँचाएगा यदि हम इसे धमकाने वाली दृष्टि से न देखें। इसलिए इसे भी एक सहयात्री की तरह पीछे-पीछे चलने दें।"

वे अभी कुछ ही दूर आगे बढ़े थे कि आनन्द ने कहा, "वह तो कहीं गायब हो गया—शायद बाईं ओर वाली झाड़ियों में।"

"मैंने तो आपसे कहा था," बुद्ध बोले, "कि ये जानवर भी अपने धर्म का अनुसरण करते हैं—शान्ति, सहनशीलता और करुणा का।"

अब वे कुशीनारा की सीमा पर पहुँचने ही वाले थे कि लगा कि बुद्ध को असह्य पीड़ा और थकान हो रही है।

"मुझे प्यास लगी है," उन्होंने कहा, "मेरा कटोरा ले लें और जल ले आएँ।"

यों तो थोड़ी ही दूर पर आनन्द को एक झरना दिखाई दिया पर वह बिना जल लिये ही वापस आ गए।

"मैंने एक छिछली जलधारा देखी," उन्होंने बुद्ध से बताया, "किन्तु पानी गन्दा और मटमैला था...लगा जैसे कोई बैलगाड़ी उससे होकर गुजरी है। फलतः पानी पीने योग्य नहीं रह गया है।"

आनन्द फिर शीघ्रता से कहीं अन्यत्र जल की तलाश में निकल गए। इस बार उन्हें एक तालाब दिखा जिसका जल बिल्कुल स्वच्छ था। वह शीघ्रता से पात्रभर जल लेकर बुद्ध के पास लौटे। जल ग्रहण करके बुद्ध पुनः ऊर्जावान हो गए। फिर बुद्ध स्वयं चलकर उस तालाब तक स्नान करने के लिए गए। जब वह तालाब से निकले तो आनन्द ने पहली बार गौर किया कि उनके शरीर पर पूरे बत्तीस चिह्न थे —उनके देवत्व के द्योतक।

अपनी यात्रा जारी रखते हुए उन्होंने हिरणावती नदी पार की और कुशीनारा में प्रवेश कर गए। संयोग से जिस प्रथम द्वार पर उन्होंने दस्तक दी वहाँ उन्हें भोजन और विश्राम मिला। जब उनके मेजबान को पता चला कि उनके अतिथि कोई और नहीं बल्कि स्वयं बुद्ध थे तो उन्हें लगा कि ईश्वर ने उनके घर को पवित्र कर दिया।

शय्या पर पड़े बुद्ध ने आनन्द से कहा, "प्रतीत होता है कि अन्त निकट है।"

गुरु को खो देने की आशंका से आनन्द घबरा गए। रोते हुए उन्होंने कहा, "हे देव, मुझे छोड़कर न जाएँ।"

"आप पुनः मेरे नश्वर शरीर के अवसान पर चिन्तित होने लगे। यह तो अब तक जो भी मैंने आपको बताया उसकी अस्वीकृति है—कि यह नश्वर ढाँचा आत्मा का वस्त्र मात्र है।" वह ठहरकर बोले, "अतः मेरे सबसे योग्य शिष्य होने के नाते मुझे पृथ्वी पर लिटाने का प्रबन्ध करें। मेरा मस्तक उत्तर दिशा में होना चाहिए।"

फिर बुद्ध एक सफेद चादर पर दाईं करवट शेर की मुद्रा में लेट गए।

फिर गालों पर अश्रुधार लिये आनन्द ने पूछा कि क्या वह अपने अन्तिम संस्कार के सम्बन्ध में कोई निर्देश देना चाहेंगे।

"मेरा शवदाह अत्यन्त साधारण तरीके से करें," उन्होंने दुर्बल स्वर में कहा, "और मेरी चिता की राख किसी धान के खेत में बिखेर दें।"

इतना कहकर उन्होंने अपने नेत्र बन्द कर लिए और मौन में समाविष्ट हो गए। कहीं वह समाधि में तो नहीं चले गए—आनन्द सोचने लगे। किन्तु उन्होंने पाया कि उनके होंठों में कम्पन था। इसलिए उन्हें लगा कि शायद किसी आत्मा से संवाद चल रहा है। वह चुपचाप खड़े रहे—दृष्टि बुद्ध के मुखमंडल पर केन्द्रित थी।

अचानक बुद्ध ने देखा कि एक आबनूसी चेहरे वाली आकृति उनके समक्ष खड़ी है। वह एक भेंगी आँखों वाला हट्टा-कट्टा व्यक्ति था जिसके अत्यन्त लम्बे बाजू किसी गिद्ध के पंजों जैसे लग रहे थे।

"आशा है आप मुझे पहचान गए होंगे।" उस व्यक्ति ने कहा।

"यम!" बुद्ध बोले।

"मैं जानता था कि आप मुझे देखते ही तत्क्षण पहचान जाएँगे।"

"यह मेरा सौभाग्य है, हे बुद्ध," यम ने कहा, "कि मुझे आपको स्वर्ग तक ले जाने का दायित्व सौंपा गया है क्योंकि आपका स्थान वहीं है। सामान्यतया मैं उन लोगों से मिलता हूँ जो जन्म-मृत्यु के चक्र में बँधे होते हैं। किन्तु आपके मामले में मैं जानता हूँ कि यह मेरी आपसे आखिरी मुलाकात है क्योंकि आपने निर्वाण प्राप्त कर लिया है—अब आपके लिए न जन्म न मृत्यु।"

बुद्ध मुस्कुराए।

"क्या आप अब भी भोजनोपरान्त हुए उस दर्द को महसूस कर रहे हैं?" यम ने पूछा, "आपको तो ज्ञात था कि आपको वह भोजन परोसा जाएगा, अन्यथा मैं यहाँ आपसे मिलने कैसे आता?"

"मैंने आनन्द को पहले ही बता दिया है," बुद्ध ने कहा, "कि चुन्द को दोष न दें।" वह ठहरकर बोले, "तो अब मैं एक नई यात्रा पर आपके साथ चलने के लिए तैयार हूँ...किन्तु क्या आप मुझे कुछेक क्षण और देंगे क्योंकि मेरे मन में कुछ प्रश्न शेष हैं?"

"आप जितना समय चाहें," यम ने तुरन्त उत्तर दिया, "यद्यपि मेरे पास समय का हमेशा अभाव रहता है, क्योंकि असंख्य जीव हर क्षण मृत्यु को प्राप्त करते हैं। चूँकि मेरे पास हर जीव के लिए पृथक् समय नहीं होता इसलिए मैं कभी-कभी सामूहिक मृत्यु का विधान करता हूँ—भूकम्प, जलसमाधि, दंगा, महामारी इत्यादि के माध्यम से।...किन्तु मैं बता दूँ कि उन सबों के नामों के सम्बन्ध में मेरी स्मृति अद्‌भुत है।"

"आश्चर्यजनक!" बुद्ध ने कहा। फिर एक अल्प विराम के बाद उन्होंने पूछा, "यदि महामारी आपके लिए व्यापक संहार का अस्त्र है तो क्या ग्रेहावासिनी धर्मी आपकी स्मृति में हैं?"

"ओह, वह गणिका," यम ने कहा, "एक अद्वितीय नारी! आप शायद नहीं जानते होंगे कि उसकी मृत्यु आपके ग्रेहा छोड़ने के चार महीने बाद हुई थी। उसके अन्तिम विचारों में केवल आप बसे थे क्योंकि आपके प्रति उसका प्रेम अनन्य था। बेचारी, उसे क्या पता था कि आप तो निर्वाण पथगामी थे।"

धर्मी की मृत्यु के बारे में जानकर बुद्ध दुःखी हो गए।

"आप उन्हें कहाँ ले गए?" बुद्ध ने उत्सुकता से पूछा।

"निःसन्देह स्वर्ग, वहीं उसका स्थान था।"

एक अल्पकालीन चुप्पी छा गई है जिसके बाद बुद्ध ने पूछा, "और मेरे प्रिय अश्व, कनक का क्या हुआ?"

"मैं जानता हूँ कि छन्न आपको पहले ही बता चुके हैं कि उन्होंने उसे सत्या नदी के किनारे गाड़ दिया था, ठीक उसी स्थान पर जहाँ आप उससे बिछुड़े थे। उसे भी निर्वाण की प्राप्ति हुई क्योंकि आपके प्रति उसका समर्पण अन्य किसी से कम गहरा नहीं था।"

बुद्ध ने एक गहरी साँस ली।

"मुझे एक मात्र कसक इसी बात की रही कि वह बोल नहीं सकता था। वह अपने हाव-भाव से ही संवाद करता था—हिनहिनाकर, आँसुओं से और उच्छवास द्वारा।"

फिर रुककर बोले, "मुझे प्रायः उस कछुए की भी याद आती रही है जिसे मैंने उरुवेला में देखा था। मैंने कितना कुछ उससे सीखा—आत्मसंयम, जीवन के मार्ग पर धीमी किन्तु निरन्तर गति से चलना और ध्यानस्थ होना। मेरे लिए तो वह प्रज्ञा की प्रतिमूर्ति था।"

"वह अब भी वहीं है, उसी तालाब के किनारे," यम ने बताया, "संयोग से उसका नाम गुरुवेश है। वह उस प्रजाति का प्राणी है जो छह सौ वर्षों तक जीवित रह सकता है।...मैं आपको बताऊँ कि उसके एक पूर्वज ने कुरुक्षेत्र का युद्ध लड़ा था, पांडवों की सेना की एक टुकड़ी के नायक के रूप में।"

"यशस्वी वंश परम्परा!" बुद्ध बोल पड़े।

"मेरे मन में कछुओं के प्रति विशेष सम्मान रहा है," यम ने कहा, "क्योंकि मुझे उन्हें ले जाने के लिए जल्दी-जल्दी नहीं आना पड़ता। उनके विपरीत प्रायः साठ-सत्तर वर्ष के मानव की आत्मा से बार-बार मिलना बेहद उबाऊ लगता है। और किसी नवजात शिशु की आत्मा को ले जाना तो और भी कष्टप्रद है। किन्तु एक प्रकार से वह मानव अस्तित्व की पीड़ाओं से मुक्त भी हो जाता है—रोग, विश्वासघात, आत्महत्या और न जाने क्या-क्या।"

यम की टिप्पणियों को मनोरंजक और ज्ञानप्रद दोनों पाकर बुद्ध ने फिर उस साधू के बारे में पूछा जिनसे वह श्मशान में मिले थे।

"अच्छा वह साधू...किन्तु एक बात मैं बता दूँ कि तप आत्मज्ञान की प्राप्ति का मार्ग नहीं है। वह व्यक्ति हमेशा मेरी छाया में रहा—नरमुंड से पानी पीकर, और शायद ही कुछ भोजन करना। इस प्रकार क्या वह समय से पूर्व ही मुझे आमन्त्रित नहीं कर रहा था? इसलिए मुझे जाना पड़ा। आपके जाने के एक वर्ष बाद ही मैं उसे ले गया। संयोगवश जब आप अपने घर वापसी की यात्रा में उसी श्मशान में उसकी खोपड़ी ढूँढ़ रहे थे तो वह वहीं नर-मुंडों के ढेर पर पड़ा था।"

"अब बस एक आखिरी प्रश्न, हे अन्धकार के राजकुमार," बुद्ध ने कहा, "यद्यपि मुझे ज्ञात है कि मैंने आपको काफी देर से रोक रखा है।"

“कोई बात नहीं,” यम ने कहा, “पूछें। वैसे आपसे वार्तालाप करके अच्छा लगा।”

“मेरे सारथी, छन्न हमेशा मेरी स्मृति में रहे हैं। क्या मैं जान सकता हूँ कि वह जीवित हैं या नहीं?”

“वह अभी जीवित हैं,” यम ने कहा, “बस आपकी याद ही ने उन्हें जीवित रखा है। कल्पना कीजिए वह नब्बे वर्ष के हो चुके हैं और अब भी रथ हाँकते हैं।”

बुद्ध की आँखों में चमक आ गई।

“मेरी बड़ी इच्छा थी कि विदा होने से पहले एक बार उनसे मिल पाता।”

“किन्तु मुझे नहीं लगता कि अब यह सम्भव है क्योंकि अब आपके स्वर्गारोहण का समय हो चुका है।”

“मैं तैयार हूँ। कोई सामान नहीं बाँधना है। आपको तो ज्ञात है कि मैं आजन्म बस एक गेरुआ वस्त्र पहने और हाथ में पीतल का कटोरा लिये फिरता रहा।”

“मुझे ज्ञात है,” यम ने उत्तर दिया, “पर मैं आपको फ़ेअॅरो रामसी द्वितीय वाला अपना अनुभव बताता हूँ। जब मैं उसे लेने गया तो मृत्यु से भयभीत वह बच्चों की तरह फूट-फूटकर रोने लगा। वह अपने साथ अपना खजाना भी ले जाना चाहता था—हीरे, माणिक और स्वर्ण मुद्राओं तथा आभूषणों से भरा अपना बक्सा। जब मैंने उसे बताया कि सब कुछ पीछे छोड़कर जाना पड़ेगा तो वह बेवकूफ इस बात का आग्रह करने लगा कि कम-से-कम उसकी तिजोरी उसके शव के साथ ही कब्र में रख दी जाए।”

“रोचक,” बुद्ध ने टिप्पणी की। “मृत्यु शय्या पर पड़े व्यक्ति को भी लोभ में जकड़ा देखकर दया आती है।” फिर रुककर पूछा, “उसका पुनर्जन्म किस रूप में हुआ?”

“वह नील नदी के किनारे एक छोटे-से गाँव में एक सुनार के रूप में पैदा हुआ।”

बुद्ध मुस्कुरा दिए।

वार्तालाप की समाप्ति के पश्चात् यमराज बुद्ध के करीब आए और स्नेहपूर्वक उनकी पलकों को बन्द कर दिया। जब आनन्द ने अपने गुरु की आखिरी हिचकी सुनी तो समझ गए कि वह विदा हो चुके हैं। उन्हें रोते सुनकर कई अन्य लोग इकट्ठा हो गए।

अश्रुपूरित नेत्रों से आनन्द ने बुद्ध का शव उठाकर सामने प्रांगण में रख दिया। सबों ने आकाश में अन्य तारों से कहीं अधिक ज्योतिर्मय एक तारा देखा।

शवदाह से थोड़ा ही पहले लोगों ने एक विचित्र घटना देखी। यों तो वह वसन्त ऋतु नहीं थी किन्तु शाल के सूखे पेड़ों पर अचानक पुष्प खिल उठे और बुद्ध के पार्थिव शरीर पर गिरने लगे। बुद्ध को फूलों की चादर ने ढक दिया। आसमान से चन्दन का चूर्ण झड़ने लगा जिससे वातावरण सुवासित हो उठा। फिर वायुमंडल में एक स्वर गूँजा मानो पृथ्वी और आकाश कोई युगल गीत प्रस्तुत कर रहे हों।

आँखों में आँसू लिये आनन्द ने चिता सजाई और अपने परमपूज्य गुरु का शव उस पर रख दिया। किन्तु आश्चर्य यह कि अग्नि डालने के पहले ही चिता प्रज्वलित हो उठी और लपटें उठने लगीं। तब उन्होंने बुद्ध की कुछ पसन्दीदा पंक्तियों का सस्वर पाठ किया :

हे शिल्पकार इस मिट्टी-घर के
तुम्हें जान मैं मुक्त हो गया।
अब नहीं कभी दर्द की दूँगा
निर्मित करने दीवारें,
और न दूँगा पोषित करने
पेड़ झूठ या छल-प्रपंच का,
अथवा गढ़ने मिट्टी का नूतन स्तम्भ।
ध्वस्त हो गया मेरा यह घर
टूट गए सारे स्तम्भ जो
निर्मित थे धोखे के बल पर।
अब तो मेरी यात्रा होगी
अपने अन्तिम लक्ष्य को ओर...
निर्वाण!

।।इति श्री।।